衡中奥赛班手记①

花开的声音（高中版）

信金焕◎主编

人民日报出版社
北 京

衡中 410 奥赛班学生名单

生奥生：	董　傲	李丹琳	李舒钰	王昭雨	段文思
	吕鹤松	艾冰清	董　雪	朱玉璇	詹小雨
	高　岩	金幼晗	张肖荻	夏美琨	李　洋
	杨晓鹤	冯　悦	姜世磊	任　康	袁景昊
	冀　浩	王　卓	刘子悦	赵一苇	
数奥生：	孙巍峰	李艺超	武博阳	孙子腾	孟令镯
	董宇喆	徐　哲	蔡占锐	柴君卓	李　喆
	苏　冰	王　迪	高雪迪	刘泽宇	孟亦同
	苏浩然	张　默	赵　宁	徐希浩	刘士琦
	刘　通	张异凡	居春雷	徐光耀	李　策
	白轩然	王翠薇	韩　笑	刘志广	张　弛
	王雅桐	范元瑞	吴建朋	常　宇	乔　石
	张博群				
信奥生：	樊婷婷	尤　龙	雷文清	胡瑞兆	赵　进
	刘克嘉	邢明超	赵鹤宁	安　磊	乔方舟
	运经纬				

衡中 410 奥赛班班级文化

班歌：

《倔强》

称号：

“尖刀班”“狼鹰家族”

跑操口号：

四一零，巨龙腾，夺第一，气如虹！

我做我能，我信我行。四一零班，奥赛称雄！

励志宣誓：

我为成功而生，不为失败而活；我为胜利而来，不向失败低头。

珍惜分分秒秒，摒除一切杂想；我将全力以赴，共筑一零辉煌！

追求：

每一声的呐喊都是声嘶力竭，每一刻的战斗都是不离不弃，每一次的出场都是唯冠必争！

序

花开是有声音的，只要你去倾听！

最初，让学生写班级日志，设置值日班长，是从班级管理的角度想充分发挥每个学生的作用，让人人享有参与班级管理的机会，并由此得到锻炼。

后来，惊喜地发现，初衷被学生无限地放大了。不知从哪一天开始，做值日班长成了同学们学习生活中一件重大的事情，轮上做值日班长的同学心系班级点滴，精神格外饱满；不知从哪一天开始，能够在班级日志留下一笔成了同学们一件快乐的事情，不同的笔体传递着成长的脉动、青春的馨香；不知从哪一天开始，宣读班级日志成了同学们每天最期待的时刻，那一刻，有欢笑，有感动，有激励，有默契，有温馨……

又是一年春来到，校园深处传来了花开的声音——玉兰花美丽绽放，410的花儿也悄悄绽放。倾听花开的声音吧，那是世界上最美妙的旋律，那是衡中学子最真实的成长！

在此感谢410的孩子们，是你们用心灵保存了成长的美好，用成长镌刻了无悔的青春；感谢王昭雨的爸爸，是你在工作之余把18万字的班级日志输入了电脑；感谢刘延鹏老师，是你的加入“催”响了花开的声音；感谢所有支持、关爱410的老师、家长们，是你们用无私的关爱浇开了410这些可爱的花儿！

410班班主任　信金焕

目　录
contents

花开的声音

花开有声音吗?
是的，有声音。
你听，小小的花蕾，
那挡不住的勃勃生机，
那含苞待放的青春活力，
那张扬自我的个性，
正在你身边诉说……

高一下学期

1月5日 星期二

★值日班长：刘克嘉

从今天开始，我们拥有了一本属于自己的班级日志，它的名字叫作《花开的声音》。

不知道大家拿到它是什么样的感觉，有没有读一下封面上的小诗——《花开的声音》？我们的人生正是花季，那么就应该让我们心中的花无拘无束地绽放，绽放在阳光下，绽放在风雨里。花开的声音，让我们一起来倾听……

每个人都要在这里留下自己青春的笔记，即使三言两语，也一定要把自己这一天的感受或在410的成长记录下来。

要书写真实的事情，书写真实的情感，字数没有限制，但请注明姓名。同学们，请珍惜七十一分之一的机会，让你写的那一篇成为亮点！希望大家珍惜、爱护它，共同守护我们这个温暖的家！

1月6日 星期三

★值日班长：李策

十六岁，十七岁，花样年华。

我们是早晨的太阳，所以应该绽放青春的光芒！虽然做人要低调，但正值青春年少，轻狂又岂可丢失？本人对古诗词情有独钟，因为豪放可以唤起我的壮志豪情，婉约可以引领我的悠然心境，浪漫可以教我憧憬美好未来！今特作一首《江城子·年少轻狂》送给大家。

少年自有少年狂，渺昆仑，笑吕梁。志存高远，男儿当自强。烈火焚身又何妨，化莫邪，断干将。

愿请长缨为国殇，英雄气，岂可央。气贯长虹，登高蔑太行。威武壮心犹未已，鸿鹄过，忆青红。

希望大家每天开开心心，不要畏惧困难。我们是一个集体，学习上一个拦路虎出现了，别怕，你身后还有七十个武松帮你！

1月7日 星期四

★值日班长：王迪

我接过接力棒来写今天的班级成长记录，文采不咋斐然，敬请见谅。元旦已过去了7天，新的一年又悄悄地溜走了168小时。宝贵的一周啊，你有什么收获吗？未来的日子少了7天，生命缩短了7天，相聚的日子少了7天，离期末考试及春节近了7天，我深深感觉到时间的宝贵，自创一首《时间咏》以自勉，也分享给大家，就当抛砖引玉吧——

时间匆匆来去无声，时间无情永不止停，时间大钟仍在转动，我们志在攀上高峰。为了梦想走进衡中，为了前程涉足一零，纵使前景不明，仍不改变初衷。四一零，向前冲！

当你回首昨天时，今天也将过去；当你为失去星星而慨叹时，你也将失去月亮。把握现在，放眼未来！地球仍在转动，激情仍在燃烧，生命不息，奋斗不止！

1月8日 星期五

★值日班长：常宇

我是名不见经传的常宇，今天，由我来为大家写班级日志。虽说书法不好（准确说是书写不好），但我会尽力；虽说文采太差，但我会努力！

来到一零后的第一次考试结束了，每次考试过后，总有人欢喜有人忧，而我呢，恰恰是那忧的人！不过，没关系，这只是一次小测，努力就还有机会。貌似这次考试成绩的确动摇了一部分人学习奥赛的决心，不过大家请放心，因为根据多年奥赛班学哥学姐们的经验，学习奥赛百利而无一害。首先，出色的学生会被保送，虽说人数不多，但总归还是有的。其次，就算我们差点儿，得个“省一”，那高考也白捞10分。10分啊，足够助咱们一臂之力了。就算我们得个“省二”“省三”，也还有自主招生的机会呢。再退一万步说，没得上奖，那对咱们的思维也是一个锻炼啊！当非奥赛班正为高考数学、生物各学科“内牛满面”，咱们也就

“笑而不语”了。反正，学奥赛百利而无一害。

同学们，不要被一次成绩搞得一蹶不振，只要我们知耻而后勇、拼搏奋进，那么，胜利一定属于410班，辉煌一定属于410人！

1月9日 星期六

★值日班长：蒋涵

接过这本日志，感慨万端，我进入410班已经一个月了，经历了此前从未经历过的学习氛围，自习课上，教室静得连呼气的声音都听得到。这是一个强大的集体，我真的很佩服咱们班的每一个同学。坚持下去吧，让咱们继续书写410的辉煌！

今天是星期六，第十节课可以自由活动，但是很多同学都留在教室里，为了自己的梦想而拼搏，我想这就是我们成绩优异的原因吧。有人说成就大事不必注重细枝末节，而学习恰好相反，抓住细节才能走向成功。抓住一些零散的时间，记住一些琐碎的知识点，日常的积累可能不会马上派上用场，但一定会成为日后宝贵的财富，成为自己决胜的王牌。

细节决定成败，请大家记住一句话:“人可以白手起家，但不可以手无寸铁！”抓住细节，收获成功，学习是个良心活！

1月10日 星期日

★值日班长：刘通

今天是星期天，是个好好好……好日子，今天早上大扫除。

首先，孙子腾同学擦了两支灯管，结果那两支都不亮了；“刘通晚出宿舍”的通报已经在黑板上待了一天了，还不能擦掉；化学科代表由2变成3，徐哲加入了这庞大的队伍。

我在班里从不孤单，随着时间的推移，班级已经越发有实力，越发有凝聚力了。因为我们是奥赛班，所以我骄傲！因为我们是奥赛班，所以我自豪！还有，我想说班长真的很不错哦！班长时刻想着他人，班长很大度，至少我是很感动。410因我们每一个人而更加美丽。

下面记录一些今天班会课的内容，毕竟老班说得不同凡响嘛！

1. 打造鹰一样的个人，打造狼一样的团队。

2. 狼的十大处世哲学：一是卧薪尝胆，二是众狼一心，三是自知之明，四是顺水推舟，五是同进同退，六是表里如一，七是知己知彼，八是狼亦钟情，九是授狼以渔，十是自由可贵。

3. “我”是鹰，“我们”是狼！

4. 永远在一起，不抛弃，不放弃！ 410 永远向前！

1月11日 星期一

★值日班长：刘士琦

来到奥赛班有一段时间了，同学们的变化十分明显——更加爱学习了。在这种精英授课团队加学霸竞争队伍的优越条件下，想不学习也不行啊……我的成绩不算太好，但我一直在努力。

今天语文课被信妈表扬了，虚荣心小小满足了一把……非常棒……

今天河南人口 1 亿了，今天美国对台军售了，今天西方要求中国出兵阿富汗了（阴险，想把烫手山芋抛给中国）……今天数学老师没来，研究了一节课的“没事找事”（梅涅劳斯）定理，刚有点儿感觉（写了两道题），突然发现了一个很严肃的问题——下课了。今天发了 14 张数学卷子，让我们一致认为明天会放假……今天衡中版“十荣十耻”出台，同学们似乎很赞同“以行为猥琐为耻”这一条，但我觉得我们应该将其他的方面也做好，这才是真正的衡中人。

不在乎天长地久，只在乎曾经拥有。

1月12日 星期二

★值日班长：蔡占锐

今天因我写班级日志而不平凡……呵呵，有些自恋。

今天上政治课时老师亲自喊“起立”，在我们高声喊“老师好”之后，老师却脸色突变：“谁让你们喊了？还没上课呢，想让学校扣我钱吗？”天呐，可爱的政治老师！

美国又对台军售了。唉，中国虽然强大了，还是受人欺负。我们一定要努力使祖国更强大，早日统一祖国。As for me，我要去物理系，然后到中国科学院高能物理研究所，为更新我国的核武器努力。我们不仅要提高我国的经济、文化实力，而且也应注重增强军事实力。希望祖国早日崛起！

同学们都在努力地备战期末，时间很紧张。我们都在为了年末的考试拼命奔跑着，它对我们每个人都相当重要，毕竟一年结束了，谁也不想为过去的一年画上一个残缺的句号。希望我们班继续把辉煌握在手中！

就写这么多吧，太忙了。

1月13日 星期三

★值日班长：张默

今天轮到我写班级日志，太激动了！我身肩重任，因为我是第一个写班级日志的女生，这重要的一笔当然要写得精彩。我们女生当然得比男生写得好，因为咱们班女生比男生少——少的一般都是精华啊！当然，不管男生女生，我们同属一个狼鹰家族！

今天大课间我们在周杰伦的《稻香》歌声中跑操。整齐的步调，嘹亮的口号，我突然觉得好幸福。在洒脱的歌声中，我们大步流星向前走。哼！怕什么！

站在新一年的门槛上，大家都做好向前冲的准备了吗？一定要加油啊！给大家拜个早年，祝大家分分快乐、秒秒快乐，没事偷着乐！

我们的家是 410，当 71 个人聚在一起，冬天就不再寒冷！

1月14日 星期四

★值日班长：王昭雨

晚上全班都去参加“最受学生欢迎的老师”评选，这不只是信妈和小苏的战斗，不只是代言人克嘉、尤龙和异凡的战斗，这是 410 的一场战役，一场没有硝烟的战役，一场势在必行、志在必得的战役。

信妈的稿子激情澎湃，打动人心；小苏的稿子如涓涓细流，亲切暖人。

尤龙和异凡神采奕奕，课件配合得恰到好处——温馨的饺子，可爱的鬼脸嘟嘟，尽显信妈爱的教育；克嘉平心静气、娓娓而谈——小苏老师大姐姐的形象一次又一次展示在莘元馆的舞台上。

台下全体同学都很卖力，没有一个人偷懒，没有一个人违纪，扯着嗓子，竭尽全力为信妈和小苏呐喊、加油。

结果出来之前大家都热切地期待着，结果出来后我们又大声地鼓掌。大家非常棒！这证明了410是团结的集体，是伟大的集体！我们更要为自己身为410人而自豪，我们更要为410的荣耀而奋斗！

1月15日 星期五

★值日班长：高雪迪

410全体老师永远最美、最棒，我们一起努力！

昨晚参与了“最受学生欢迎的老师”评选活动，亢奋！

昨晚晚自习，我们作为老班和Miss Su的亲友团，观看了整个评选过程。各个老师的代言人各具魅力，个个才华横溢！高一有高一的活力奔放，高二有高二的成熟创新，高三有高三的冲刺拼搏！等到老班和Miss Su上场的时候，我们早已按捺不住喜悦的心情，被台上的精彩和荣誉吸引得不由自主地站起来，踮着脚看，不停地鼓掌，不停地呐喊。一时间，“信妈妈，我们爱你”响彻了整个莘元馆。

410！信妈妈！我们是最棒的！

还有一件振奋人心的事，这周的量化第一是谁？是410！我们经历了从“倒一”到“正一”的巨大转折，见证了班级的伟大和同学们的奋斗，因此公布排名的时候，掌声、尖叫声不绝于耳，每个人的脸上都洋溢着笑容。410在极短的时间内已经从“幼稚”走向“成熟”。

最后用一句话激励大家：“真正的强者，不是没有眼泪的人，而是含着眼泪依然奔跑的人。”

1月16日 星期六

★值日班长：韩笑　王卓

“渐臻佳境”是一种状态、一种斗志、一种士气，进取永远比进步更重要。

（韩笑）

今天，我们的量化依旧第一。今天，我们的热情依旧高涨。但是，今天的英语课，Miss 苏生气了（我们的作业比 412 差，而且没做课本上的练习），大家并没有气馁，仍然安静地学习，用行动来证明奥赛班绝不是浪得虚名。（王卓）

1月18日 星期一

★值日班长：柴君卓

今天是星期一，又是新的一周。昨天生物和信息的同学们去做研究性学习，很辛苦，于是我们决定回报他们一下，那就是发给他们各科的周测卷子。嘿嘿。

昨天班会课上，老班提到最近有许多同学感冒生病，在此，祝愿他们快些好起来——不希望任何一个人生病，因为我们是一家人。410，不仅仅是一个班级、一间教室，更重要的是我们拥有 71 份真诚和 9 份来自各科教师的爱。410，多么熟悉而温暖的字眼！还记得我做自我介绍时说，希望我们可以一起努力，把 410 建设成为我们在衡中真正的温馨的家（引用老班的话是“渐臻佳境”，用我自己的话说，我们从各个城市会聚到一起是种缘分，而这缘分也融进了浓浓的友情或者说是亲情中了）。我的 410，我们的 410，这里有我们爱的、爱我们的老师，还有我亲爱的团结的同学们。还记得小雷设计的班徽吗？或许许多人注意到“狼”和“鹰”字了，但我还看见了后面的两个字——“家族”。

今天早上，“行为规范班”贴在了班级门上，这是属于 410 的荣誉，属于 410 每个人的荣誉！让我们保持住这个称号，做到量化第一！

上周没有放假，没能回家，我们有点儿不开心。我们想家，但是不可以；我们想放松，但是不可以。生活中有太多的不可以，舒钰告诉我：“当每个人都不可以时，那就相当于大家都可以了。”

为了我们的 410，为了我们的新一年，加油！

1月22日 星期五

★值日班长：乔石

最近越来越多的同学感冒生病，昨晚看元瑞病成那样，心里挺难受的。宿舍的同学纷纷拿出自己的被子让他盖，拿出自己的药递给他，大家都希望他早些好起来，这样才是一个完整的宿舍！

前段时间心情不太好，后来看了一句话觉得很有道理："我们在痛苦中奔跑，又在奔跑中超越痛苦。"不正是这样吗？我们在不断地奔跑与超越中演绎着自己的人生。

不要害怕失败与痛苦，乐观地对待生活，生活一定不会亏待你。只要尽力了，即使得不到什么，也可以无悔了。不必强求什么，尽力就好，有时过程也是一种享受。

需要你微笑的时候，很可能正是你心烦的时候，这就是人生。

岂能尽如人意，但求无愧我心。将《蝶恋花·如梦春秋》送给大家。

镜里容颜渐老去，为怕愁多，不作心酸句。飘尽暗香花几许？徒留荒草无情绪。

莫道人生行路苦，如梦春秋，恰似鱼龙舞。阅罢红尘何去处？挥毫泼墨涂今古。

1月23日 星期六

★值日班长：李舒钰

今天下午就放假了啊，先高兴高兴。昨天晚上做梦都是回家，好兴奋！

不过还有一个比较重大的消息，就是老班又出差了！想起刚开学老班出差一星期我们惨不忍睹的量化还是有点儿后怕，不过，相信我们这些"渐臻佳境"的可爱的同学会好好干，不会让信妈妈担心的。

将我最喜欢的向日葵献给410，希望阳光总与我们相伴！

这段时间大家都很努力，我以前下课后一点儿也不愿意待在教室里，中午一打铃就往食堂跑，不过现在也能安静地再坐10分钟了，进步了进步了，嘿嘿……

啊，还有，班长的眼光真是不错，这个小日志本非常棒！特别是题目《花开的声音》，也是张靓颖的一首歌的名字。"听花开的声音，暖暖的你看着我灿烂的微笑。我喜欢你那样看我，你眼中我是唯一。"嗯，亲爱的410是我的唯一，我们都是一朵一朵绽放的花。

最近越来越多的人发烧了，我们宿舍只剩下 7 个健康人了（一共 8 个）。前两天雪迪给我了一板含片，说晚上含一片第二天嗓子就不会疼了，当时听了挺惊讶的，还在想雪迪怎么会知道我嗓子疼，后来想到也许是早上候操时无意间提到了，她却因此记在心里。我真的特别感动，特别温暖，特别无语（感动的）。410 的亲人，你们真好！热泪啊！

1月24日 星期日

★值日班长：李艺超

首先我要用尽力气在这个本上写下“410”三个数字！

今天放假了，不过仍有许多同学留下来。我半年回一次家，410 这个家也同样温暖，所以我不孤独，我有许多家人。我们同甘共苦，共同流泪，共同欢乐，共唱一首歌。

最近几天，生病的同学又多了，但病情绝不会侵袭 410 坚强的心。我们的体委乔石、生活委员董傲给大家买来了感冒药，确实让人非常感动。那晚，元瑞生病难受，全宿舍都安慰他——风雨越大，我们只会抱得越紧。

我不爱说话，但沉默不是沉没，平凡不是平庸。我不说话，因为我有我的双手。我希望 410 可以举起双手并攥紧拳头，用双手创造奇迹。我们不必说“我们要更努力了”，我们只需不断向前奔跑，并在路上踩下我们的脚印！

410 已觉醒，这匹狼已睁开眼睛，露出它锋利的牙齿！

……

如上，零碎的几个片段，不成逻辑，但其中饱含我一颗炽热的心！

深埋于苦闷，就拍拍身上的尘土，勇敢地站起来！要拥抱明日的朝阳，就要比朝阳起得更早！我很喜欢《诛仙》，希望我们都有张小凡的精神，永远不会倒下！

2月22日 星期一

★值日班长：李丹琳　詹小雨

下午进行了体检，全年级一千多人一起进行，大家都挤在食堂里。我很佩服老班的英明，她说："我们要在拥挤的食堂中找到一条最高效的体检路线，这样就可以节省很多时间。"当然，这并不是让我们去插队，而是合理安排各个体检项目的顺序。实践证明，我们班的效率还是很高的，比别的班级少用了很多时间。合理安排时间真的能给我们带来很多好处。

昨天召开了"辞旧迎新"的班会，老班又推出了诸多新政策，如值日班长制、个人综合素质评价和红旗宿舍评选，相信大家可以在这些活动中收获记忆、收获感动。（李丹琳）

今天是开学后第一天，可能有些同学还没有完全适应，但从大家的表现可以看出都很积极、努力，希望以后大家能做得更好，希望每个人都能在一调中收获理想的成绩！410，加油！（詹小雨）

2月26日 星期五

★值日班长：李喆 张默

一调考试结束了，成绩公布后，可谓"几家欢喜几家愁"，希望进步的同学不要骄傲，退步的同学不要气馁。To win without pride and tolose with grace.（李喆）

多科成绩排名都是第一，我们班级的成绩很棒，能成为这样一个集体中的一员真让人感到骄傲。但我们也应该看到，其他班级和我们的距离是在缩小的，只有大家更加努力，才能让410这只雄鹰翱翔于衡中的蓝天之上。（张默）

2月27日 星期六

★值日班长：赵一苇 张异凡

今天我们进行了"奠基高二"百日誓师，也就是还有100天高三的学哥学姐们就要奔赴高考考场了，他们的紧张与执着真让人感动，也值得我们学习。（赵一苇）

百日誓师词：与雷霆碰杯，与日月争辉。说一千，道一万，不如两横一竖"干"！奠基高二！（张异凡）

2月28日 星期日

★值日班长：王卓　韩笑

祝贺我和韩笑成为值日班长，全国礼花绽放！嘻，不开玩笑了。今天是很不平凡的一天，不仅是星期日还是元宵节，又下起了大雪，祝大家元宵节 happy 又 happy！不知道你有没有吃一碗热气腾腾的元宵，有没有对家人说句祝福呢，这可不能忘哦。虽然我们没有回家，但我们 410 也是一个大家庭！

另外，希望大家在校园中能多欣赏一下雪花装点下的校园，真的很美。（王卓）

蝴蝶一般的雪花轻轻地飞舞着，带来了这个季节特有的风景。她迈着轻盈的舞步走来，她踏着舒缓的节奏走来，她披着素洁的纱衣走来，这个冬之精灵，来给我们的世界梳妆打扮来了。没有雪的冬天难道还能叫冬天吗?

她的裙袂所到之处，雪原静若处子，雪峰冷峻挺拔，玉树琼花怒放，而空气却显得特别温柔。在她温柔的抚慰下，所有的躁动都开始安静下来了，大地静谧而安详，就像一个在母亲怀里睡熟的婴儿。在这个银装素裹的世界里，这片耀眼的洁白使天空也黯然失色。在这片宁静的洁白里，我们还能有什么心事放不下呢?

不过，欣赏雪景的同时，不要忘记多穿些衣服哦。（韩笑）

3月1日 星期一

★值日班长：王雅桐　夏美琨

虽然雪还没有化，但每时每刻都有细碎的温暖充盈在空气中。

昨天，我们迎来了春雪，也迎来了一个任务——扫雪。601、602 的男生们出征了。体委乔石很细心，跑回教室借手套，教室里的同学都拿出了自己的手套。不一会儿，乔石俨然成了“手套小贩”……我想，那些手套会给扫雪的同学心中带来温暖吧。（王雅桐）

下雪了，可我来校时没带厚衣服，早晨起床后，自言自语“冻死我啦……”邻铺王小卓同学随即说：“我还有个高领毛衣，借给你穿吧！”我当时心里热乎乎的。

我是从邢台来的，那里过年放礼花的人很多，天空似乎成了一匹绣有繁花的蓝缎子，没想到衡水这里连元宵节都一整天礼花、鞭炮声不断。昨晚在路上看见一朵朵绽开的礼花，我默默地祈愿："愿我们的青春如这礼花一般璀璨！"

希望410的每个人夜晚回宿舍时抬头望一望天上的月亮，可以有底气地说："今天我持续前行，明天我将奔向更远方。"（夏美琨）

3月2日 星期二

★值日班长：段文思

目前从整个年级来看，历经一调考试、百日宣誓，大多数班级已鼓足干劲、全力竞争。在这个特殊的阶段，我相信许多同学都在心里暗下决心，但我想说的是，在考试后的激励或压力下发奋努力是每个人都很容易做到的，而成功的人之所以成功，是因为他们能把这种对学习的热情与激情坚持下去。作为奥赛班的同学，我们更应快马加鞭，有不良趋势即刻悬崖勒马，学习思考不可走马观花，上课听讲不可心猿意马，认真谨慎不能马失前蹄，唯有如此才能马到成功！

3月3日 星期三

★值日班长：董雪

下午语文课上，老师听取了我们的意见，努力提高课堂效率，这种精神值得我们学习。同学们提建议的积极踊跃也让人欣慰。既然提出意见，便不能将担子一股脑儿推给老师，我们应配合老师。从今天课上的情况看，同学们的积极性有所提高，唯有如此，才能上好生动的语文课。

最后一节本应为化学课，但因特殊情况上成了自习课，越是这种情况下越要管好自己，为自己赢得一点儿仅有的自习时间。

纵观今天，整体效果很好，但仍有诸多瑕疵。俗话说"没有最好，只有更好"，希望我们抓住这个进步空间，继续努力，明天展现出410更精彩的风貌！

3月4日 星期四

★值日班长：冯悦　杨晓鹤

爱的交响曲一：每天都是平凡的，而每天又是美丽的。今天团活课上听别人说班长那天做检讨时哭了，让我很感动，我因此想起了他平日为我们做的一切：失败时的鼓励，做错时的教导，活动前的周密安排，冲动时的抚慰，也有他自己做错事后的深深歉意……这是我们身边需要感谢的人，我们为有这样一位尽职尽责的班长而自豪！

爱的交响曲二：因为是一家人，所以每一件事都融入了爱的暖流，又化为丝丝春雨浇灌我们心中爱的种子，开花，结果，回报给这个温暖的家。爱在生活中，也在学习中。课下许多同学在讨论问题，课间准备也十分充分，学习氛围十分浓厚，这让我想起了我们班的班风——“向上，向善，向心”。有了这份向心力，向着同一个方向的 71 份力量，410 是载着这 71 份信念、71 份希望、71 份爱心、71 份努力驶向胜利的彼岸的，驶向梦中的远方的。为梦，起航！（冯悦）

把我喜欢的一句话送给大家：“普通并不等于庸俗。”我们就是要在许多平常的做法与看法中有不平常的看法与做法。忍，韧，仁！（杨晓鹤）

3月5日 星期五

★值日班长：张肖荻 艾冰清

今天第一次认认真真地看这个本子，不由得笑了起来——这里好温暖，不管外面的风多冷、多狠！的确，今天风很大，跑操时自然阻力大，所以大家应该感谢一下我们五个排头女生和三位体委的付出。（张肖荻）

还有 94 天就要升入高二了，我们的任务还有很多。希望大家中午放学后能更快进入自习状态，讨论问题应注意控制音量，减少不必要的“肢体动作”，只有把握住一点一滴的细节，才能创造出近乎完美的神话；希望 410 班的每个同学都能时刻铭记自己肩头的一份责任，用行动为班集体增光添彩。

让我们一起加油，共创属于自己的辉煌！（艾冰清）

3月8日 星期一

★值日班长：武博阳 王昭雨

最近我发现中午和晚上大家进入状态较慢，下课铃响大家就会骚乱起来。作为学委，我希望大家能够保持晚三的状态。

今天我帮尤龙选了“每周之星”，选过之后才明白尤龙在这个艰难的过程中是怎么过来的。在此，我向尤龙道个歉，因为以前选“每周之星”时我总是对他起哄，但今天我发现自己大错特错了，因为这是对他的不尊重。所以说，无论是尤龙还是其他班干部在讲台上说事情时都要认真听，这是对同学起码的尊重！（武博阳）

今天是星期一，大家听说过“星期一焦虑”吗？据说因为从星期一到星期六人们把所有的时间和精力全部集中于学习上，久而久之就形成了和学习状态相适应的“动力定型”（在这个阶段，所有与工作无关的事大家都将它们排除在外）。一到星期日，大家就会放松自己，就把原来建立起来的工作“动力定型”破坏了。等到星期一，需要重新全神贯注地投入工作当中，即必须重新建立或恢复已被破坏了的“动力定型”，这就难免出现或多或少的不适应。

所以大家要克服这种可能，紧张、有序才能实现超越。（王昭雨）

3月10日 星期三

★值日班长：刘通　居春雷

今天下午大课间，老班叫走了两个宿舍长，因为宿舍卫生太差。宿舍是同学们生活的地方，宿舍因我们的存在而温馨，但温馨的同时还应保持宿舍的干净整洁。只有宿舍整洁了，我们才能焕发出更多的活力。

团活课上，我们开展了叠被子比赛，各个宿舍的精英成员大展身手，把面团一样的被子叠得如豆腐块一般，而且能在一分钟之内完成，真是非常厉害。比赛时，同学们个个都十分投入，有的修角，有的把被子铺平，有的盯着被子仔细地琢磨……叠好后，发现被面不太平整，边缘也由于重力慢慢变形，于是又开始紧张地修补起来，捏、修、挤、整……尽管使出了浑身解数，可被角似乎还在和同学们作对，刚把它捏成90°，它又像喝了一坛子二锅头一摊泥似的瘫在那儿。纠结，纠结啊！（刘通）

今天我们班开始在“PK榜”上贴成绩单了，但411一直没贴，估计是看到我们班的成绩后不好意思贴了。需要提醒的是，我们班的量化和跑操好像是不如他们班，还要继续努力啊，一定要让他们甘拜下风。

各宿舍的名次如下：101 第一（恭喜！继续努力），102 第三，601 第六（加油！不要灰心），602 第二，603 第三，611 第五。（居春雷）

3月11日 星期四

★值日班长：苏浩然 范元瑞

今天上午的物理课大家表现得不太好，当然也有意外的因素在里面，所以建议大家处理事情先从小事开始，越小的事越容易忽略。

今天下午我们上了开学来的第一节口语课，外教老师的诙谐幽默为我们的学习生活增添了一抹欢笑。Bigben 臃肿的体态和憨厚的本性使我对 Australia 好感倍增，不过貌似他的澳式“May Be”玩笑让某婷婷同学颇为不爽，但其实我们还是很开心的。哈哈。（苏浩然）

据说 Bigben 是个地道的中国通，会说不少的中国话，能够独立去门口的“有家超市”买烟，还能针对老板娘的“购，老外”发表“不光是老外，还是老师”的经典反驳……

最后送给同学们一句话：“实现梦想的过程异常艰苦，需要分秒的努力！”（范元瑞）

3月12日 星期五

★值日班长：孟令镯 安磊

由于生病，我今天没有跑操，自然没有赶上下午的会操比赛。我在班里透过窗户看了整个高一年级的跑操，看到我们班的时候心中涌动着激动（当时真想跑到楼下去，跟着我们班整齐的队伍接受检阅），随着激动而来的又是无比的自豪。以前在队伍中只知道自己和横排、纵排的同学对得很齐，今天俯视我们的方队真的非常震惊：整个队伍方方正正，没有一点儿的不整齐。打一个不恰当的比喻，齐得就像 CPU 的针脚！这就是我们的 410，团结、有秩序，怎能不让人称赞！（孟令镯）

今天我们班男生的内务出现了很大的问题，每个男生宿舍都扣了不少分，与之形成鲜明对比的便是一分未丢的女生宿舍。对于每个男生来说，今天都是耻

辱的一天。明天就是高考研讨会了，希望同学们能够尽自己最大的努力，把每一件小事做到最好，让衡中因我们而绽放光彩！（安磊）

3月13日 星期六

★值日班长：乔方舟

因为刘克嘉比较“懒”，所以今天的班级日志由我一个人完成。

首先，响应老班号召，我向大家承认错误。据学校违纪通报显示，3月11日下午6点48分班级有人说话，对此我表示深切的歉意。因为自己一个人拖累了班集体，我真的应该千刀万剐。还有就是运经纬早预备说话被记，可运经纬早预备去值日了，哪有时间说话？难道这就是传说中的时空穿梭？难道这就是四维时代的时空忍术？难道小运同学穿越了？

——上面的评价带有强烈的个人感情色彩，下面来说说今天班里的情况吧。

今天一整天大家的学习气氛不错，尤其是活动课时，三分之二的同学都留下来自觉自习。班里秩序良好，甚至连讨论问题的声音也没有。对此，我很欣慰，相信老班也很欣慰。

明天是星期日，希望大家都可以以昂扬的斗志迎接周测。

3月16日 星期二

★值日班长：张博群　冀浩

今天我值日，因此比平时更加关注班级的点滴变化，希望班级能有所进步。

下午，信老师满足了同学们盼望已久的一件事——上阅览课。听到这个消息，同学们当然非常高兴——从书籍中不仅可以获得写作素材，还可以获得了对人生价值的更深刻的认识。

政治课上，同学们的学习热情很高，也因为一些同学的“妙语”引发了一次次全体爆笑。（张博群）

今天看到一条文字新闻，温总理称中国要真正实现现代化还需一百年甚至更长时间。让我们相约四十年，努力拼搏，为祖国献出自己的一份力量。期待四十载后再聚首，那时我们可以说：“中华繁盛有我功！”

伏尔泰说，人生布满了荆棘，我们想的唯一办法是从那些荆棘上迅速跨过。拥有梦想，勇敢去追，青春不言败！（冀浩）

3月17日 星期三

★值日班长：常宇　刘泽宇

今天下午的团活课上，我们做了件很重要的事——填写个人学籍档案和自评、互评表。

这些东西很重要，因为这代表着我们个人在学习、品质等各个方面做得怎么样，而且它们要伴随我们走进大学。（常宇）

在填写互评表时，我们意识到了平时与同学们融洽相处多么重要，也了解了我们自己在各个方面的差距、不足。但是，这毕竟只是几张纸而已，真正有价值的、真实的是我们自己，我们只要单纯地做好自己就可以了，把自己做到最好，也就不必计较那些条条框框了。（刘泽宇）

3月18日 星期四

★值日班长：孟亦同　徐光耀

今天同学们表现不错，前九节课听得很认真，第十节外教课，常宇娱乐了刘通一把，令我们开怀大笑——在平淡的生活中加一些调味品也是必要的。（孟亦同）

刚才我计算了一下，除去睡觉等一些杂事占用的时间和高考科目的学习时间，我们分给奥赛的时间才 150 天。不要认为时间很长，仅以数学为例，平面几何在 50 天的时间里 34 人都能学好吗，不一定吧，所以我们要挤时间。

作为数奥人，我给大家出道题：1、2、3、4、5、6、7、8、9 这 9 个数字，如何将它们变成一个四位数乘以一个一位数得到另一个四位数，并且所有的数字不能重复出现。相信信息组的同学用电脑很快就能解出，所以麻烦生物组的同学思考一下！

答案是 1963 × 4=7852 或 1738 × 4=6952。（徐光耀）

3月19日 星期五

★值日班长：张弛 李策

今天傲哥和吕鹤松早早到了跑操地点，吕鹤松兴冲冲地对我们说："你们都写谁早到了？没有的话我告诉你们——我和董傲并列第一！"然后我告诉他们一句让他们喷血的话："我们今天不记了。"我对李策说："天天记就没劲了，对吧？"李策也拼命点头："就是，就是。"这时候傲哥低着头说："白来了，白来了……"（张弛）

说到跑操，中午大课间我和乔方舟刚跑到求真馆就看到一群人迎面走过来，我和乔方舟转身就走，还念叨着："直接上微机课太爽了。"让我喷血的事发生了，一个女生对我说："张弛，你们还得跑。"这时候高二的队伍已经开始位移了。我们飞奔到跑操地点，正在调整心跳时，建朋磁性的声音在我们耳边响起："跑步——走——"真是 magic 的一天啊！（李策）

3月20日—22日 星期六—下星期一

★值日班长：孙子腾 范元瑞

这是一张特殊的跨越 3 天的日志。我们班级奋斗向前的激情丝毫没有被假期打磨掉，面临大战，我们应该依旧保持昂扬的斗志，全力迎战，为自己搏一个无悔！今后 7 天，希望大家不要因为学习之外的事情困扰自己，也就是不要因为纪律、内务等影响情绪。当然，我不是要大家压抑情感，而是要以更沉着的心态应对考试，以更认真严谨的方式对待学习，以更积极的态度面对每天的小检测。再一点，就是告诉大家欲速则不达，面对繁重的学习任务更有必要制订计划，进步应是循序渐进的。还是那句话，"别看成就而要看是否进步"，让我们共同为期中考试全力以赴吧。（孙子腾）

昨天的班会老班不在，但班长为我们带来了一堂十分精彩的班会。从大家开会的表现包括今天下午体育课大家都在安静学习的情况来看，我们的班级已经达到了一个很好的状态。但我还是要以亲身经历告诉大家，一定要戒骄戒躁、虚心踏实，考试过后就是家长会，希望同学们能在家长面前尽展光芒，给父母以最好的回报。（范元瑞）

3月23日 星期二

★值日班长：邢明超　赵进

今天我和赵进同学值班。由于我见习，大进哥又去得不是很早，所以记的人不多，也很对不起那些去得早却没有被记下名字的同学。不过，咱们去得早并不是为了被记名、给宿舍加分，而是为了抓紧时间，争取多一秒的时间学习。我相信那些去得早的同学一定多获得了知识，这才是我们想要的结果。

在这里特别表扬一下董傲同学，他这个宿舍长当得相当棒。今天值日的同学打扫完了，董傲又认认真真地检查了一遍，对不合格的地方又重新擦了一遍。他这种认真负责、珍惜宿舍荣誉的精神非常值得同学们学习。（邢明超）

临近考试，希望同学们踏踏实实地走好每一步，争取在期中考试中创造我们 410 的辉煌。最后将这首《永不改变》送给大家：开朗和阴郁都曾写在前额 / 昨天和明天都没有放弃执着 / 狂风的日子里我是卷起的浪 / 晴朗的日子里我是闪亮的波 / 不改的是奔流的本色 / 成功和失败都镌刻进生活 / 春履和秋痕都不失为景色 / 绿色的季节里我是烂漫的花 / 金色的季节里我是迎风的果 / 不变的是生命的蓬勃。

410 的同学们，让我们共同向前！（赵进）

3月24日 星期三

★值日班长：白轩然　姜世磊

今天在小黑板上写自己的名字的时候心情倍儿激动，因为我做值日班长了，因为我做 410 的值日班长了！ 410，这 3 个数字其实挺有名气。我和学生会的一个同学早操一起站岗时，看见咱们班跑过来，我自豪地告诉他：“瞧，我们班，410！”听到咱们洪亮的口号，他不禁重复起咱们的班号：“四一零，巨龙腾……”（嘻嘻，他忘了后半句）“夺第一，气如虹！”我骄傲地告诉他。希望咱们班这次期中考试还能夺第一！（白轩然）

今天早晨李洋说下午他们要进行生物奥赛考试，说心里有些害怕，中午又听他说了一次，他还特地带了本课本回宿舍发奋了一下。生物组同学说害怕都是笑着说的，我猜他们不是真怕，是有信心的，即便是那些猪肉绦虫、方程式什么的不好记。相信生物组成员一定会拿下那两本厚厚的大课本的！晚上听说信息组的同学也测试了一把，这次也是有人欢喜有人忧。据说兆哥拿了满分200，磊哥120，真是可喜可贺。有几位成绩不如意的同学略略沮丧，但笑一笑总会过去，没问题啦，你们都是精英！特此通告数学组成员：抓紧复习，星期日大战在等着我们，别再败兴而归啊！记得复习王奶奶的教程，记住不等式与数论呀！

除此之外，咱班还有一件大事今日不得不提：中午进行了此前推迟的男女宿舍互评活动。结果我还不知道，但据宿舍长通知，我们宿舍有两个样板——徐希浩、赵进。其实李洋同学也很棒，荣获提名奖。总体不赖，希望好好保持。

再提一下，期中考试的硝烟已弥漫开来，大家都很安静地学习，到位也很早，真正的学习就应该是这样。

Come on！ You are the best！ We are the best.（姜世磊）

3月25日 星期四

★值日班长：孙巍峰 刘志广

今天下雨，早上不跑操。我是在5点38分到教室的，本以为挺早的，却发现已经有不少人了。教室很安静，墙上钟表走动时发出的“咔咔”声让人清晰地感觉到备考的紧张氛围，大家备考的热情真让人感动。

也许是因为下雨，早晨7点左右班里还很乱，一些人刚刚回到教室，科代表也在发卷子，学委武博阳及时站出来提醒大家安静。我们应该表扬一下武博阳，他总是在班里乱时提醒大家安静，维持纪律。班里的大小事他都操着一份心，甚至在一些事情上起到了班长的作用。

当然，大多数时间教室还是很安静的，这种静迫使人想要去做些事情，给人以学习上的动力。鹤松同学不是英语科代表，却在英语早读时领读英语。他开朗，个子高，在我的印象中，无论是跑操还是领读总是在领头的位置。很多时候他都能带给大家活力。我不是生奥生，但听闻他作为生物科代表也十分负责。我是数奥生，他因此常问我数学题，其实我自愧不如，因为除数学之外没有哪一科如他一般优秀。他的谦虚开朗和在学习上的认真都给我留下了深刻印象。（孙巍峰）

对于数奥生来说，不仅期中考试临近了，奥赛考试也临近了。学奥赛便容易对课本上的知识不屑一顾，其实这样是不对的。奥赛和课本还是有一些偏差的（有一次我看到课内数学学案上的题就不会做），每次考试并非学哪科奥赛的同学哪科就排在前列。在学习上，我认为还是扎实一些好。倘若看到课本上的题却只能做上几道，那学奥赛的信心也一定会大打折扣。

今天外教课上，常宇似乎非常老实（害怕 Mr Yan），而刘通却太活跃了，致使一半 boy 的 chocolate 没了，在此，我代表全班男生鄙视你。

期待下一次当值日班长。（刘志广）

3月26日 星期五

★值日班长：李洋　徐希浩

总结：这几天，我感觉到了同学们的变化，变得更加惜时，更加投入，更加好问，大家正在紧张地备战。比如说今天下午，2007 级已经被保送北大的吕梦帆讲完数论没有像往常一样寂寞地往回走，而是被一群女生围住，滔滔不绝地给她们讲题（虽然有些“冏”吧）。

正如班主任经常强调的“状态”，我想我们应该时刻都保持一种奋进的状态，我们要在状态上战胜对手、战胜自己。希望同学们越到考试越要保持一种踏实的状态，戒骄戒躁。

在此也提一点不足。午饭前 10 分钟的自习课有很多同学说话（且不论是讨论题还是别的），而此时还有很多同学在沉思，所以希望同学们不但要“入室即静”，也要“出室才喧”，为班里的其他同学营造一个安静和谐的学习环境。（李洋）

表扬：今天下午第一节课前，尤龙十分骄傲地对我说：“徐希浩，今天我可是第一个到教室的，你一定要记上我的名字。”我开玩笑说：“那怎么行，日志本都让我写满了，再说，我没打算记下午第一节早到的。”其实大家都看到尤龙最近进步了很多，上课时紧跟老师思路，频频发言。今天早上侯操，我发现他是读书声最大的一个，正如之前他所说的自己也有学习的激情。

现在正值初春，是一个新的开始，我们的身体也被注入了春天般的活力，所以希望同学们燃起激情，奋战期中，让 410 的龙啸之声响彻衡中！（徐希浩）

3月27日 星期六

★值日班长：王迪 刘士琦

咱们班的同学都太疯狂了，无论是早操还是课间操，一下楼就飞快地奔向跑操点，就像士兵听到集结号一样。正所谓兵贵神速，410 绝对是一支骁勇善战的轻骑兵。

我真佩服那些早操到位非常早的同学，今天我当值日班长，想去得早点儿，所以整理好内务就不顾一切地冲了下去，可还是迟了。也许仅仅是一分钟的差距，我到时，已有三四个男生和十来个女生了，他们真是神速啊！

为了能多学一会儿，为了能取得一个好成绩，有些同学每天都去得特别早。他们能够每天坚持是值得尊敬的，更是值得赞扬的。又到周末了，希望同学们能过一个充实愉快的周末，也预祝大家周测成功。（王迪）

临近期中了，同学们都在紧张地备考。我相信以大家的智商，对知识点的掌握是没有问题的。在这儿，我想谈一下心态的问题，范仲淹也说过“不以物喜，不以己悲”。如果考好了或受到表扬了心里就十分爽，感觉天啥时候都是晴的，面朝大海，春暖花开；如果挨了批评天空一下子就阴下来，全世界都是黑暗的，这些情绪是正常的。不过，大家只要有自己的奋斗方向，默默地努力，这些小事就不会困扰你。做题做错了，同学们完全不用捶胸顿足，说不定还是好事——发现自己的不足免得考试出错，这不是非常棒的事情吗？所以大家应该稳定好自己的心态，良好的心理素质才是正道。

对于学习，我个人总结有三：高一的好奇，高二的知识，高三的状态，这样才能百战不殆。（刘士琦）

3月28日 星期日

★值日班长：蔡占锐 董宇喆

今天虽是周末，可早晨咱班有 50 多名同学自发到教室学习，隔壁班有 42 人，可见我们的对手也不敢松劲。临近期中，大家不要放松警惕啊！

410 加油！夺第一，巨龙腾！

明天我们要进行防震演练了，我希望大家可以对此引起足够的重视，毕竟生命是最重要的，高中三年只是一瞬，而生命是一辈子。

今天我们进行了奥赛测试，那种激动的感觉只有亲身体会过才可以感受到。今天我做卷子时采取“不会就过”的策略，结果没过几分钟就发现都过了一遍。收卷子的时刻总是最艰难的，每个人都搂着自己的卷子仿佛抱着一个几世单传的婴儿，任你软硬兼施都不肯交出来。

还有4天就期中考试了，但4天并不短，用微元的思想来看4可以是无穷大，我相信大家可以在4天之内将状态调整到最好，捍卫我们打头班的荣誉。（蔡占锐）

今天上午舟舟向一个同学大喊“你丢东西了”，众人不解，只见他不紧不慢地说：“连门都不关，你把素质丢了。”众人狂笑。希望大家养成随手关门的习惯。

最后，送给大家两句话，第一句是送给全班同学的：“祝大家睡个好觉。”第二句是送给数奥同学的：“别忘了回宿舍找《必修2》”。（董宇喆）

3月29日 星期一

★值日班长：吴建朋　尤龙

今天举行了2009第二学期学生安全防震疏散演练，同学们都认真对待这件事，毕竟我们这儿处于地震带，掌握一些防护知识、进行防震演练对我们是非常有益的。警报铃一响，同学们马上冲出教室，到指定地点集合。不到3分钟人就到齐了。但在下楼时，还是有些拥挤。还有就是同学们到集合地点站队时有些散乱，并且还有说笑的，以致被级部老师批评。下午第五节课又进行了宿舍的防震演练，有个别同学回宿舍后没有及时躺下，还有的同学吃东西，这是非常不好的。

总结这次疏散演练，同学们的表现总体还是不错的。（吴建朋）

这周要进行会操比赛，希望同学们都认真对待这件事，大课间一下课就马上到跑操地点集合，不要迟到。还有到跑操地点后不要说笑，跑前认真背书。跑操就好好跑操，不要让会操比赛的奖状溜走。

最后，有些自私，这些话是写给信息组的同学们的：“再烦琐的动态方程也无法描述我们的向心之力，再多的挫折我们也会昂首走过，只要Ctrl—Break一下，面前就会豁然开朗。”（尤龙）

3月30日 星期二

★值日班长：高岩 范元瑞

距期中考试仅剩两天，但两天我们能做的事情也很多。也许利用这两天的时间，我们可以进步一大截；也许利用这两天的时间，我们能以最高的效率、最好的状态备战期中，向家长交一份满意的答卷；也许利用这两天的时间，我们班在数学、生物、物理、化学、语文、英语每一科上都能取得好成绩。（高岩）

我们是追求者，我们是奋进者，我们要做一个为梦想而战斗的战士，并真正在战斗中享受到战斗的快乐，体会到自身的成长。希望大家不断提高战斗力和凝聚力，果断并坚实地迈开成功的脚步。

车王舒马赫以疯狂的梦想征服了世界，他的人生是不可思议的。今天的我们，同样怀着疯狂的梦想，迈着疯狂的脚步，一起构建一个疯狂而神圣的410！（范元瑞）

3月31日 星期三

★值日班长：胡瑞兆 运经纬

今天是特殊的一天，是期中考试到来前的最后一天，同学们都在紧张地复习着，虽然新闻内容很精彩，但大家都埋着头，为明天的考试做着准备。同学们，一定要把这种良好的备考气氛延续下去。临近考试，大家千万不要浮躁，这次考试时间安排得很紧，考试期间复习的时间很少，考前的今天还在开着新课，没有时间复习。不过，大家千万不要为没有复习生物、语文、数学等学科着急，现在我们要做的就是静下心，能多看一眼书就多看一眼，能多记住一个知识点就多记一个，这样到考试前我们的复习就很到位了。（胡瑞兆）

明天是愚人节，而且是期中考试，我们千万不能被考试中的那些陷阱所蒙骗。我们都不希望自己是愚人节那个被愚弄的人，相信我们一定可以跳过那些陷阱，取得优异的成绩。

最后，作为物理科代表的我要提醒大家一下，这次考试大家一定要好好考物理，继续超过411班，继续410的辉煌。（运经纬）

4月1日 星期四

★值日班长：李艺超 袁景昊

上课时多位老师接受了我们“真诚的”节日问候，包括“提醒”政治老师“东西掉了”，包括跟数学老师说“有人找你”……道个歉啦，其实今天是愚人节，自然要……（李艺超）

以下所说都是极其庄重的。

首先，期中考试的战鼓已经敲响，但在这紧张的时刻，我们班的同学依然淡定如常，正如今早班主任所说“平和的心态会换得更好的状态”。410 的雄鹰们已起飞，我们将铸造一个辉煌时刻，要让本届的衡中有一个 410 传奇。

其次，经过数日的奋斗，大家必定已经准备充分。倒计时牌子上的数字一天天减少，终于到了 0，战斗已经开始，剑已出鞘，战斗中唯有勇者方能常胜，相信大家都会勇敢面对这次挑战。

最后，祝大家节日快乐，愿节日欢乐的气氛能够缓解大家紧张的心情，换来一个良好的心态，愿大家今天考出一个好成绩。（袁景昊）

4月6日 星期二

★值日班长：朱玉璇 任康

过去的已经成为往事，不管我们做得好还是不好都已经成为过去，我们不应为过往的经历而伤感，或因以前的辉煌而骄傲，我们要着眼于未来，不要再去追寻曾经的脚印，而要探求未来的精彩。

让我们把口号付诸行动，如果仅是空喊，那充满朝气的花朵终会凋谢；如果仅是计划，那成功之舟便会离我们远去。让我们付诸行动，行动是收获果实的努力，是走向成功的阶梯。我们要做行动的巨人，让我们用行动向对手证明，我们有鹰一般的坚韧，我们有狼一般的团结；让我们用行动与对手一决高下，证明我们的实力！

为了 410 的辉煌，从今天开始，甩开过去的懒惰吧，让我们付诸行动，证明我们狼鹰家族的实力！（朱玉璇）

今天终于拿到了属于我们的班徽，苍鹰眼神锐利，月下头狼仰天长啸。力

量在于厚积薄发，无论今天抑或未来，每个人心中须有这样一句话：“道之所在，虽千万人吾往矣。”（任康）

4月7日 星期三

★值日班长：王翠薇 刘子悦

天气越来越温暖，朝气蓬勃的春天已经到来，我们要抓住这舒适的好时光，为自己的目标奋斗。

今天没上体育课，大家都迅速回到教室，快速投入自己的学习计划中，安安静静地埋头苦学，这让我看到了410同学们认真的态度和夺回第一的决心。相信这互相竞争的向上气氛班里每个人都会受到感染，从中受益。另外，还有一些不足，就是上午跑完操后的时间没有好好利用。抓住一点一滴的时间，就能聚集起巨大的力量。（王翠薇）

今天我们把班徽给了各科老师，信奥的骆老师说要一直留着。看得出来，他们都很高兴，我们也一直把他们看作我们的亲人，我们是相亲相爱的一家人。（刘子悦）

4月8日 星期四

★值日班长：高雪迪 赵宁

早起跑操，其他班级的声音压过了410，我心里冰凉冰凉的。等跑完了操，我跟韩笑说：“唉，今天早起没喊过411。”“那可能是因为早晨起来大家还没睡醒，没关系，上午跑操的时候一定盖过411。”果然，上午跑操时那豪气冲天的声音响起来，口号喊得可真痛快！

今天上午校园里又迎来了大批参观的“游客”，面对铺天盖地的闪光灯和摄像机镜头，我们多了一份淡定，让参观来得更猛烈些吧。

不过有个问题，课间操貌似因为有人参观同学们的声音才格外嘹亮。嘹亮的口号彰显了咱们班的士气，希望大家能够一直坚持下去，不要只有几天的热乎劲儿，过几天又恢复到几乎听不见口号的状态。明天是开放日，同学们要把口号喊得震天响啊。（高雪迪）

今天上午的语文课和化学课有河南的老师来听课，大家的表现很好。尤其从我的方位来看，冯悦同学坐得倍儿直，要特别提出表扬。不过化学课出现了冷场的状况，希望同学们今后能够积极地回答问题。

最后送给大家2009年毕业的赵丹学姐的一句话：“我要在黑暗的湖底，创造出令万人敬仰的传奇！”（赵宁）

4月10日 星期六

★值日班长：赵一苇 张异凡

今天突然多了许多节自习课，却取消了看电影，很遗憾，但同学们并没有太多怨言，活动课上我看到的是埋头疾书的身影，是飞旋舞蹈的小手，心里真的好感动……

当我们跑操的口号声如潮水一般淹没了其他班级的吼叫时，当我的耳畔充盈着“当自强”的誓言时，我感到了小小的幸福。（赵一苇）

是啊，对于败笔，我们无法改变，因为我们不是一支钢笔；对于挫败，我们只是一个路过的孩子。但我们要以青春为经线，以爱心为纬线，以奋斗为璎珞，编织生命，编织未来。

让我们共同等待410崛起的那一天！（张异凡）

4月11日 星期日

★值日班长：詹小雨 李丹琳

期中考试的战斗已经过去，用老班的话说，这一次我们是惨败。

这一次有客观的原因，数奥的同学学习过的考试内容已经很遥远了，有些接不上，但也有大家做得不好的地方，相信只要我们踏实下来，努力奋斗，定能夺回我们的辉煌！

前天家长会上，同学们都很认真、很用心，那一句句写给父母的话展示出了我们的成长，相信在父母的鼓励下我们能做得更好！

昨天班会上讲了感动、感恩与奋斗，我们要学会感恩那些默默付出的人，要学会为自己的梦想去奋斗。从今天起，我们的口号变为“四一零，当自强，夺第一，创辉煌”。

从今天跑操的情况看，大家都很努力、很积极，喊口号特别响亮，盖过了其他班级。相信大家一起努力，我们一定会越做越好。

我为成功而生，不为失败而活；我为胜利而来，不向失败低头。珍惜分分秒秒，摒除一切杂想；我将全力以赴，共筑一零辉煌——这是我们的诺言，是我们的誓言，是我们以后的行为准则。（詹小雨）

事实上，我们今天做得也不够好，化学、英语学案有人没做，物理课上老师也一再提醒大家精神点，不过值得夸奖的是变化还是存在的。

纵使喉咙沙哑，我们也为梦想而吼，整齐的队伍叫作气势，我们坚信 NO.1 是属于我们的。

我们是行为规范班，会操第一，我听到韩笑为此很不平，为这次不是成绩优秀班也不是品牌班而懊恼。是的，不仅是她，我们都很懊恼，这是警钟，但当沉睡的狮子醒来，难道还敢狂言“扫平一切”吗？

春天来了，410 复苏了。（李丹琳）

4月12日 星期一

★值日班长：韩笑 王卓

今天是我们组第二次当值日班长。

这周是远足周，很高兴可以当第一组值日班长。一直听说咱们衡中出了名的 80 华里远足，好期待，好亢奋啊（话说“亢奋”这个词还是听李舒钰同学说的）……其实一直有一个心愿，可以在远足的时候听安全车上放咱们班班歌，并且一定要向全年级宣布这是 410 的班歌《倔强》——好伟大！（韩笑）

我们的上装是一个白色的长袖，有一点儿紫色图案。作为高一年级第一个班，可能打头，也可能收尾。其实好想让咱班打头啊，那样就有权力扛校旗了。不过收尾也不错，远足这个项目必将最隆重、最华丽，来个完美的谢幕。

不管咱班是第几个出场，我相信大家都会团结在一起，克服所有的困难；410 经过一些历练，也会变得更坚强。风雨来时，我们只会抱得更紧。（王卓）

4月13日 星期二

★值日班长：夏美琨 王雅桐

今天 5 点 30 分的时候太阳已与我们为伴，现在凌乱地记下属于 4 月 13 日的一些片段。

1. 今天中午的太阳四周有一个巨大的光环，不知叫不叫日冕。有一句话这样说：“只要面对着太阳努力向上，日子就会变得单纯而美好。”

2. 物理很难，老师很乐观，一会儿“碰撞”，一会儿“爆炸”，忙得不亦乐乎，把我们看得晕头转向，但是没有过不去的坎儿。

3. 远足周。团活课上播放的学哥学姐们过去远足的照片使空气都变得兴奋起来，然而你准备好了吗？也许我们的一生也只有这么一次一口气走这么多路的机会——和 410 的人在一起，走在 410 的旗帜下。做好一切物质、思想上的准备吧，希望当远足成为你我记忆的时候留下的都是美好。

4. 今天，你捡起校园里的废纸了吗？（夏美琨）

学校里的玉兰花开了，一株株淡紫、粉红的心事，还有一株盛开的花朵是鹅黄色的，让我突然联想到史湘云……

每次吃饭的时候都会碰到高三的学哥学姐们，看着他们匆匆离去，看着他们的背影同玉兰交织在一起，这时，我就会默默祝这些陌生的学哥学姐们幸运，祝他们可以让自己的生命之花在 6 月惊艳。

奋斗的青春最美丽。

晚安，同我一起奋斗着的战友们。

410 的每个人都是不同的音符，我们将一起努力奏出美好的乐章……（王雅桐）

4月14日 星期三

★值日班长：董雪 段文思

这几天早上有些冷，同学们在晨风中瑟瑟发抖。远足的挑战快要来临了，大家一定要注意身体，关键时候不要掉链子。现在有些同学在闹病，咳嗽发烧、上火感冒什么的，赶快治治。

昨天检查记下许多同学的名字，但过去的终是过去了，希望大家好好表现。我相信 410 不会产生“破车效应”，但这需要同学们为班级荣誉共同努力。

这两天我很高兴，因为终于又能听到自己班的班歌了。每次听《倔强》心里总会有不同的感受，但令我苦恼的是，无论如何我都记不住歌词，总觉得还是放出投影来让同学们抄一遍才好，否则到时候支支吾吾地哼不出词来，倒是对不起这么好的班歌了。（董雪）

因为星期一的课程调整，我们忽然多了许多自习课，希望大家好好利用难得的时间，做好整理改错、预习复习，也算是不枉每一节课的 40 分钟。

忽然想起信息老师的话，“为理想而活着的人”，其实我们都是这样的人，在追逐理想的道路上拼搏奋斗，简单而快乐地追求，充实而有意义地度过每个奔跑的日子。

410 的兄弟姐妹们，在布满艰辛的道路上你我并不孤单，即使彼此沉默，但心却连在一起。困难的时候想想身边的人，为共同的理想而战，我们绝不孤单。（段文思）

4月15日 星期四

★值日班长：冯悦 杨晓鹤

连续几天的小晴天，连续几天的小风吹，把 410 的精神激发了。我在队伍中听同学们大声背书的声音，觉得连晨风吹到身上也是暖暖的。是的，我为身在这样一个优秀的班级与这么多优秀的同学为伴而骄傲，我们的 410，我们的骄傲。

上化学课时，不知不觉被化学老师感动了。一直觉得胡老师很朴实、很善良、很勤恳，还记得她多少次不吃晚饭等着我们找她问问题，还记得她带着病给我们上课，忘不了那个多雪的冬日她一边讲课一边轻咳。尤其让我感动的是，自从那天下午我把班徽送给她她就一直戴着，没有一节课落下过。让人感动的还有我们的于老师。我还记得有一次跟于老师打趣说：“数学老师出差了，老班也出差了，我们是一帮没人要的孩子！”于老师笑着说：“一帮多好的孩子啊，没人要我要。”同学们，虽然于老师一直说我们懒、不踏实，但是，在她的心里我们就是她的骄傲，是她心中最好的最爱的一帮孩子，410 的每一位同学都应为我们拥有这么好的各

位科任老师而感到无比自豪。410，奋斗！奋斗！为了那些爱我们的老师！（冯悦）

现在远足是不变的话题，我也期待着这次放松的机会，同时也是锻炼意志的机会。一直想在远足时做点什么，为410做点什么，给这唯一一次珍贵的回忆留下一些更值得留恋的东西。思想的飞扬，青春的飞扬，毅力的磨炼，坚强品质的培养……我们收获的远不止此，期待410人在这次活动后更亲密、融洽。

期中考试过去了两个星期，二调还有两个星期，在这个最容易懈怠的时刻，我们需要不断提醒自己，一定要紧张起来。成绩的好坏不在于考前的临时高度紧张，也不在于考后的短期悲伤，而在于考试与考试之间的状态。今天语文早读我听见邻班的朗读声很高，高过了我们班，有些同学也听到了他们背柳永词时的声音很大很大。春天真的来了，校园里花儿也已开了，我相信，410的春天也来了，而且春光灿烂。（杨晓鹤）

4月16日 星期五

★值日班长：柴君卓　金幼晗

今天上的是星期六的课，感觉就像周末。同学们，你们抓紧公共自习的时间了吗？为了让父母在二调之后收到一份优异的成绩单，我们要抓紧每一分钟，一雪前耻，铸就属于我们410的辉煌！（柴君卓）

明天就将迎来令我们期待已久的远足，我们将走出校门，去亲近、感受大自然，我相信410在任何一方面都不会也不可能输给其他班。走出去，我们就是衡中人，就是410人，我们将以什么样的风采展示给校外乃至美国的交换生就取决于我们自己了，团结向心将是我们在远足中最大的收获。坚持下去，410，加油！

温馨提示：远足需要的物品大家都准备好了吗？

410，加油，坚持到底，永不放弃！（金幼晗）

4月19日 星期一

★值日班长：樊婷婷

“Today is a new day！”《Chicken Little》里的这句话，我觉得用在远足回来后第一天的学习非常合适。

可能是由于一天的劳累，今天大家的精神不是很好，希望大家能够尽快调整过来，重享收获知识的喜悦，把远足中的“坚韧不拔，不畏困难”的精神在学习中发扬下去，让 410 的崛起成为一个神话。

410 真是一个温暖的班集体。远足中，王翠薇、吕鹤松、胡瑞兆的脚磨出了泡，同学们都关切地帮助他们；刘子悦、武博阳吐了，大家都关心地安慰、询问……他们也在执着地坚持。今天我出了点儿意外，高雪迪、李丹琳的无私帮助更是让一股暖流贯穿了我全身，让我再次体会到 410 的伟大。

有这样一个优秀的狼鹰家族，我们有什么理由不为之好好努力呢？让我们用坚忍书写成功，用勤奋勾勒辉煌。

4月20日 星期二

★值日班长：李舒钰

啊，又是我们 103 舍的人值日了。记得我们第一次值日就赶上老班出差，现在老班又出差了，但同学们并没有像上次一样觉得家长不在就放松自己，在我们可爱的小苏、敬爱的班长以及所有亲爱的同学的共同维护下，我们的 410 稳而不乱，很好地遵守了纪律。我们要继续加油，等信妈妈回来给她一个惊喜！

经过昨天一天的恢复调整，今天大家的精神还都不错，胳膊腿啊什么的也都轻快些了，跑操时口号也更响了。走在校园里，看到到处都荡漾着春意，小草小花都那么有生气，不禁想到我们不也是一棵棵小小苗在春天的阳光中努力生长着吗？ 410 的一切都充满了春的清新。

还有一件让我很感动的事是关于我们最可爱的于老师的。上午的最后两节是奥赛课，于老师照例拖了会儿堂，下课后又有同学去找她问问题，她很耐心地回答了很长时间，直到教室里已经没有几个人了还在很投入地讲题。看到这些，我心里那些因为拖堂的抱怨顿时被一种深深的感动所替代。于老师和我们的妈妈年纪相似，她晚上为了我们备课和准备奥赛经常熬到 12 点多，特别辛苦，可她仍以最饱满的热情走上讲台。我们身边还有好多好多这么伟大的老师，我们不好好学习真是对不起他们啊！

无论时光如何绵延，让真诚永远；无论世事如何变迁，让理解永远；无论咫尺还是天涯，让美好永远；无论快乐还是忧伤，让祝福永远；无论刮风还是下雨，410 永远是那样温暖。二调又快来临了，让我们铭记当初的誓言，创造属于我们的神话！

厉兵秣马，终为一朝金榜题名；扬剑出鞘，再现少年意气风发！

4月21日 星期三

★值日班长：武博阳　王昭雨

今天是全国哀悼日，为了表示对青海玉树同胞的深切哀悼，操场上国旗降了半旗。

在上午最后一节体育课上，大家抓住最后的训练机会练习，只为夺取一零荣誉，证明我们能行。这一点很值得肯定，我们是一个集体，一零荣则我荣，一零耻则我耻！（武博阳）

下午，楼门前多了两块展牌，一块是关于“十大学星”评选的，其中有我们班的武博阳、李艺超，他们为了演讲牺牲了许多节公共自习，反复修改、商讨，只为最好地展示自己及 410 的形象；另一块是关于青年教师评选的，我们班有两位老师都在上面，这真是一件非常棒的事。

下午最后两节课，生奥同学们在于老师的带领下和赵鹏同学的指导下进行了一次室外生物学习，从格物楼北到人工湖边、到星光广场绿地、再到南楼北部绿地进行了深入研究。我们非常惊叹赵鹏的记忆力，去年考的题今年竟还记得那么清楚，一连说了几个校园内植物的分类（经我们查证，还都十分准确），在自愧不如的同时，也更坚定了我们学习生物的决心。

二调考试即将到来，希望大家能够认真对待，希望大家能够以最昂扬的姿态迎接这次考试！（王昭雨）

4月22日 星期四

★值日班长：雷文清　赵鹤宁

今天总体上讲，不能说很差，但大家的状态真不是很好。可能是因为信妈妈不在，大家都有些散漫，课间喧闹声又回来了，很吵、很闹。老班曾多次强调过课间纪律，但是大家依旧是打了铃才安静，倘若明天停电了，我们岂不要说上一天话？老班应该今天就回来了，难道我们就拿这样的状态去面对她吗？（雷文清）

另外，再说几件事。

首先，关于值日班长。老班建立该制度的初衷，一是为了锻炼我们，让我们更爱集体；二是为了更好地管理班级。但从今天来看，这个职位形同虚设——作为值日班长的我喊了句“不要说话了”，竟无人理会。

其次，每天晚上总结时，大家辜负了老师的期待。大家对讲台上做总结的同学不够尊重，总是窃窃私语，希望今后注意。

最后，希望大家能调整好状态，迎接老班回家，以最昂扬的斗志、最饱满的精神打赢二调这场战役！（赵鹤宁）

4月23日 星期五

★值日班长：刘通　居春雷

今天联查情况比较糟糕，大家要好好反思。其实只要大家全身心投入到学习中去，联查是不会出问题的，相信大家都能在今后的学习中有一个好状态。

今天除了上课进入状态比较慢以外，总体来说大家表现得比较不错，尤其是课间操，大家跑得都非常好。看到信妈妈回来后，大家的士气一下就高涨了起来，口号声只能用四个字来形容，那就是“响彻衡中”。这充分显示了我们410班的威风和气概，希望大家在以后的跑操中继续保持。（刘通）

二调考试越来越近了，虽然倒计时牌没有出来，但相信大家的心里都绷着一根弦。期中已经远去，但我们绝不能忘记期中考试惨败的耻辱。我认为这次二调很特殊，因为它不仅仅是用来检验最近学习情况的一次考试，还是我们410用来雪耻的一次考试！希望大家能从现在起严格要求自己，在今后的日子里更努力地学习，全心全意备战二调。（居春雷）

4月25日 星期日

★值日班长：孟令镯　安磊

又是一个星期日，又迎来了忙碌的一天。

今天上午的周测让我们累得上气不接下气，刚在数学的几何中摸爬滚打，又进入生物中的遗传定律，很多人连选择题都没做完。生物的阴影还没有消退紧接着便迎来了物理的挑战。在与物理奋斗了 40 分钟后这场战斗终于停止了，每个人面对着这令人费解的试卷都哭笑不得。

值得提醒的是，二调考试距我们仅有 7 天了，我们背负着期中考试的耻辱已经走过了三周，还有一周就到了决定我们能否洗去耻辱，能否实现突破的时刻了。我想问一句，同学们都准备好了吗？你是否为二调做好了详细的安排，是否为这仅有的 7 天做好了打算？如果还没有，那么请你每天晚上躺在床上时能够静静地思考，思考你明天的行程，思考你的复习计划，思考你这次的目标，最后从内心发出一声呐喊：“雪耻二调，我必成功！”（孟令镯）

老班回来了，但现在我们还没有进行沟通，不知道老班对我们这一周的表现满不满意。一会儿就要开班会了，心里真有几分忐忑，不知道老班会带给我们什么惊喜。

同学们，让我们在学习中努力奋斗，各学科真正做到老班要求的“读出声的英语、练出速度的物理、做出感觉的语文、背得滴水不漏的化学、减少出错率的数学”。（安磊）

4月26日 星期一

★值日班长：刘克嘉　乔方舟

其实我站在这里挺愧疚的，不管大家认同与否，失败是无法改变的事实。

我发言向来是不写稿的，这次也不例外，因为一切写在纸上的东西都是苍白的。

当我们喊着“雪耻”的口号的时候是怎样的心情呢？现在结果摆在我们的面前，显得那样残酷。我们努力了，但还是失败了。我从来不认为 410 会被任何一次失败打倒，但真正可怕的是我们从失败中全无所得。

我们是数学、生物、信息奥赛班，所以我们不能在数学上失败。外界给了我们太多的压力与期盼，我们承载了太多太多。我现在也记不清数学老师冲着我们发了多少次火，也记不清我们说过多少次“平均分超其他班10分”的豪言壮语，亲爱的同学们，这些都不重要，重要的是我们是否还有一颗向上的心，我们的锐气、我们的锋芒是否还在。如果甘于失败，那么不管我们有多大的潜力都等于零。（刘克嘉）

哀兵必胜。我希望我们410失败时不气馁，成功时不自大。我们要永远保持着一颗向上的心，低头走好脚下的路。

机会就在我们面前，410必胜！（乔方舟）

4月27日 星期二

★值日班长：董傲 吕鹤松

终于又轮到我当值日班长了，上回没能在班级日志上留下一笔，我后悔了好久！

很明显能感到班里紧张的备考气氛，说是迎接一场战争也不为过，因为每个人都把二调当成了一次雪耻的机会，这种现象固然可贺，但我还想提醒大家一点——不应太在意一次成败，要放松对心灵的束缚，在淡泊的心境中人的潜能才有可能被大大激发出来。我们不应只做好成功的打算，还要清醒地意识到如果失败会失败在什么地方。对自己的弱点与优势有一个权衡后，行动才更有针对性，才能更好地查漏补缺，在二调中打一场漂亮的翻身仗。希望大家能真正利用好这最后几天，“凡世事皆精进”，那么成功也就水到渠成了。（董傲）

那天经过某班，无意中看到他们写在黑板上的“卫冕”二字，心里很不是滋味，但任何语言都是无用的，我们要用行动证明我们是鹰！鹰有时飞得比麻雀低，但麻雀永远到达不了鹰的高度！

最后祝大家成功，还要注意身体哟，今年的春天有点儿反常！（吕鹤松）

4月28日 星期三

★值日班长：张博群 冀浩

似乎是第一次在这本日志里留下笔迹，不知道写些什么，望同学们见谅。

今天，是数奥同学第一次听外来教授讲课，想必都很激动。教授讲得绘声绘色、声情并茂，数学题经他的演绎显得那样神奇，他的每一句话都是那样有哲理，如“数学就是把复杂问题简单化”“吃橘子要先剥皮，做题也是一样”……一天下来，收获颇丰，可也有不少人因此抱怨。在临近考试的时候少了一天的课似乎是个不利因素，但这不能成为考试失利的借口，下次考试只许成功！看着每天的日志，似乎上面都有醒目的四字提醒——“雪耻二调”。我相信每个人都不会忘记期中考试成绩落后的耻辱，我相信每个人都在尽自己的全力换回二调的胜利。（张博群）

我们进入 410 的那一刻起就注定要经历磨难，在磨难中成长。

其实，想要雪耻二调，不仅要有坚定的信念、充足的信心，更重要的是要有实力，对知识的牢固掌握、灵活运用才是根本。因此，我们要全面复习、稳定发挥，尽最大努力，只有这样，结果才是自然而然、水到渠成的。

转眼间，高一学期再有一个多月就要结束了，时间就是如此快。我们无法改变过去，无法预测未来，只有把握现在，充实有意义地过好每一天。（冀浩）

5月5日 星期三

★值日班长：常宇　刘泽宇

今天二调的各科成绩、排名都出来了，还记得我们在考试前的誓言——“雪耻二调，必须成功！”的确，在一些学科上我们确实做得不错，比如物理，但是有的学科我们也很差，比如化学。当然，这些已经过去。

我们需要的是吸取教训，然后向着下一个目标冲击。成功并不是喊出来的，它需要我们每一个人的努力。要记住，你的努力便是 410 的努力，你的进步便是 410 的进步。如果我们每个人都能做到最好，那么，410 将所向披靡。看到东区实验班那么猖獗，我们每个人都不服气，那就让我们在下次考试中把他们踩下去！（常宇）

不管考好考坏，二调都已经过去了；无论过去多么辉煌还是多么不济，又是一次新的开始。我们再一次站在了新的起跑线上，迎接我们的是又一轮的拼搏与努力。这次出了件很蹊跷的事，那就是我们与我们的战友兼对手 411 排名并列，这对我们班来说本身就是一种失败，要真正地做到进步还需要像咱们老班说的“读出声的英语、练出速度的物理、做出感觉的语文、背得滴水不漏的化学、减少出错率的数学”。最后，提前祝大家在期末考试中取得佳绩。（刘泽宇）

5月6日 星期四

★值日班长：李策 张弛

二调刚刚过去，这一次我们败了，不知道大家心里什么感受，反正我很难受。我恨自己，为什么不少失误一点儿，为什么不能为班级的成绩起到提分的作用。不过，希望大家笑对考后。（李策）

与其他班级的竞争又多了一项，就是中午的大课间。对于我们来说这可能是一笔财富，也可能是一身债务，关键是我们怎样把握。大课间不跑操了，大家注意保持身体健康！

送给各位一句话：“虔诚地努力，坚持下去，一定会得到上帝的青睐。”（张弛）

5月7日 星期五

★值日班长：孟亦同 徐光耀

我们的高一马上就要过去了，高二的联赛已经临近了。明年的这个时候，我们班生物的同学就要联赛了，请大家提高警惕，不要浪费光阴，把时间充分利用起来，保持紧迫感，到了明年此时，以饱满的精神状态走上高二、走进联赛。加油！数奥生！加油！生奥生！加油！信奥生！相信我们可以做得更好！（孟亦同）

对了，今天信妈妈又出差了，大家可不要因此放松哦。（徐光耀）

5月8日 星期六

★值日班长：孙子腾

（友情）又轮到我一个人做值日班长，又没有下铺，每天晚上想起将来不会有人对我唱起《睡在我上铺的兄弟》总有些伤感，但想到苏冰想唱都没人听，心里又平衡了不少。

同学、舍友是上天赐予我们的财富，我们要好好珍惜，尽管有时会有小的摩擦，但我们毕竟是一个集体，在这个独生子女占大多数的班级，同学、舍友就是我们的兄弟、我们的姐妹！

（亲情）昨天，我回到宿舍后接到一个家长打来的电话，声音很焦急，有种撕心裂肺的感觉。她说下午见到儿子时看见他哭了，自己很着急，让我照顾照顾他。我相信信妈妈也已经接到了这位家长的电话。这就是千里之外的家长啊，我们的一个小动作、一点儿小变化都牵动着他们的心。我家是外地的，长时间回不了家，尤龙、安磊都知道，我在给父母打电话时也曾哭过，但听到妈妈那近乎哽咽地询问，我知道自己错了。我们已经长大了，需要学会自己去承受生活中的辛酸，跟远在他乡的父母发泄已不能解决什么问题，只会让他们独自望着月光暗暗落泪，焦急又不知所措。我们是一柄正在淬火的宝剑，而流下的泪便是那剑锋的熔浆，不仅会深深烫伤父母的心，也会让我们失去那锐利的锋芒。所谓十年磨一剑，只为出鞘的那一刻光耀世间。

（励志）旧事重提，我们的二调又输了，输得很惨，我想每个人的心中都很不服气。这不一定是什么坏事，它给了我们一个切实的奋斗目标，如果在西区独孤求败却把目标定在渺茫的东区未免有些不现实，所以当我们发现有了卧龙般的对手是不是该感到庆幸呢？既然我们是鹰，就该有展翅翱翔、直搏云天的勇气；既然我们是狼，就该有不畏强敌、舍我其谁的霸气。相信狼鹰家族会越走越远、越走越高，最终屹立于411与东区之上。

5月10日 星期一

★值日班长：赵进 邢明超

时间一点一滴地流过，我又一次作为值日班长在班级日志上留下一笔。

二调过去一周了，这一次我们又没有成功。哀兵必胜，做了失败者的我们有了更大的进取动力，身在其中的我也不例外。（赵进）

我认为最大的敌人是自己，最大的挑战者同是来自自己。假如我们接受了别人的挑战，没有坚持不懈地为之拼搏却为之妥协了，表面上是输给了对手，其实我们是被自己打败了。保持不了良好的心态，找不到真正的自己，无形之中就是自己挑战自己，敌人就是自己。

最后，送大家一句王勃《滕王阁序》中的话：“老当益壮，宁移白首之心？穷且益坚，不坠青云之志。”（邢明超）

5月11日　星期二

★值日班长：姜世磊　白轩然

时光如白驹过隙，不知不觉，在焦急等待中值日班长的头衔又一次落到了我的头上。咱班表现很好，早操到位早的一大帮，自习联查的没一个，只是在课间还是略显聒噪，还是有悖老班的“课间分段”。谈到老班，她今天就回来了，我们的自由会少一些，但纪律能严明些，这何尝不是一件好事呢？（姜世磊）

今天，数奥的同学们都不会高兴，因为马瑞在课上批评了我们，原因并不在于我们做不上题来，而是我们连讲过的题都没做上来，这着实不应该！虽然我是没资格站在这里说大家的，但我想只要我们一起努力、一起拼搏、一起向前，最终胜利必将属于我们！

今天，咱班的两员大将武博阳和李艺超去试讲“十大学星”了，星期六我们将同他们一起参加最后的比赛。他们是410的骄傲，他们是我们大家的骄傲，他们所赢得的并非只是个人的荣誉，而是410的荣誉。当然，他们的成功也有大家的一份功劳，包括听他们的试讲，包括我和弛哥帮他们改稿。成功人士的背后是一帮忠实的“台柱”，我们410的精英定能凯旋。（白轩然）

5月12日　星期三

★值日班长：孙巍峰　刘志广

5月12日是个特殊的日子，我想起了两年前的那场地震。

我们应该珍惜现在的学习机会，不幸的事随时可能发生，不要等到灾难发生了才知道珍惜。有时我想，毫无准备地突然间天崩地裂，一分钟前的承诺失去意义，几秒前的挚友生死离别，这是多么可怕！我想起了曾经看过的一段话，大意是这样的：买一本书，放在书架，不去读它，不是没有时间，甚至不是因为封面上“购此书等于为灾区捐款”的承诺，而是因为它的名字叫《国殇》，我们甚至没有勇气去重温过去的感动和悲痛。

斗转星移，如今的地震灾区已经高楼林立，甚至比震前还要繁荣，这让我们感到欣慰。虽然近期活页上的几篇杂文让我们看到了社会许多弊病，但我们不能以偏概全，还是要肯定政府的工作的，比如积极进行灾后重建。（孙巍峰）

国家的事就是我们的事，一定要关心；我们的事更是我们的事，绝对要放在心上。最近的一次数奥考试，许多人跟我一样考得很差。但我要说的不是否定自己，否定自己前一阶段的努力，而是要找回自信。这次考试不理想，遗忘是一个主要因素，相信有些同学已经忘了如何解同余方程组了，还有些同学已经忘了勾股方程是什么了，更别提什么斯特瓦尔特定理、塞瓦定理这些时隔一年的知识了。以这样的状态去考试，只能证明自己的记忆力不强，不能证明自己不聪明或没有数奥生的天分。这次考试是一个提醒，提醒我们及时回顾，而落后的成绩就让它过去吧，让下一次考试的辉煌将它洗刷掉吧。

信老师出差回来了，晚新闻前来教室时很不高兴，是不是咱班状态又不好了？希望同学们自律一下，让信老师也让全校看到奋起的 410。（刘志广）

5月13日 星期四

★值日班长：徐希浩　李洋

今天英语课上，苏兰老师让我们看了一下昨天英语测试的班级排名。我们班被 411 班超了近 1 分，这在原来是没有过的，相信每位同学都感觉很不爽。英语一向是我们班的强项，然而我们的强项似乎处在危险之中，所以我们更要感到危机。我们应该想一想，最近的英语学习是不是出现了什么问题。需要提醒的是，我们少了两次课间操，过去候操时多数同学将一半时间分给了英语，课间操少了后，大家可能课下对英语学习少了。我觉得大课间时我们应该拿出些时间读读背背，或者干脆在英语早读时提高效率，读出激情，读出水平，因为语感很重要。另外，做题时希望大家再认真些。我们每次小测都高 411 一截，到大考时英语仍是我们的优势，要让他们望尘莫及。（徐希浩）

确实英语是我们的强项，上次二调，在西区我们是第一，和东区相比也略高于他们。但我希望同学们不要放松对英语的学习，要继续努力下去，将优势保持到底。在此希望同学们定下个人目标，各科的科代表定下该学科的目标，让我们在以后3周左右的时间里为目标去努力、去奋斗，在期末考试中发挥我们狼鹰家族的真正实力，让对手输得彻彻底底，输得心服口服，输得一句怨言也没有，让我们实现分班后一直未实现的目标——战胜东区。（李洋）

5月14日 星期五

★值日班长：王迪　刘士琦

时间匆匆而过，转眼之间离期末考试只有20天的时间了。20天的时间相对于高一一年来说太短了，而相对于考试中的两天时间又很长很长。20天足够了，只要我们下定决心，狠拼期末，一定能得到回报，一定能在期末创造辉煌。

高一即将结束，以一种什么样的姿态进入高二至关重要，这关系到我们的高一是画上叹号、句号还是省略号的问题。姿态远比结果更重要，即将结束的高一即将成为过去，而并不遥远的高二属于未来。什么都会成为习惯，如果让落后成为一种习惯就真的抬不起头来了，过去的就让它过去，因为明日我们尚可东山再起。我们都曾是决战中考的悍将，都知道考试只是考查平时的知识，即使是涉及三年知识的中考又能怎样，还不是以平时为基础吗？期末考试涉及最多的就是一年的知识，我们不必感到畏惧，不必感到无从下手，复习过的每一个知识点都可能成为期末的考点，让我们为期末、为高二继续拼搏吧！（王迪）

今天很巧，语文听写和值日都赶到一天了，今天听写准备不好，耽误了大家早饭的一些时间，在这里向同学们道个歉。毕竟误什么也不能误吃饭，只有后勤做好了，我们才能安心学习。今天看了一上午的听写才勉强看完，这才知道相互判听写有多累。因此我希望同学们要珍惜别人的劳动，认真对待听写，毕竟尊敬是相互的。

晚三离上课还有两分钟的时候大家还没有安静下来，李策喊了两次也没用。如果每次课间都得这么喊，那大家的自觉性真是差了点儿。纪律委员也很辛苦，大家都知道这是一份得罪人又不讨好的活，没有班长那么风光，但却维护着班级最基础的事务。说起李策，我不得不称赞他的行为，大概是上周因为自己卫生扣了分，这周李策每天都值日。我想问问同学们，谁能做到他这么自觉？李策也笑也闹，但分时候。他身上有一股正气，可他也不是严肃的人，十分开朗。

最后，希望大家低下头、沉下心来认真学习，这样期末必胜，让咱们班的同学以后听到别人谈论咱们时都可以自豪地说：“不要谈论哥，哥只是个传说。”（刘士琦）

5月17日 星期一

★值日班长：蔡占锐　董宇喆

首先迟到地记录上星期六的“学星”评选，这是衡中每学年最盛大的学生活动之一，伟大的410有两位同学荣登金榜。一个班同时拥有两位“学星”，这在衡中校史上是十分罕见的。乔石说：“这不仅是武博阳和李艺超的胜利，更是我们410的胜利。”So it does，我们是这场活动中最大的赢家。它是410人努力的结果，是410人拼搏的见证，更向整个衡中展示了410积极向上的风貌，吹响了410再造高峰的号角。

有一点很重要，信妈妈说：“榜样就在我们身边。当你平时抱怨成绩不理想时，有没有想过你是否有李艺超的坚毅抑或是武博阳的勤奋？”他们是我们学习的榜样，而我们中的大多数同学都没有用“拿来主义”借鉴他们的学习方法。我们在期中考试中败得很惨，在二调中又失利了。怎样让410强大，每个410人都必须去想、去做。（蔡占锐）

今天选“每周之星”，李艺超毫无疑问地被推选为“班级之星”。尤龙说要为每个候选人做一张幻灯片，白轩然也主动请缨，提出要为每个候选人写颁奖词（轩然兄很有才哟）。比较自私地说一句，以后不用担心603没有“每周之星”了。

Ps：像王迪和刘士琦一样，我们俩也是值日和听写赶到一天了。我深刻地体会到了为班级付出的辛劳，信妈、班委都很不容易，我们每个人也都为班级付出了许多，让我们为410鼓掌吧！（董宇喆）

5月18日 星期二

★值日班长：袁景昊　李艺超

衡中奥赛班手记：
花开的声音

从上上星期三到上星期三我们班一直是 0 差，昨天我们又是 8 好 0 差，而 411 班是 6 好 2 差，这是一个好兆头。高一最后两星期三校联考，410 定会重新起飞。到了关键时刻，狼或是鹰都会张开利爪，要撕破的是羁绊，抓获的是成功！

过去尽可以失败，但重要的是失败之后的重新站起。过去也许你走在路上别人对你冷眼旁观，你摔倒在地别人徒然冷笑，但是今天努力之后，由泪、汗、血浇灌的成果会改变一切。记住，成功要淡然，失败不颓丧。

今天，许多老师说我们没有状态、没有精神。低迷的状态无法掩饰，这真的已成为一个危险信号，Dangeous！ Its Dangerous！要改变，改变的不仅仅是口号，而是行动。我希望从明天起所有的老师都会表扬我们的状态，我清晰地感到 410 会重新苏醒，她的脉搏会重新跳起！一旦她昂起头，必将睥睨群雄！（袁景昊）

我还想提一下胸怀。410 是一个大班，就要有大海一样的胸怀，对手也是朋友，竞争不是战争，不需唇枪舌剑，走好自己的每一步，前方就是成功。

再提一下感恩。学星演讲，有那么多人帮我和博阳：尤龙、小雷、舟舟、张弛、常宇、马瑞、吕梦帆……410 全体，还有其他的学星，苏老师，程淇麟老师，班主任，级部、教育处的老师……感谢帮助过我的所有人，一个人的成功背后是无数人的努力，我要真诚感谢这些帮过我的老师、同学们，谢谢你们了！

最后，祝小雷生日快乐！（李艺超）

5月19日 星期三

★值日班长：徐哲　乔石

今天又会操比赛了，410 班依旧霸气十足，口号依旧嘹亮，步伐依旧整齐。在距期末考试还有 14 天的时候，这种霸气与信心是必不可少的。希望我们能将这股霸气延续下去，延续到期末，到奥赛考试，到高考，到人生更高的顶峰。（徐哲）

时光似箭，日月如梭，转眼之间，高一即将结束。在这过去的一年中，我们收获了太多，有泪水，有欢笑，有失败，有成功，但这一切的一切都随着时光的流逝被尘封在记忆中。

面对高一的最后 16 天，我们不应感叹时光的流逝，不应兴奋于假期的临近，我们应当做的是脚踏实地地走好高一最后的路途，不必奢求完美，但我们应做到问心无愧，让自己无悔，不给高一留下遗憾。

当高一结束时，就不得不提到高二，高二的学习会更加紧张，生奥同学的考试也会在高二结束，信奥、数奥的考试也不会隔太久。高二或许比现在更累，高三还会比高二更累，但我们不应畏惧，更无须畏惧，脚踏实地地走下去，没有什么不可以。我很喜欢马云的一句话："今天很残酷，明天更残酷，但后天很美好，但绝大部分人死在明天晚上。"相信我们大家不会是"大多数"中的一员。

最后送给大家也是送给410一段话："豪情在天，谁能与我争锋，青锋在手，我将一剑屠龙！逐鹿期末，方显英雄本色；四一零起，定当气吞山河！"（乔石）

5月20日　星期四

★值日班长：运经纬　胡瑞兆

忙碌的一天又要过去了。今天，又轮到我俩当值日班长了。记得上次我当值日班长还是愚人节的前一天，恰好也是期中考试的前一天，而今天距期末考试剩下不到两天了。期末考试是三校联考，很重要。暂时不去想自己是否能为班级争光，不去想自己是否能为学校争光，单是想想是否能在期末考试中令自己满意、是否能进步，便已知道接下来的几天要做些什么了。（运经纬）

临近期末，转眼我们就要升入高二，我们的奥赛学习又将进入一个新阶段。奥赛学习其实和文化课学习一样，需要技巧和方法。我认为奥赛学习要常反思、多思考，各个学科奥赛有各个学科奥赛的特点，具体的学习方法也有所不同。但我认为积累本对于奥赛是必不可少的。我有两个本，一个是笔记本（上面记一些经典例题和一些算法），另外一个是反思本。小雷曾提过这个小本，我们把当天奥赛课上的收获记下来，也可以记一些个人小结和做题技巧。我觉得信息奥赛更需要这个小本，因为相比其他奥赛，我们更多的是自习，毫无目的地去刷题对自己没什么提高，我们要把计划记在这个本上，按照计划一步步提高自己。做一道题就要有一道题的收获，奥赛这条路也许崎岖，但是我们要把它走得坦荡。

距我们信息奥赛考试还有176天，相信其他奥赛的考试日期也不远了，在这倒数200天的日子里，我们要完成奥赛学习的大部分内容，同学们对奥赛考试有

心理准备了吗？（胡瑞兆）

5月22日 星期六

★值日班长：尤龙 吴建朋

学习是必需的，之后的进步更是显然的。

对于临近的期末考试，我想说，对手不是辛集中学与正定中学，是我们每个人自己——你能否让学习热情在这10天里达到最高？你能否给高一画上满意的符号？你又能否在考后对自己、对410说无悔？

努力才会有收获，成功来自点滴，细节决定成败。（尤龙）

我想把更多的笔墨留给今晚收看的视频，《2030肢解中国》。

一段出自军人内部的演讲竟在社会上引起如此巨大的反响，这是为什么？相信不少同学已经找到了自己的答案，而我也想给出自己的答案。

我父亲是军人，我成长于军营，从小就感受着军队的一切。我的故乡张家口是河北乃至华北的军事要地，所以军事氛围格外浓厚，我对军事也很感兴趣。今天我回来得晚，正好看到"军事观察室"的一段视频，我立即认出是三大岛链的封锁示意图。我在看视频的同时也注意着同学们的反应，有一个声音在我脑中说："其实这些都是真的，是有事实依据的。"

下面，我针对同学们的一些理解，谈谈我的看法。

1. 硬派不是法西斯，强大不一定要欺负弱小。

2. 应对危机现状刻不容缓，虽然我中华崛起的事实不可抹杀，但相对成就这些"危言"更应警醒。

3. 对于这段视频，我推荐的是"拿来主义"。它提供的是建设或按解说者的话说是"内部预测"，但我认为它提供更多的是参考，是留给你我的思考。

对于思考还是要积极，虽然他说GDP是"狗的屁"，但他没有否认经济结构强势的美国、日本的GDP的地位，没有否认经济的意义。秉承他最后的话是："现代的中国等待你的建设，汉唐之盛等待你去谱写。"

我不认为中国会被谁肢解，因为我相信我们这一代会挺起中国人钢铁般的脊梁！

祖国万岁！（吴建朋）

5月24日 星期一

★值日班长：朱玉璇 任康

哇，又轮到我们值日了，这是我们第三次当值日班长，也是高一最后一次当值日班长。没错，高一就这样悄无声息地从我们的生命中溜走了，它给我们留下的是什么，遗憾，快乐，还是感动？不管是什么，我们也无法改变过去的年轮，我们能做的只有坚持到底，快乐而充实地坚持到底。即使我们以前跌倒过无数次，我们在这最后关头也要华丽地站起来，坚强而美丽。（朱玉璇）

另外，我对咱们班有一个期望，就是希望我们班在最后几天里能事事争先，至少也要排在我们的兄弟班前面。每天跑早操时，不知是否有人注意到其他班的战友会“不留意”地跑到我们班前面。我觉得既然我们班排在第一位我们的人就要最早进入状态，这样时间才会多起来。总之，我们要全力以赴、共同奋斗！（任康）

5月26日 星期三

★值日班长：赵宁 高雪迪

期末考试已经被提了好多次，我不想再说什么考好了可以过一个好的假期之类的话了（很喜欢乔方舟那句雷人的话，“考不好也没事，回家顶多被爸妈骂5天”），只想对大家说，只要你努力了，只要你没有放弃，结果是怎样真的不重要了。

以前每天早上起床后都很从容地收拾东西，然后慢吞吞地走到跑操的地方，由于今天要当值日班长，就以前所未有的速度冲向跑操地点，结果夏美琨同学还是先我一步到了，我心里不免感叹：“你说人和人就是不一样啊，有的人怎么就那么快呢？”当然乔方舟同志也很快啊，住6楼还跑那么快，不容易不容易，值得表扬。

最后送大家一段我很喜欢的话：“如果我可以选择飞翔，我的翅膀可以选择一直追随风的方向，一直飞翔，一直飞到幸福的天堂。可惜我已经折断翅膀，

已经没有飞行的力量，我只能站在原地，看着远方的你，自由地飞，自由地飞吧，我的祝福，我和你飞往同一个方向。”（赵宁）

正在奋笔疾书的时候，班级日志不知不觉地又传到了我的手里，既然我是这一天里的记录者，我就应该做到事事争先。和赵宁一样，早上我到了跑操地点后，第一次发现那条跑道是如此的萧索。我站在那儿半天连眼也睁不开，雷文清、乔方舟早已传出了读书声，这使我受到了很大的鼓舞，既然在六楼的兄弟们都能迅速到位，那么在一楼的女同胞们也能加快步伐，事事争先。还要提醒同学们一句，在备考期末的过程中，不要埋头只顾苦学，也应关注班级，看看饮水机及时关了没有、灯及时关了没有，注意个人卫生，注意将脚下的废纸及时捡起来。同学们有不会的题互相问，有独到的做题技巧与大家分享，上课提前静下来，时刻遵守一条原则：说话先看小黄帽。从点点滴滴抓起，期末考试岂不是水到渠成的事？

最后告诉大家一个好消息：期末考试在 6 月 1 日或 2 日。让我们伴着六一儿童节这个普天同庆的日子，汲天地之灵气，取日月之精华，期末考出一个好成绩吧。（高雪迪）

5月27日 星期四

★值日班长：李喆 张默

星期日的班会上，老班给我们播放了张丹、张昊的比赛画面。张丹重重摔在坚硬的冰面上后勇敢地站起来，含着泪花将比赛进行到底，这使我想起了 2000 年悉尼奥运会的孔令辉。孔令辉与老瓦在决赛时因一只脚有伤，不得不在赛前用药使脚能支撑起自己。比赛暂停时，孔令辉一下子坐在赛场的一个角落里，让脚得以暂时休息。忍着剧痛，孔令辉胜利了，捍卫了中国乒乓球的不败地位。他胜利后发自内心的呐喊，令我十分感动。

运动员身上的那种坚毅是以国家的荣誉为支撑的。同样，身在 410 的我们每个人都应把 410 的荣誉放在心上，懈怠时想一想 410。

2008 年奥运会上，就在中国跳水队的“梦八”近在咫尺时，不到 20 岁的小将周吕鑫在前五跳领先第二名 30 多分的巨大优势下，最后一跳出现重大失误，只得了 70 多分，澳大利亚名将抓住机会，最后一跳拿下满分 112 分，反败为胜。

我并不是想否定周吕鑫，只是想通过这件事告诉大家，不到最后一刻一切不成定局。这次期末考试成绩不到尘埃落定的一刻，我们就不应放弃努力，不能放松自己。如果大家能做到这一点，410 一定能再登高峰！（李喆）

期末考试快到了，送给大家一句话："当所有人都在关心你飞得高不高时，只有少数人在关心你飞得累不累。"我属于第二种。我在开学自我介绍时说过，我希望身边每一个关心我的人，不是关心我的成绩，而是关心我过得快不快乐。总有人在我面前说先生存再生活，可是我发现，当你忙完生存后，生活已荡然无存。所以我希望我们在求学路上苦苦追求时，不要忘了向周围望一眼，请珍惜现在，珍惜我们的友谊。

林肯的妻子玛丽•托德做了总统夫人后，脾气越来越暴烈，她不但随意挥霍，还常对人大发淫威。有一位吃够了玛丽苦头的商人找林肯诉苦，林肯认真听完商人的诉说后，无可奈何地对商人说："先生，我已经被她折磨了 15 年，你忍耐 15 分钟不就完了吗？"

清官难断家务事，家庭里没有绝对的对与错，和自己的家人相处时，必须要学会忍耐。410 的同学们就是我们的家人。

似乎谁都在奔跑，都在追赶着什么，那跑动时被风吹起的发丝、顺面颊流下的汗珠、鞋上溅起的水花总是给人生命的蓬勃之气，而我们高一的赛程也终于到了冲刺的时刻。我们要的不是终点，每一个终点也不过是下一次起跑的开始；我们要的是过程，体验的是速度，以及那上升与下落间循环往复的快乐、征程中我们留下或多或少的痕迹。让我们在剩下的 8 天里怀着独一无二的心情，追着太阳，追着浪潮，追着生命，追向心中的夏花灿烂处；让我们张开翅膀，追随阳光的方向，在高考时如约如夏花般灿烂绽放，让 410 再次成为无往不胜的神话。（张默）

5月29日 星期六

★值日班长：韩笑　王卓

今天是我第三次当值日班长，激动之余又有些许感伤，高一就要过去了，它匆匆走了甚至不回望一眼！然而高一终究还有几天，有什么遗憾能弥补的便悉数补回吧！

好高兴迎来了8好0差的一天，卫生也没扣分，真希望信妈妈的愿望全部成为现实，那样多叫人欢欣鼓舞啊。咱们现在已经落后了，必须每个人都尽最大努力才能奋起直追、创造神话！又要评选“星级宿舍”了，感谢上天给了我们一个机会，可以洗去上次的耻辱，实现这次的突破！（韩笑）

我一直觉得值日班长应多找一下身边温馨的人和事，可是我想了半天，除了飞哥讲的不靠谱的笑话外也没什么好玩的了。总结经验、吸取教训一是值日时要多写身边的温馨小事，二是要有发现美的眼睛。

忽然发现好多老师的家也挺远的，就说飞哥，从四川那么远的地方跑来，平时回不了家，到这儿还要为咱们这帮孩子受苦受累。咱们一定要争气，学奥赛就要干出成绩，为学校争光！为老师争气！还有尽量别惹老师生气啊！

飞哥特别值得学习的一点是他的乐观。他整天乐呵呵的，甚至会拿自己的身高揶揄自己。很多人觉得每天不开心，其实没什么嘛，快乐是自己创造的，生活中的美需要发现。所以呢，眼睛小的把眼睛睁大，眼睛大的把它睁得更大，笑着迎接高一剩下的这几天吧！

推开窗子，迎接清风，触到阳光，就会觉得很高兴！

要开心！（王卓）

5月30日 星期日

★值日班长：夏美琨　王雅桐

这么厚的一个本子快写完了，时间就是这样，不知不觉中从指间溜走，当你意识到时，你也许连它的背影都看不到。

其实，人的一生就是和时间赛跑，我们已跑过了天真甜美的童年、青涩纯真的初中，又即将跑完高一。

听说高二我们会搬到揽月楼四层（和高三同处一层），其实，咱们生物奥赛的同学相当于进入高三了，咱们要努力，要像学哥学姐一样出色。（夏美琨）

信妈妈开班会时讲到两个故事，第一个让我回想起了自己的初三，那也是一段单纯、美好、幸福的日子。的确，当一个人心无旁骛、执着追求理想时是最快乐的。

记得以前写过《站在新一年门槛》的文章，现在新一年也过一半了，我们应该仔细想一想，已经做了什么，还有什么没有做。（王雅桐）

5月31日 星期一

★值日班长：董雪 段文思

今天碰到了一个同学，眼睛看起来很惺忪，她说快到考试了，中午却睡不着了，躺下后翻来覆去地折腾，起床后也不精神，觉得很纠结。其实我也睡不着，但我这是习惯问题。说实话，紧张完全没必要，毕竟大脑要考试，身体不能跟着受累，放宽心，认真备考，方信心百倍。

现在我们的老师们也是来得越来越早，走得越来越晚，尤其是生物老师，敬业精神极为可嘉，不但认真备课，而且尽可能地在课上穿插复习内容。英语老师也是尽了最大的努力，批评我们是为了我们好。还有很多可敬的老师，他们的奉献我们看在眼里感动在心里。为了让我们的汗水不白流，也为了让老师的脸上绽放出笑容，同学们还等什么，努力吧！

没有多少时间了，最重要的是不放弃，是仔细，是把遗憾降到最低。每天看到高三的学哥学姐们，钦佩与祝福就会油然而生。我小姨与邻居家的姐姐今年也要参加高考，我一并在心里祝福她们。同样是战士，她们经历高考，是对未来道路的选择；我们参加期末考试，是对高一生活的总结，是高二新生活的开始。（董雪）

我们有梦，于是我们不止息、不放弃。

希望大家在紧张备考的同时保重身体，现在温差很大，要注意及时增减衣服。空调不要开得太高，多喝水，保证良好的睡眠，养精蓄锐，拼搏奋起，夺回属于我们的辉煌！（段文思）

6月1日 星期二

★值日班长：冯悦 杨晓鹤

今天是六一儿童节，呵呵，祝大家儿童节快乐。紧张的复习之余看着自己桌上的小草，不知不觉回到了小时候。记得那时在桌子上养了一盆小雏菊，散着淡淡的清香……好了，不扯了，人要是总活在回忆之中就太没出息了。想起昨天老班的话，这本班级日志会成为我们410将来的一个宝贝。说真的啊，咱们410藏龙卧虎，最后出5个国一、50个省一、10个清华、10个北大，再出个国家主席、诺贝尔奖得主什么的，这本集子可真就成了超级大宝贝。几年之后，当我们相聚在一起，欢笑间一页一页地指着这本集子，一幕幕回忆以前的事情，那是多么美妙啊！当然，人要是总活在未来，那这个人也是太没出息了，所以说，我们要做的就是珍惜现在，把握住现在的一分一秒。想想你曾经设想过的为高一画下的那个终止符，现在有轮廓了吗？如果底气仍不足，我要对你说，不到最后一秒一切不成定局。加油！咬牙！坚持！（冯悦）

这个本子让每个人都能有机会用心去发现身边涓涓流淌的爱、流淌的温暖，71个人的笔迹，71个人的心。时光荏苒，转眼间彼此已经相处了半年多了。如果说这个本子见证了彼此之间的熟悉，见证了我们对这个班级日日有增无减的爱，那就让期末考试记录我们的努力与团结吧。

瞬间绽放的美丽烟花，总是如此短暂，又如此美好。在这如烟花般绽放的高一生活快要结束的时候，我们无比珍惜。虽然高一只有几天了，但这几天中的努力是不可或缺的。在今后的生活中，不要等到最后才懂得珍惜，不要等到错过才明白它的宝贵，珍惜现在吧。

向上，向善，向心。

倔强地抬起头，迎向挑战，缔造狼鹰家族不变的辉煌！（杨晓鹤）

6月3日 星期四

★值日班长：金幼晗 柴君卓

今天我和柴君卓幸运地成为高一最后一届值日班长。期末考试刚刚过去，我们也最终有些恋恋不舍地为我们的高一画上了终止符。想起朝夕相伴的点点滴滴，想起一起走过的日子，心中不禁涌起一阵阵感动。410一起走过了这么长的路，而我们也将一直牵着手走下去，直到高考。珍惜这份友谊吧，它将是我们一辈子最宝贵的财富。

面对这短暂的假期，希望同学们认真做好计划，让这个小假期过得充实而愉快。告别高一，迎向高二，相信我们终能扬着理想的风帆，到达成功的彼岸。

410加油！狼鹰家族加油！为梦想而战，为410，为狼鹰家族的每一个家人而战！（金幼晗）

我们真的相当幸运，上一次当值日班长是远足前一天，这一次是高一的尾声。时间过得真的好快，我的记忆仍停留在入学那天，我和父母拎着大包小包站在甬路旁来报到的那一刻。那时，衡中的一切都是那么陌生，学校在我的眼里只是一所很美丽的学校，除此之外没有别的感受。但当度过了高一这一年，相信我们每个人都发生了许多变化，我们从开始时几乎迟到到现在晚饭6点40分前回到教室安静地学习，从开始时中午一打铃就拥向食堂到现在12点30分仍埋头读书，从开始时课间吵吵闹闹到现在的渐渐安静，这一年，我们改变了太多，因为我们经历了很多。

这一年，8次大型考试，终于将我们磨炼得渐渐成熟，不是单纯地笑对考后，而是平静地面对，面对成功，面对失败，面对快乐，面对遗憾。该过去的都过去了，或许有些同学心情不是很好，但我想说，假如只能选择难过或开心，那么为什么不让自己开心一点儿呢？考试过后，没有了曾经的喧嚣与浮躁，有的只是一种淡定与坦然，有的只是反思和总结。毕竟，这不是高考，我们还有机会，我们还有两年的时间。假如这考前的十几天你做了许多，那么两年时间足够了，高一即将结束，但奋斗、追求不会结束。

今天应该是值得庆祝的一天，410狼鹰家族取得了高一最后一次战斗的胜利，一次彻彻底底的胜利，我们终于以绝对的优势胜过了对手。但是，我们也要用平静的态度来面对这次成功，沉着、淡定！（柴君卓）

6月4日 星期五

★值日班长：苏冰

在放假的当天留下一笔，用小苏老师的话说，什么事都重在参与……

高一下学期结束。

高二上学期

6月18日 星期五

★值日班长：孟令镯 武博阳

今天是高二实行值日班长制的第一天，我和武博阳幸运地当选为第一任值日班长。

几天的奥赛集训结束了，我们迎来了正式上课的第一天。新的教室，新的老师，虽有些不习惯，但内心还是充满了喜悦，从昨天踏进教室的那一刻就又感觉回家了。上课时不经意地一回头，看到那些有些陌生但又十分熟悉的面孔觉得十分亲切。

今天令我十分感动的是中午大部分同学都留在教室里学习，12点25分我临出门时还有20多名同学没走，这种感觉仿佛是到了高三。没错，现在的我们并不比高三轻松，所以就让我们把现在当作高三吧，以高三的姿态去面对高二这个关键的阶段，为我们决胜高考奠定坚实的基础。

最后提醒大家：晚上开空调记得盖被子，小心着凉。（孟令镯）

今天由于我的失误，没有提前安排小组长，所以晚一收作业时慢了些，晚二预备铃响了之后仍有几个人在走动，这里面有我的原因，这是不应该出现的。我们是两个奥赛班中的一个，也是最强的那个，411班被我们踩在脚下（从地理位置上来说），我们必须让411班永远在我们脚下，不得翻身，我们必须拿出上学期备战期末甚至比那还要好的状态去过每一天。

信妈周期性出差，赶上这几天她不在的日子，语文课又没找到代课老师，所以由张弛同学给我们上课。不知道是提前受过培训还是什么别的原因，张老师讲得实在是太好了！一开始我还以为大家像数奥听马、吕同学讲课一样，会说些俏皮话什么的，后来我发现自己错了，我们410的每个人都在认真地听课。老师讲得好，我们做得也确实不错。其实同学间相互讲课或讲题有很大的好处，一方面能加深自己对知识点的印象，另一方面又能让别人掌握这个知识点。俗话说，赚了人情，长了人品。不过，要是怎么讲也讲不明白内心就纠结了。

最后，祝大家能够乐观，就像韩国球迷那样输了球也没关系，开开心心就好！（武博阳）

6月19日　星期六

★值日班长：李丹琳　李舒钰

今天是一周的结束，这一周的结果却不能让我们满意，从纪律到卫生，从宿舍到教室，从课上到课下，我们都做得不好。自习纪律我们班几乎最差，老师说我们上课不够积极，年级对我们的评价是状态不佳。我们应该经常反思自己是不是做得足够好，能不能做得更好，我们设定的时间要比别人更紧，我们的状态应比别人更佳。现在才只是开始，以后的路还长，只要用心去做好每一件事，就一定能一天比一天进步。

新学期，新环境，这是一个新起点，明天男生又要搬宿舍，这又给了我们一个“新”的机会。能否做好，不取决于过去，而取决于现在和未来。我们要有一个新的目标、新的计划，就像老班让我们做的，规划一下高二，规划一下未来，以全新的面貌去迎接新的挑战。（李丹琳）

很荣幸，我和丹琳是开学第二天的值日班长。今天信妈妈回来了，因为我们做得不够好，让信妈妈小小生气了一下。不过问题还只是苗头，赶快扼杀就可以了！咱们伟大的家族一定会很快重振雄风的！

不能光批我们班，班里还是有很多可喜可贺的大事的，比如说上课时与新老师磨合得越来越默契，比如说张老师成功地给我们讲完了《归去来兮辞》，比如说学校给我们发了灭蚊子的药，还有男生可以搬到新宿舍了……总之呢，410的道路是无比宽阔的，未来是无比光明的！

晚三是我们规划人生的时间，捧着薄薄的两张纸，心里却感觉沉甸甸的。不管什么问题，只要涉及人生呀、未来呀就有些沉重，有些遥远。但我们就是朝气蓬勃的太阳，只要勇敢地向前走，总能照亮彼岸那最美的地方！

最后，祝大家明天早上愉快起床！（李舒钰）

6月20日　星期日

★值日班长：李艺超　夏美琨

很荣幸能与夏美琨一起担任高二第一个星期日的值日班长。

观察高三，发现课间几乎没有人说话，纯自习状态！着实佩服！如果我们也如此，不是很美好吗？新的一周来了，明显感觉410在进步。阳光很明媚，天气很温暖，410前途一片光明，希望我们的课间更加安静。如果我们做到同高三一样的状态，就比高二其他班快一年。一年啊，足以让他们望尘莫及！

今天早晨搬宿舍，搬完又被通知搬回来。还是在我们的小窝里再享受一阵子吧，毕竟时间不多了。不用抱怨。在宿舍里无意中看到了上届高三学长遗留下来的笔迹，与大家分享之："见过瀑布吗？那是河流走投无路时创造的奇迹！"

我们条件虽然不好，但也没到走投无路吧？英雄都是在附楼里产生的！最后祝大家乐观面对每天的太阳！（李艺超）

很荣幸和李艺超同学一起当值日班长，我特别佩服这个同学，相信410的每个人也是这样。

今天我想写一写李丹琳和王卓。李丹琳就像大家喊的"丹琳姐"那样，真的像个姐姐。记得以前赵一苇评"每周之星"时这样描述李丹琳："几乎每个女孩都像一株花，蝴蝶兰、玫瑰、茉莉……但丹琳就像一棵树，不是等着别人来呵护自己，而是主动荫庇别人。"

王卓，这个可爱的傻孩子，她是为数不多的一直戴着班徽的人。身为小体委的她口号喊得特别响亮。

每个人都是一座富矿，有无数的星星般闪光之处。发现星星的光芒，是一件非常快乐的事。

最后，祝大家在"新"宿舍睡个好觉。（夏美琨）

6月21日　星期一

★值日班长：韩笑　樊婷婷

今天是高二开学后410班全体同学在一起度过的第一个星期一、举行的第一次升旗，是新的开始。

作为值日班长，今天我早早地到了跑操地点开始背书，忘记了观察早操到位后三。十分感动的是，胡瑞兆同学主动地承认有自己，这种勇于承认错误的精神真的值得我们所有人学习！不过，更重要的是以后要改正啊！

今天有很多好事：英语老师越来越喜欢咱们班；上课气氛活跃了，老师笑容多了；师生越来越熟悉了，同学们有什么“不合理”的要求也好意思提了（开句玩笑）。越来越棒的 410 毕竟也被新英语老师认可了。今天中午 ET 问可不可以拖堂时，大家齐刷刷地说“可以”，真的很让人感动。尽管大家都在“死撑”，但是我想大家一定都是为了让 410 被老师们接受，证明 410 是一个强大而优秀的集体。本来我还在为这次调研担心，担心英语老师会不会完全适应咱们，担心不败的神话被打破，现在看来担心倒是多余了。

今天也有不快乐的事情：语文、化学、物理、生物成绩全部被实验班超过！原因大家心里都清楚！世界上有人输不起，有人赢不来，咱们上一仗打得漂亮，赢得光彩，但只赢在了上一次的成绩上，如果下次成绩一败涂地，会证明咱们赢不来。丢的是人，是班魂。现在的心态能不能扭转很关键，大家一定要明白，每一个不曾起舞的日子都是对以往生命的辜负，懈怠的每一天都或深或浅地写下了决定你命运走向高考的轨迹，别在高二的初始就留下遗憾。

新闻上说今天是父亲节，其实我们女生宿舍昨天就疯狂地给父亲打电话了，原因是记错了日子。但是不管怎样，请大家在百忙之中抽出一点儿时间给父亲打个电话，说一声“爸爸，辛苦了”，让天下所有的父亲在这个属于自己的节日里心里暖暖的！

普及一下常识：每年六月份的第三个星期日为父亲节，五月份的第二个星期日为母亲节。（韩笑）

作为第四组的值日班长，看着笑笑写下密密麻麻的一大篇，不免有些晕眩，我就简单写几句吧。

今天总体来说状态还可以，但化学课上有些死气沉沉，估计是都中暑了，物理老师足足说了六七八九十遍“抬起头来”！虽然说夏天容易犯困，可大家还是要打起精神啊！

下面是写给信息组同学的：距离竞赛还有 153 天，不知道你们有什么想法。

我们是最后一批考完的，但也是第一批考试的。曾经的我以为省一、省二是那么遥远，可时至今日，我终于明白了它们的平凡。我们 11 个人的团队从未放弃，一起经历了那么多的风风雨雨，尽管我们被忽视过，被当过典型，但我们从未动摇过对信息的热爱，我们的肩上承担着一份责任，一份为信息组荣誉而战的责任，我们终将证明信息组是和其他奥赛组一样优秀的集体。让一张奖状冲刷过去的痛，挽回他人的尊重吧。（樊婷婷）

6月22日 星期二

★值日班长：范元瑞 董宇喆

很荣幸能成为开学后第一个星期二的值日班长，唯一遗憾的是，我们不是最后一个说这句话的，后面还会有很荣幸在星期三、四当值日班长的同学。

高二，突如其来的新的教室、新的带门的饮水机、新的可滚动的黑板……显然，高二在你我的感受中都会感到一丝新鲜。

大家也许早已没有闲心欣赏新的学习环境，高二的压力不是特别大，但也是相当大的，尤其要把一天当三天甚至是五天用。不过，切莫过分要求自己，否则一次成绩失败会引起极大的连锁反应。面对频率极高的大考、中考、小考、期中考、期末考之类，更应该把心态放平和些，无论是什么考试，只要不是高考，一切都没结束！另外，对于学号，我认为大家对其态度应是既重视又不重视，毕竟有向前的能力和机会，又何必仅仅盯着一个象征着自己过去的数字。高二的生活节奏加快了，我们更应规划好自己的日子，每天都将翻乱的东西整理一下，整理的同时也收拾一下自己的心绪，平和地面对生活和学习。对于我，如果说今天有何可喜之事，那就是终于摆脱了周期性肚子疼的困扰。学习归学习，不能太苛求自己，成绩要棒，身体更要棒，我们不能当病秧子，而要做国家栋梁。最后说说奥赛。前几天听王建伟老师讲课感受很多，对今后学习有一定指引作用，总结如下：做题不能太盲目，在一百道题中掌握九十道题也要比仅会一道古怪的题目强得多；注意，有时死记答案是没有效果的；我们对于奥赛学习要采取一种吞噬的态度，按部就班，步步为营，狠抓基础，脚踏实地；知识掌握熟练了，方能熟练生巧。如上总结，同样适用于高考其他科目。

最后，希望大家睡个好觉，别说梦话把自己说醒了！（范元瑞）

拿到这个本子时心里沉甸甸的，还有一天高二就要过去一周了，410这艘巨舰也已扬帆启航，虽然这其中有一些小问题，但我们还是在不断向好的方向发展。坊间流传着这样那样的守恒定律，不过这些定律对于410都是不适用的，我们的成绩应该像一座永不休眠的火山，小测小爆发，大考大爆发。至于411，一切在高二还没开始仅是分教室时就已经成了定局——为什么我们的地理位置比他们高？因为高二级部深谙重力势能和一个班的成绩是成正比的道理。

作为数奥科代表，不免要自私地把更多的笔墨留给数奥的同学们：今天王奶奶又夸大家了，不过我们之所以能达到今天的程度，与马瑞和吕梦帆是密切相关的——他们是王老师辛勤劳动结出的果实，我们因此成为最大的受益者。今天吕梦帆讲课时，一个想法袭击了我：他还有不到一个月时间就要离开我们，马瑞也要在不久之后与我们告别，想到这里，心中不免有一丝伤感。虽已往之不可谏，但我们还有来者，希望同学们能珍惜这不到一个月的时间，从他们身上多学一点儿再多学一点儿，并把他们作为学习动力的一部分。当你想放弃时，想想他们的付出，明年考试用比他们还优异的成绩来回报这两位在我们数奥学习中起着启蒙作用的“教师”吧。（董宇喆）

6月23日 星期三

★值日班长：吕鹤松　董傲

我们很幸运，轮到了23日这天当值日班长。一年前的今天，我们盼来了中考结束，开始了我们近似疯狂的过渡生活，而今天则截然不同：校外，沸腾欢乐；校内，我们静静地坐在教室中，继续攻坚。

回首过去的一年，虽较之人生长路犹如白驹过隙，但长度不代表深度，这一年我们收获的不只是长了一岁、换了一届，更多的是进步，是成长。想起初中时的散漫、中考时的漫不经心以及中考后的痛苦，想起高一入学时的盲目、无助与混乱，想起刚进奥赛班时的欣喜与信心满怀，想起高一结束时的不舍与淡定，想起步入高二时的从容……这一年我们收获了太多太多，也摈弃了太多太多：坏习惯、闲杂念……这一年我们的收获超出了以往的总和，这的确是值得铭记的一年。

人生能经历几次中考，又能经历几次成熟呢？这便是悠悠岁月啊，这便是美妙人生啊！现在的苦又算什么，让我们好好珍惜这余下的不足两年的高中时光吧！

曾经想得过且过的我现在已踏上了奋斗的漫漫长路，不仅为我自己更为了祖国。这几天一直不爽，先是听同学谈起了家乡的黑恶势力与恶霸，听着他们的罪行，我气得浑身发抖却又无能为力；再就是今天与小姜吃饭时谈论起中国的未来，想到现在社会上的风气不正，想到还有同龄人没有接受教育，我心急如焚。中国是在崛起，但还是有许多问题需要我们去解决，我们肩负着巨大的重任，有什么理由不去努力呢？“身无半亩，心忧天下”，为天地立心，为生民立命，为万世开太平，难道不是我们该做的吗？

哎呀，又说多了，一想起这些，我的思绪就止不住了，还是说点近的吧。今天生物奥赛生们学了遗传，好带劲儿啊！生物的同学一定要好好学啊！

时间也不早了，祝大家 Have a good dream.（吕鹤松）

先别 dream，我再来说几句。高二就这么无声地来了，高一也渐渐远去，今天吃晚饭的时候看到餐厅挂着的大学名称的条幅，又看到格物楼三楼“清华大学”“北京大学”的牌子，不免有些激动，总自认还是个孩子，却一步步在接近社会。高中三年注定是辛苦的，可再苦再累收获的不还是我们自己吗？我们现在所做的只是为将来步入社会打基础，为将来能够实现自己的目标和理想奠基，所以不要抱怨学业的压力、周围的环境，而要以乐观的心态不断充实自己，在学习中体会快乐。拿我来说，我将来想当一名医生，解决各种疑难病症，给所有人造福，学习生物也是为将来从医打基础。这难道不好吗？这会不快乐吗？显然不会。

说近些，一会回去 dream 时，能不开空调就不开，开的话调到 26℃，保护好身体！（董傲）

6月24日 星期四

★值日班长：孙巍峰　姜世磊

昨天体育课有人挂彩了。上体育课的兴奋是可以理解的，但仍希望大家活动时多注意，避免受伤。一旦受伤不仅自己不好受，家长在外地也很着急。

今天有家长来学校参观，也有许多大学在学校设点招生。来往之间，多留心一些，观察一下身边的事，说不定会有所感悟，但不要因此分心。410 班处在高高的楼层，这种寂静的氛围蔓延开来便是无形的压力。

近几天新闻总是提到世界杯，一听到这个，总有许多人抬头去看电视。在这方面我真的落伍了，因为我一点儿也不懂足球，甚至一看到电视上有足球便条件反射般感到厌倦。我也觉得很奇怪，新闻报道的只是一个片段，为何仍有这么大的吸引力呢，最后的比赛结果才最吸引人吧。花大半天看完一场完整的比赛是需要耐心的，而那些在场上比赛的球员同样备受煎熬。许多事情都是如此，我们努力去追求一个结果，过程无比难熬，但结果更为人关注。（孙巍峰）

今天，许多毕业的学哥学姐同他们的家长回到了衡中。从他们的阵阵欢笑中看出了他们的欣喜，同时也看出了衡中的辉煌。

晚饭时，在食堂门口，一群人围着什么议论着。在好奇心的驱使下，我费了九牛二虎之力终于挤进重围：一张红底黑字的喜报映入眼帘——“我校高考成绩再创佳绩”！其实这是情理之中、意料之外，我衡中人付出了不知比别人多几倍的努力，所以取得好成绩是情理之中，但如此优异的成绩确实又在意料之外（美中不足的是今年让省理科状元外流，这令既是衡中人又是沧州人的我有些纠结）。两年后的今天，我们这些人也将怀着不同的心情迎来高考，面对成绩。相信两年后的省理科状元一定会花落410。为了实现这一目标，需要我们每个人从现在开始，从平时的小测小考开始，努力起来，行动起来。

最后，预祝 410 更强大，衡中更强大！（姜世磊）

6月25日 星期五

★值日班长：蔡占锐　张弛

记晚到位，一不小心让一个家伙给溜了，并且没人承认！

非常高兴能和语文组的张老师一起做值日班长。张老师风流倜傥、一表人才（指有才学而不拘礼法），作为语文老师的后备力量，张老师为 410 付出了很多。和这样的大人物做值日班长，既有脸上贴金的感觉，也有莫大的压力，索性不管三七二十一，我先在这里抛砖引玉了。

昨天晚上下晚三后，大家一起在操场跑了两圈。今天早上跑操也出奇顺利，第一次没有中途“停车”，所以以后跑操大家一定要留心（少丢人）。还有，昨天晚三武博阳召集学委开了一次会，最大的成果就是把常宇同学的偏头痛治好了（有的班委对科代表不一视同仁，在这里我代表全体科代表提出抗议）。还有高考战报汹涌而来，据常宇的不可靠消息，数奥最低是650多分，所以数奥组的同志们一定要坚定信心。再有，今天班长公布了新班委会的组成，班里也更改了一些措施。小雷作为新任纪委上台发言，说了很多也很狠，确实是“新官上任三把火”；王卓同学也对跑操问题提了许多要求。希望这些措施和新任班委能给410注入生机与活力，为410稳坐第一宝座保驾护航！

好了，我已经把最近的大事都记录下来了，下面把舞台留给弛哥……（蔡占锐）

看到Jerry前面对我的描写，不禁感动得一把鼻涕一把泪，忘了自己在空调下还赤裸着上身。于是乎，我周期性腹泻的老毛病又犯了，借着在厕所里的机会，构思了下面的胡言乱语。

我的生活一半是倒霉另一半是如何处理倒霉。从集训时没有挂蚊帐被蚊子把嘴咬肿，到前两天吴建朋到我们宿舍借遥控器把我们刚关的空调又打开让一丝不挂的我醒来时如同冰棍，再到搬到新宿舍因为柜子连锁都没有从四楼到一楼只为寻觅一个铁箱……我开始经历十几年都没有经历过的倒霉事。但是就像生活在马桶里的小强，生活把我用水冲下去，我自己还会爬上来。我每天都会乐观面对生活，微笑面对每一时刻。没人理我时我还有我的书桌，就像傲哥教我的那样——“我不寂寞，有寂寞陪着我！”

在410这个amazing的班级中，我发现了令我难忘的感动，最大的感动就是410的每个人都能接纳叛逆的我。当老班将《归去来兮辞》交给我来讲时我真的有一种惊喜，这不仅仅是锻炼的机会，还有老班眼中坚信410对我的认可。于是，集训的最后3天我消失了。我回到我们格物楼的教室，瞒着楼管悄悄地翻了进去，每天面对着下面的空桌子练习讲课。我对那个教室至今还有些不舍。

今天下午我又被感动了。当我头昏脑涨、昏昏欲倒之际，小雷、班长关心的目光让我汗流浃背、泪流满面……虽然现在还有那么一点儿热，但是这么健壮的我一定会挺过去的。

好了好了，不说伤感的了，祝贺小雷、傲哥“升官加爵”，有更多的机会为班级做些什么。作为独立创作者的我将最后一张颁奖词献给傲哥，敬请期待。

最后，让我对 410 发出酝酿已久的表白：“410，I love you！”

当然对于我这样“混蛋”的“文字流氓”，我只想以七个字作结：“爱美人，更爱一零。”

那一夜，我定格下每一缕月光，不为成仙，只为看清一零每个人的笑脸。

那一月，我摇动所有的转经筒，不为超度，只为轻触一零的指尖。

那一年，我磕长头匍匐在山路，不为觐见，只为让佛祖指点一零的明天。

那一世，我转山转水转佛塔啊，不为修来世，只为今生成为一零的一员。（张弛）

6月26日　星期六

★值日班长：王昭雨　刘志广

上一篇日志写得太好，以至于我都不知道如何下笔。

6 月 26 日，这是一年中出现两个“6”的三个日期中的一个，非常好的一天，却出现了一些不愉快：中午，所有男生宿舍讨论的都是一件事——开窗通风。

虽然附楼不常检查，虽然刚换宿舍，百废待兴，虽然窗户较高不易开关，虽然开了窗没有纱窗会有热情的昆虫急于来拜访……虽然有多么多的“虽然”，但是有一个“但是”就够了——开窗通风扣了 130 多分——作为 410 人应该感到耻辱！

今天上午，小王老师为 410 班提出了一个目标：超过东区。他说我们从来没有超过东区，差距最小的一次是期末考试，但也差了一分，而且那一次我们也该知道，是非数奥的同学拉高了平均分。现在学椭圆，思维量大，计算量大，我们非数奥的同学课少、练习少还不爱改错，我们怎么去超过东区？

晚二的班会不免有些沉重，往者不谏，来者可追，究竟是聊以自慰还是激励，全在我们自己。（王昭雨）

轮到我写日记了。整个晚自习都很沉重，其实没有必要，我们需要的不是压抑，不是自责，是奋起。

有一句话很经典：“今天很残酷，明天更残酷，但后天很美好，但绝大部分人死在明天晚上。”

我当上劳委后一直很低调，没发表什么就职演说，只是在邢明超后面扔垃圾袋。但是，学徒生活结束了，我马上就要正式接管卫生区了，希望同学们不要看见我就问“劳委呢”。我发现善良的人总被欺负，比如邢明超，在更善良的我来之前一直扔垃圾袋，所以我希望改变劳委扔垃圾袋的传统。再有，劳委虽不是地主阶级，但也不是奴隶阶级，希望同学们值日时能听我们劳委的安排，不要把劳委当成清洁工。还有，提醒一下，早晨值日的动作快一点儿，班主任已三令五申 7 点前回教室。

最后，希望同学们养精蓄锐，迎接明天椭圆和电路的轰炸。（刘志广）

6月27日　星期日

★值日班长：孙子腾　柴君卓

再说一下 411 班，他们班因为教室大扫除，大多数学生都自觉到六楼的空教室里学习。我粗略地看了一下，至少有 40 多人，这还只是保守数字。我们周围都是高三学生，相信大家都清楚地知道和他们相比我们究竟存在多少差距。年级的安排给了我们很大的优势，可我们真正利用了多少？口口声声喊着“提前进入高三”，可真正静下心来的有多少人？同学们，不要忘了，哀兵必胜不仅仅适用于咱们班——或许 411 会在不经意间奋起，“一不小心”就会超过咱们。作为 410 人，还有一周的时间，我们还能做的有很多，还是那句话，往者不谏，来者可追，让我们重新夺回属于自己的辉煌。

这次班会的主题是“绝地反击”，老班先给我们看了高考成绩——衡中蝉联全省 11 连冠，这是每个衡中人的骄傲。但辉煌是属于学哥学姐们的，我们还是要用自己的努力去创造属于我们的辉煌！说点近的，还有 3 天时间就是高二的第一次考试，你准备好了吗？

发现了很多让我感动的细节。我坐在门口，所以能注意到几乎每个人进教室后都是轻轻地关上门，生怕打扰了安静学习的同学们。

当然我也发现了一些不足之处。以后上奥赛课的时候，吕梦帆给咱们讲题，大家懂了的话就应一声吧。懂了也没人说话，他只能很尴尬地一再问“大家明白了吗”，后来就变成了“大家还有不明白的吗”。不只是奥赛课这样，其他课也存在这个问题，大家尽量注意一下。

我就写这么多吧。（孙子腾）

星期日做值日班长，省去了早操后三统计，但大事还是不少。

昨天中午，我们宿舍有人流泪了，是一个我认为平时很坚强的人（好像每次我当值日班长都有人流泪）。也许是学习压力太大，也许是其他事情占用了太多的学习时间，总之，他没能控制住自己。鹤松想劝劝他，我说“算了吧，哭出来就好了”。果然，下午他又恢复了笑脸。

在衡中这样大的压力下，每个人都有想哭的时候。回到宿舍想哭就哭出来吧，宿舍的兄弟没有人会笑话你，也没有人会觉得这是一种打扰，因为宿舍就是我们在学校的家，就像某某宿舍说的“宿舍里有兄弟温暖你”。有什么不痛快，说出来吧，大家会为你分担。

还有，前天晚上，舟舟问了一个令我很纠结的问题——组合数能不能不用除法？大概是计算器上高精度除法太难打的缘故，虽然我回答他的只是一个字，但他执着的目光还是令我印象深刻。

还记得分班时我认为信息奥赛生只是每天去机房打游戏、听歌，但渐渐地，舟舟、小雷、安磊等人改变了我的看法。他们都怀着对信息的热爱，他们是一个个虔诚的奋斗者，和我们一样为自己的理想奋斗着。在这里我向这些虔诚的奋斗者致敬，也提醒某些不太虔诚的奋斗者能像他们一样更加虔诚地奋斗。（柴君卓）

6月28日　星期一

★值日班长：冯悦　段文思

夏日灿烂到纯粹，新的一周又开始了，不由得想起这是在衡中度过的第多少个星期呢？从初中到高二，自己是离梦想越来越近了还是越来越远了？

经过昨晚的整顿，今天的410着实比前一周好了很多。依然清晰地想起昨晚这个时候，老班几乎是皱着眉头掬心窝子地从内心那么急切而坚定地说出那句“绝地反击”，这是她对410深切地希冀。多少个中午，当自己的女儿在家饿着肚子等不到妈妈做的饭菜，她却依然站在宿舍楼下留恋地多望我们一眼；多少次，她出差回来，满身疲倦，连行李都顾不上放回家，顾不上休息一会儿，顾不上自己的身体，却急急忙忙地来看我们，看她至爱的410。她是那么深切地爱着我们，也有责骂，也有不满，然而在她心中，410永远是最棒的，410的每一个孩子都是最乖的、最懂事的！

这一次，我们却让她失望了，让她伤心了。

同学们，我想说的是，410虽然陷入困境，但每个人都不要灰心，不要心急，永远都要相信410是最棒的——曾经是，现在是，永远都是！没有什么挫折能够挡住我们的脚步！因为信妈说过，她是打不倒的，她希望我们每个人也都打不倒！

一时落后没有关系，只要我们永不言弃。虽然我们一进入高二就遇到了红灯，那就权且当成“开门红”吧！有了“开门红”，之后的我们就会一路顺风、一路绿灯！

加油，为了最爱我们的人——信妈妈！（冯悦）

今天很忙，早上值日后急急忙忙奔向跑操地点，中午误点后急急忙忙奔上五楼（遭到冯悦“批评”），晚上写完化学卷子急急忙忙奔向餐厅，回来又急急忙忙奔上五楼（选“每周之星”）……但当打开这个本子时，一切繁杂均烟消云散，我终于可以平心静气在这个本子上留下自己的话。

可能每个衡中人的一天都像我描述的那样，来也匆匆，去也匆匆，像一阵旋风，无影无踪，但也希望大家能在晚上熄灯后回想一下一天的经历，复习一下一天所学的知识。白天大家都在奋发图强，也许利用一下晚上的时间会是一个非常有效的方法（那些缺觉的、犯困的包括被蚊子咬得浑身是包心烦意乱的同学除外）。

“每周之星”评选的主题为“基因突变”。回想一下，一年下来，大家多多少少都有进步，学习也好，口才也好，自理能力也好。其实每个人都在一点点地向上攀爬，就在一天一天之间，而成绩在大多数情况下是不会辜负你的汗水的。这让我又想到这次考试，冯悦前面已经提到“永不放弃”，这也是我要说的，只要每个同学不言弃，410便不会被打倒。

最后提醒一句，大家就寝前一定掖好蚊帐，否则挡蚊子变成养蚊子，滋味就太不好受了。（段文思）

6月29日 星期二

★值日班长：张肖荻　运经纬

今天上午第一节课是化学，匪夷所思的事情又发生了：交上去的卷子无人认领。数学、化学等学科屡次发生这种情况，让科代表很为难，让老师很为难。希望同学们都互相体谅、真心相待。

中午、早上都没记上后三名到位同学，所以明天我们会继续记录。如果每个人快一分钟，410就能快一小时；如果每个人认真一点儿，少错一道数学填空题，410平均分就能高5分。把自己当作410的一部分，你的胜利就是全班的胜利。同学们，奥林匹克追求的就是坚持到底、永不服输，希望410坚持到考试的最后一秒，赢得奥赛班的名副其实。（张肖荻）

今天又查宿舍了，不幸的是我们宿舍又减了分，罪魁祸首是我。在这里对宿舍的其他几位成员致以深深的歉意。

这几天正是南非世界杯的激战时刻，截至目前，十六强已全部产生，正在进行八分之一决赛。每天下午新闻的最后时刻，几个世界杯的进球总能令人大饱眼福。

与此同时，我们高二的第一次决战也开始了。我们是否能在一调考试再创辉煌，以雪上周量化之耻？众所周知，这次世界杯，足球劲旅1998年世界杯冠军法国队和2006年世界杯冠军意大利队让人大失所望，小组都没出线。一调考试，我们强大的410绝不能像法国队和意大利队一样，大意失荆州。

各个球队正在南非进行激烈的角逐，伴随着精彩的世界杯，我们410定能在一调考试中取得全面胜利。（运经纬）

6月30日 星期三

★值日班长：乔方舟　赵宁

马上就要迎来小假期的考试了，我的心中难免有些波澜，有一些对考试的紧张，有一些对家长会的惧怕，有一些对周末的期待，但我仍尽力平复自己的内心，为的是以最佳的状态考好高二的第一试。今天晚三出奇的安静，每个人都在积极地为明天的考试备战。虽然天气格外沉闷，但我从大家身上看到的是平心静气、波澜不惊。

今天下了晚二后，我看到几个同学每人手持一张大卡，密密麻麻地把全部格子都给涂满了。细问之下，才知道是因为班长涂错了英语卡受到了涛哥的惩罚。但我明白，事情的真相并非是因为班长粗心，而是班长为了警告410每一个同学考试一定要认真涂卡才故意制造了涂错卡这一事件，以示警醒。班长的良苦用心，410的每一个同学一定要用心去铭记。另外，有时间的话，帮班长涂两张卡吧。

今天下午大课间，常宇看了一下考试安排后，若有所思地在说着什么，然后长叹一声“纠结了”。仔细一听，才知道他因为自己的学号比建朋靠后而自己的考场却在建朋前面而大为不解。他疑惑是不是考号弄错了，然后又对我神秘地说自己原来是66号，分班后的第一次考试在8考场，而如今的66号却在11考场考试。这警告了我们，我们现在的班级成绩落后于刚分班的时候。所以常宇给我们大家提出一个目标：这次考试，咱们410一个也不要退出8考场。

为了除去常宇的这块心病，希望大家共同努力；为了不让班长被罚涂改的苦白受，410的每一个人都应从容应考，平和、淡定！（乔方舟）

今天是普通而又充实的一天，但今天又是不普通的一天，因为明天我们将迎来伟大的一调考试——高二后的第一次考试。虽然说大大小小的考试已经经历了无数次，但这次考试却有些不太一样，因为这一战不仅关乎我们班能否保住第一的位置，而且决定了我们每个人的一次“生死”。能否拿着好成绩去面对家长，关键在此一搏。关于考试考好了的好处不想再多说什么了，相信大家都会尽自己的全力。最重要的是，今晚睡个好觉，明天中午也好好睡觉，有充足的睡眠才有良好的状态。加油吧，410的战友们！

班长大人已经顺利集齐了十张涂满的卡，恭喜他！（赵宁）

7月1日 星期四

★值日班长：徐希浩 王翠薇

感谢前面几位值日班长谈到一调，为我今天的记录做了铺垫。今天我很荣幸地宣布，一调考试真正到来了！我感觉，大家心中应该有的是一份期待。这是一次锻炼的机会，一次证明自己实力的机会。想起昨天老班转述的同学家长的赠言“信心比黄金更重要”，的确，临考前信心远比临阵磨枪的那几分钟宝贵。我们要战胜考试、征服考试，不因考得好而过分高兴，更不因失利而心情沮丧。明天还有四科，不到最后一刻决不放松，希望同学们在明天的考试中取得好成绩。（徐希浩）

今天天公作美，雨后的天气少了一丝令人窒息的烦闷，多了几许考试应有的凉意与惬意。连续几天的11好0差预示我们的一调旗开得胜——这是410每个人的心愿。今天考试期间老班连夸我们应试状态好于高三，其实，是老班教导有方啊。大家现在少了高一时的浮躁，多了一份考场“老手”的淡定平静，也许我们自己感受不到，但我们成长了许多。

今天考试就不记早晚到位了，祝愿大家复习好、休息好、发挥好，将奋斗进行到底。（王翠薇）

7月2日 星期五

★值日班长：邢明超　艾冰清

今天早晨到位比较早，抬头看看天，云彩太漂亮了！

难道这就是传说中的祥云吗？哈哈，看来今天的考试可以手到擒来了。但事与愿违呀，等发下数学卷子才知道啥叫悲剧啊！做完选择题、填空题一看表：9点25分！10点10分赶紧交卷。45分钟搞定六道大题，而且是计算量超大的椭圆题，彻底无语了。后面的三科一科比一科烂呀！

我想许多同学也有和我同样的感受吧！唉，别灰心，这次考砸了还有下次，只要我们不断努力，成绩总会一点点上去的！

不说考试了，说点高兴的。今天听了教授的讲座，同学们感觉如何呢？一定是受益匪浅吧？大千世界无奇不有啊！以后要好好学物理呀！

明天开家长会，希望同学们不管考得好与坏都要微笑着面对家长。我们不高兴其实家长比我们更伤心，为了不让爱我们的人伤心，笑对考后吧！（邢明超）

劳委的“明天”已经是今天了。一早大家就受到了老班的严厉批评，随后我又受到了成绩的沉重打击。笑对考后，不是让我们无视成绩，而是站在一个起点上，把耻辱当鞭策，把喜悦当动力，再次奋起。所以410的同学们快快振奋起精神，绷起紧张的神经，准备为下次考试全力一战吧。

邢明超一看就是个乐观的人，我就没那么豁达了，这次考砸了还有下次，可下次又考砸了呢？我一初中同学曾说："胜败乃兵家常事，可总失败就不是兵家了！"老班也曾经说过："跌倒并不可怕，可怕的是站不起来。"所以像我一样暂时落后的同学一定要努力努力再努力！

不管怎么说，今天就要放假了。紧张的学习之余，小小地放松一下，希望大家再次相聚时，能以全新的面貌迎接全新的开始！（艾冰清）

7月5日 星期一

★值日班长：王卓　李喆

这是我第三次做值日班长，也是第三次不用跑操。考试过后，你准备好跑操了吗？在此我因公循公一下。

这周跑操很不如意：系列倒数第一，年级十几名！我觉得问题主要在整队、排面、口号等。一次次提醒仍效果不佳，我们觉得出台几个措施比较好，就是把跑操与宿舍联系起来，跑得不好就扣分、好就加分。所以，大家都要好好跑呀！

南非世界杯正在如火如荼地进行着，我不想对阿根廷与巴西的出局发表什么看法，在我看来胜败乃兵家常事。他们能站在那片绿茵场上，已经向世界杯证明他们是最棒的。我喜欢看运动员在场上的拼搏，他们那份坚韧与荣誉感常常使我感动。还记得 2008 年奥运场上林丹获得冠军后将球拍一扔，突然躺在地上哭泣时的情景；还记得李小鹏、陈一冰、肖钦等人获得冠军时围成一圈落泪，而后挥舞着五星红旗、攥着拳头向观众示意的辉煌。他们都曾在爱琴海惨败，但是他们没有消沉。四年一轮回，他们知道自己还有机会，于是他们认清不足、加倍努力，终于铸就了家门口的辉煌。我相信阿根廷与巴西的这次惨败会使他们找到不足，吸取经验教训，今后的路会走得更稳。同样，同学们，一调已经结束，不管怎么样已成定局，考得好与差已成历史，我们现在要做的是查漏补缺，考得不好的同学千万不要灰心丧气，始终相信明天一定会更好，不可被现在的坎坷羁绊。加油，每个人都会拥有属于自己的光明！（王卓）

咱们这次考得不错，但我觉得不能像 411 的某些人挑起对对手言语上的攻击。

不得不承认，411是可敬的对手，然而我们不能只把对手定在411，我们的对手在东区，他们不比我们聪颖，却比我们勤奋、踏实。唉，学习的事我又说太多，但大家要有这个意识。（李喆）

7月6日　星期二

★值日班长：詹小雨　尤龙

很早跑来记早到，本来还应该记后三名，可后来大家都如潮水般涌进来，那场面太震撼了，我小心脏都快受不了了。在我仍张大嘴巴惊讶时才猛然发现——人到齐了。

今天我们是有个好开头的——口号异常响亮。看来昨晚王卓的一席话真起了作用，而且不知是出于对比还是别的原因，411和427的口号愈显苍白无力、凌乱不堪。我仿佛又找到410的巅峰感觉了。

然而，早读表现就极差了。同学们，单词验收时辜负了卢老师的信任实在不应该呀，还让老师生那么大气。唉，气大伤身呀！最刺痛我的是那句“你们一个奥赛班……”是呀，我们因奥赛为荣，以奥赛为乐，然而，我们现在的表现实在对不起“奥赛”这两个字，高智商的同时是不是该高素质？我们考试排名第一，量化却落后，是不是该引起足够的重视？堪忧，堪忧啊！

今天很热很热！很热热热热呀！终于把“热”字说个够了。语文片段写热不让用“热”字，可是这个字实在是高度概括及表达了我们的真实感受！所以大家在坚持穿学生服的同时注意防暑！

好啦，下午的事就让尤龙总结吧！（詹小雨）

下午一起床，我们宿舍只有Mary同学早早走了，剩下几个都想多享受一会儿空调的清凉。出了宿舍楼往教学楼走，视线越来越模糊，汗滴禾下土，全身迅速湿透了。

上语文课，老班让我们展开关于“热”的叙述与描写，同学们的创作热情瞬间被激发，炎热的气氛仿佛得到了些许缓解。

生物试验又被见缝插针安排得满满当当，就连每个步骤的等待时间也是清晰分了工，不过，这才是属于410、属于于老师的生物课！

英语课上，卢老师又动怒了，虽然很快又对我们微笑了，但卢老师的良苦用心值得我们每个人细细体会。英语的重要不言而喻，所以我们应积极配合老师，超越 404、405，实现一直以来的目标！

其实一直就期待着当值日班长了，因为每次在这个本子上留下自己“飞”过的痕迹都会有一种别样的感觉，都会感到迅雷不及掩耳的上升。另外，我以个人名义向大家推荐奥赛辅导书——简单实用，贴近实际。

要去河南集训的生物同学们以及要去石家庄的数学同学们，假期没就没了，心里要实在不爽就想想正坐在家里吃冰棍、看电视……开个玩笑。选择了奥赛，就要风雨兼程。假期的提升是十分关键的，为了那牛气闪闪的省一，拼命走下去！

In the End， flave a sweet dream.（尤龙）

7月7日 星期三

★值日班长：冀浩 白轩然

很荣幸今天可以和文采斐然的白兄做值日班长。和白兄的文章相比，我只能称自己的文字为拙作了。

今天天气依旧很热，热是太阳的炙烤，也是每一个 410 人奋斗的激情。经过一天紧张的学习，想必大家都很累了。下面为大家分享几句《曾国藩家书》中的名言，以示启迪。

据说《曾国藩家书》为毛主席最爱不释手的三本书之一，此书的博大精深由此可以窥见。曾国藩乃中兴名臣，是晚清道光、咸丰、同治年间政治、军事、文化上极有影响力的代表人物，成就斐然。他在家书中提得最多的事便是读书、写字、学习，告诫弟子们要有志向、有恒心、有专一的目标。书中有言“有志则断不甘为下流；有识则知学问无尽，不敢以一得自足，如河伯之观海，如井蛙之窥天，皆无识者也；有恒则断无不成之事”。他对毅力的见解也很深刻，他认为，不习惯早起而强迫自己天不亮就起身，不习惯庄重恭敬而强制自己参加祭祀仪式，不习惯劳苦而强制自己与士兵同甘共苦，能强制自己勤劳不倦就是强，能强制自己坚定地持之以恒就是毅。

希望大家多阅读些中华传统经典，从前人身上汲取精神的力量。就说到这吧，

下面请白兄洒潘江、倾陆海云耳。（冀浩）

同样，我能同冀浩同学一起做值日班长倍感荣幸。今天，我做值日班长同时也是我长久不跑操后的第一次回归，因而特地提前跑去记早到。我惊讶于到位早的同学之神速，也对某些慢吞吞的同学十分不满。一日之计在于晨，在早晨就落后很不好。

下面先说一下今日之事：①因天气炎热，广播通知体活、团活一并取消，不禁惋惜失去了一次玩的机会，但自习大家表现得很好；②热只有半晌，今日下午天公作美，喜降甘霖，洗去了炎热，愿也洗去了每个人心中的燥热；③又检查宿舍了，最近检查得很勤，结果还是由傲哥或冯悦说吧。

此外，令我深有感触的便是那篇传说中的最牛文言满分作文。自赤兔之死开先河，后有黄花岗陵前祭文，到今绿色生活，文言作文趋于走红，但奉劝一句，在河北省，文言不真狂的同学别试。我只敢在此小露一手，将这首《江城子》送给大家。

半弦新月照沧桑，满檐光，透清霜。风卷流苏，把盏话鱼白。十二阑干日临阁，心踌躇，志欲发。

往昔回首辉煌在，站长坡，望横塘。傍水亭台，一水托红光。千里平波开鳞浪，舞得出，少年狂。（白轩然）

7月8日　星期四

★值日班长：李策　孟亦同

倒霉真是一连串的，先是成绩下降，弄得我心里很不是滋味，接着改错本又受到英语老师的“垂青”，幸亏老师宽宏大量原谅了我，但当我决定痛改前非、浪子回头、洗心革面、重新做人的时候，幸运之神又把幸运之箭幸运地射向了幸运的我，不幸的是射偏了，只留下了一张级部联查的单子，上面赫然是“你中奖了”！

考察大家语文能力的时候到了，上面所说的幸运有的是真正意义上的幸运，有的是带引号的，大家自己把握吧！当我面对这张超级大奖的彩票，心里只有纠结啊！

虽然410的战士永远打不倒是不争的事实，但当你真“中奖”的时候那真是百感交集、追悔莫及、愧疚不已。希望大家视我为反面典型，严格要求自己！

当你无聊的时候，不要违纪玩，这个真的不好玩；如果你喜欢收集，千万别收集违纪通知单，这个真的收集不起；当你懈怠的时候，想想级部，他们真的很厉害。

记得曾经看过一篇文章叫《花开不败》，希望我们共同书写一篇华章——《一零不败》。（李策）

策哥用不着这么纠结，因为我也很纠结，首先是上课困、听课效率不高却没有办法，其实尤龙被罚站时我也在打盹。大家总会遇到困难，只是面对的方式不一样，我们要勇敢一些，挥舞大刀，所向披靡。高二是关键，我对我的学号并不满意，所以更要努力了。肯定有不少同学和我一样，都希望在高二崛起，所以一起努力吧，愿上天保佑每一个人。我是很喜欢奥赛的，这为平时的生活增添了一份挑战与乐趣。现在，我们要把这种乐趣升华为一种责任，让它为我们的成功增添砝码。信息同志们，你们快考试了吧，我在这里代表410每一个人祝福你们。当你们考试的时候，背后有强大的410支持你们，肯定能在考场上妙笔生花、书写得淋漓尽致！

晚安，同志们！（孟亦同）

7月9日 星期五

★值日班长：居春雷 李洋

天气：晴→多云→阴→小雨。今天中午，我以前所未有的速度奔到了教室，结果还是比李洋兄晚了一步。当时门还没有开，等了一会儿才看到夏美琨同学拿着钥匙姗姗来迟。进入教室后，我十分惊讶于同学们赶来的速度，希望大家继续保持。

终于等到了洗澡的日子。天气炎热，又穿着不是很舒服的校服，洗澡自然成了大家渴望的一件事。下午的体活课，级部开展了“2+1”跑圈活动，旨在锻炼身体、增强体质、多多出汗，让一星期一次的洗澡机会得以充分利用。跑操过程中，大家跑得非常整齐、口号也很响亮，充分展示了我们410的精神风貌。休息过程中，徐光耀和刘通同学因说话和聊天被罚跑圈，大家要引以为戒。体活课后，大家各吃各饭、各洗各澡。澡堂里的水忽冷忽热，让人颇为纠结，不过能洗澡还是不错的。

好了，就说这么多，下面由李洋兄自由发挥。（居春雷）

既然居春雷把一天的大事小事说得这么清楚，我也只好说一点儿小事了。据说今天又查宿舍了，这一周我都不知道查了几回宿舍。最近学生会查得很勤，他们很辛苦，我们的傲哥也很辛苦。希望大家体谅一下傲哥，把内务做好一点儿，让傲哥少写点儿字。

说到洗澡，大家一直很期待，只是天公不作美，气温偏凉，还下了一点儿小雨，而且人也不大作美，那位站在台上的级部干事不停地在批评我们，导致本来可以很早就结束的“2+1”又白白推迟了10分钟，这10分钟对于急切的我们来说也算是度日如年了。还有，下回洗澡建议大家不要在水房里洗，这样很容易头痛和着凉，希望大家还是要保持身体健康。

赵鹤宁今天晚上一直在重复“洗完澡后，应该舒舒服服地睡一觉”，所以最后送大家一句话：“晚安，祝大家晚上睡个好觉，也做个好梦！”（李洋）

7月10日 星期六

★值日班长：朱玉璇 金幼晗

今天天气不错，没有毒辣的阳光，还伴着习习微风，而且不用跑操，所以一早起来心情就非常棒。虽然我预感快轮到我当值日班长了，但却没料到今天就是。当李洋把本子给我时，我没能记上早到的人。那几个早到的仁人志士可以之后告诉我，或者发扬高风亮节，做个默默无名的人。

今天是喜庆的日子，因为我们未来的学弟和学妹来衡中参加夏令营了！我没有参加过，所以也不知道好不好玩，不过我觉得这对他们是有好处的。下午活动课时，大家都在认真地上自习，操场上传来了他们的跑操喊口号声。说实话，我听到他们喊“一二三四”时不自觉地有点儿想笑的感觉，也说不清为什么。祝福他们好好度过这几天！还有就是提醒男同学不要对学妹太关注，尊敬师长也很重要。（朱玉璇）

这一周又将离我们而去，蓦然回首，我们410的同学在一起已经度过了好多个日日夜夜，这份缘分是难得的，相信我们也一定能把握好在一起的时光。今天的活动课大家的状态都非常好，都在安静地上自习，这份安静使我很感动，也更让我意识到，只要我们每个人都拿出百分百的努力，我们410定是不可战胜的！明天是星期日，有两节公共自习，希望大家能好好把握。这两天天气忽冷忽热，也提醒大家注意身体。最后，祝大家做个好梦！（金幼晗）

7月11日 星期日

★值日班长：杨晓鹤 苏冰

很荣幸可以与语文科代表之一同一天做值日班长，在我们班同一职务人数最多的便是语文科代表了，其次就是体委。

今天是星期日，忙忙碌碌的我们被铺天盖地的卷子压得气喘吁吁。星期日是一周的结束，同时也是我们踏上了新一周征程的开始。俗话说得好，“时间就是钢镚”，抓住了点点滴滴的时间便是在积累财富。最近在我们身边多了许多外人，他们便是“花钱找罪受”的夏令营成员——不过这只不过是已经身在衡中的我们所发出的感慨，或者说是对他们不能在衡中学习深表遗憾。昨天，班长为“第一届410班揭星活动”剪彩了，很多同学都不情愿地揭下了不同数目的星。给人印象最深的应该是吴建朋，内务两次出问题，但由于班委加速业务，使得他等级骤降，从他的表情中可以看出很心疼那些星啊。中午放学，建朋同学突发奇想，将自己唯一的财产星星变成了Hello Kitty头像，也许想寻找几分安慰，获得几分平衡吧。（杨晓鹤）

今天班会上老师正式出台了“我为星狂”活动规则，大家各抒己见，其实都是对自己那片星空的关注。不管怎么样，老班表明了态度，希望每个人的星空都能星光璀璨！

这几天数学和化学让我很纠结，相信很多人也深有同感，但柳暗花明又一村，我们终究会大彻大悟的。

今天美琨同学不幸摔了一跤，一定很疼吧。她没顾上自己，考虑的都是不要给班里扣分的事，大家快安慰一下她吧。（苏冰）

7月12日 星期一

★值日班长：王雅桐 刘子悦

在西班牙获得冠军的今天，我做了值日班长。从一个月前对世界杯的关注直到今天比赛结束，西班牙向我们证明 8 个进球也可以捧起大力神杯。西班牙一步步走向冠军的历程，会是我们 3 年高中生活的缩影吗？

又是奶奶给我们上数学，听到有人在叹息，其实奶奶是很可爱的人。比如，讲排列组合时，她说："有一个人炒红豆、绿豆，两种豆在锅里混合均匀后为什么炒完后自己就分开了？答案是只有一颗红豆和一颗绿豆。"

今天女生宿舍内务没扣分，每个人听到这个消息都很高兴。事实证明，当我们做得好时，"万恶"的级部是不万恶的。

明天要做物理实验了，没有牢记实验原理的同学赶紧复习一下吧。（王雅桐）

今天早晨，夏令营的小同学们观看了我们跑早操。看着他们吃惊又羡慕的表情，同学们的脸上都洋溢着自豪的神情，志气更高昂了，步伐也更整齐了，口号也似乎更加响亮了，让小同学们感受到衡中蓬勃向上的朝气和团结一致的精神。不过今天好几个班都有同学摔倒了，让弟弟妹妹们看到做什么都是不容易的，就算是跑操这件小事也需要千万个小心和千万次的练习。弟弟妹妹们好好加油吧！

高二已经过去了一个多月，我们应该问一问自己究竟变化了多少？别人又变化了多少？也许自己比以前努力了很多，但和其他人相比是不是稍有逊色？比较不是目的，目的是让自己在比较中看到自身的长短优缺；比较也不是为了骄傲或自卑，而是一份奋进的斗争与激励。我们用什么样的成绩来让父母、老师也让自己安心，让自己在接下来的培训中安心地学习奥赛？能回答这些问题的只有我们自己。总企盼幸运的人不会得到幸运，踏实肯干的人才会获得想要的果实。（刘子悦）

7月13日 星期二

★值日班长：刘克嘉 高雪迪

亲爱的同学们，今天天气不错，风和日丽的……可是我的应用本却差了一大堆，补英语的感觉真的不错，补英语的感觉真的不错，补补补……我补补补补补，我就补不完……大家听过《大学生的自习室》吧，试着把词填进去，当你被英语老师K的时候唱一下，很有感觉的。

嘿嘿，刚才不正经了一下，下面说正经的。昨天忘记提醒大家了，每周在班会前不要随意撕、贴星星，还要记住一周中自己应得或应减几颗星星。

大家平时想必听我唠叨都听得耳朵起茧了，下面就让高雪迪同学来翻江倒海吧。（刘克嘉）

用多用电表测得近乎20万欧姆电阻的我，今天很高兴可以作为222的宿舍长在星期二的时候向大家进行述职演讲。本以为和班长同一天当值日班长是一件非常荣幸的事情……呵呵，确实很荣幸，也很有意义。在这一天里我充分体会到当值日班长的辛苦——心理上承受着巨大的负担——什么时候该去记人名，什么时候该去查迟到，什么时候该去楼下看一下班里的联查，可以说当值日班长的一天是对班里情况最清楚的一天。同时，班长也用行动告诉了我们一个人干两个人的活也是没问题的——班长确实很忙，体谅体谅班长也是相当应该的。

最近几天同学们的课堂状态越来越好，化学作业不交的人越来越少。晚上的物理课自习二卷还没写姓名、学号就被小组长收走了，我立马抢回来说："你这不是置我于死地吗？"希望大家一定要把自己的小星星视为珍宝，一定要写上姓名、学号。

还有这些天的解析几何学得大家很呕吐。说实话，作业中那种王奶奶要写半黑板的大题我是一道也没做完过，每次都是算到一个既几次方又带根号的部分就直接越过了。所以就像王奶奶说"你看这道题和那道题惊人的相似"，当我们真正可以练到那种水平的时候，就真的是对几何题信手拈来了。

最后劝大家在熄灯前一定要把蚊帐里的蚊子清空，因为在无光的情况下与蚊子搏斗人是处于劣势的。（高雪迪）

7月14日　星期三

★值日班长：任康　胡瑞兆

今天是貌似平凡的一天，因为早操大家依然到得很早，因为自习下课后数学卷子上还是空很多题……但是，今天还是不平凡的，因为各种心照不宣的小道消息终于由坊间传闻正式升级为官方发布，就算不觉得意外，总还是有惊喜之感。不过，哲人往往是在这种时候出现的，那些伟大的先贤这样教导我们：“总而言之，考试不一定是坏事，不考试不一定是好事。或者说考试一定是好事，不考试一定是坏事。考与不考又有什么关系呢？总想不考试就一定考不好，考好考不好关键看坐不坐得住……”

还有三五天，看大家“腚力”了。（任康）

今天是我作为数学科代表上任的第一天。昨天下了晚三我抱着作业怀着忐忑不安的心情去战普老师那儿，把作业放在他桌子上，然后说“老师，我想当科代表”。正当我满怀期待地等待老师的答复时，只听战普老师说“你说啥”，我又说了一遍我想当数学科代表，只见战普老师翻开作业说“你是410的。这个小学期我不带你们了，你把作业送到王老师那儿去吧”。于是我尴尬地离开办公区，吃惊地把作业抱到王奶奶那儿去了。

有同学问我为什么想当数学科代表，我只是觉得语文、英语、物理、化学都有好几个科代表，数学只有非奥数这边且只有两个女同学当科代表，比例很失衡，于是我决定挺身而出。（胡瑞兆）

7月15日　星期四

★值日班长：王迪　赵鹤宁

宿舍卫生：男生0扣分，女生两人被查。

今天和鹤宁做值日班长，就不说“很幸运”这些溢美之词了，但感觉是非常好的，合作得很默契。鹤宁知道我早晨去得不是太早，就主动说去记早操早到位的同学。今天早晨，我动作比平时麻利了许多，跑到跑操位置时到的人并不太多，但鹤宁却早就到了，早到位的也全都记下来了。真要感谢鹤宁，如果等我到了再记，那记的人就太多了点儿。

今天是很幸运的，不知道同学们有没有感觉到。数十日难得一遇的事在今天降临了，那就是微机课可以上网！可以感觉出同学们都很激动，毕竟难得一遇嘛！虽然昨天的体育课被取消了，但今天这“飞来”的上网机会也可以弥补一下昨天的遗憾了。当然，今天下午的口语课也是非常精彩的，大家可以畅谈自己家乡的美景和特产，借此抒发热爱家乡之情。

最后一点也是最重要的，就是考试距今已不足一周了，大家好好准备吧。考试过后就是紧张的培训了，只要乐在其中，那就没什么困难的！（王迪）

翻开这个本子，发现已经有50位前任在我之前写下了对班级一天学习生活的体验了，这一天确实过得与班级息息相关。

话说今天的早到位记录我本来是在昨晚托付给我们到位铁定第一的琨姐的，可回到宿舍一想，这一个多月就这一次记录班级到位的日子，我还浪费一回早起的机会，实不应该，所以今天早上跟春雷一同早起记早到。

下星期日，生物同学们就要坐上开往河南的车了。少了傲哥的红旗宿舍，少了轮值到王卓与鹤松做班长的口号，还少了20多张笑脸，想必班里冷清不少吧。要感伤就现在感伤吧。数学与信息同学们走后，410的大旗还要在我们手中撑起来，410的进步还要由我们证明，我们不能因为少了20多个人的力量而失掉410的尊严。这次，我们多背负了20多个人的希望！（赵鹤宁）

7月16日　星期五

★值日班长：张默　赵进

这个时候一般应该说很荣幸、很开心和某某做值日班长之类的话，今天我却只想说："赵进，谢谢你，谢谢你让我明白了一个道理——人不可貌相。"原来觉得赵进长得不像坏人，今天竟然这么主动地推辞掉了早操记早到的责任，可见，长得老实的人也有不老实的一面。另外，因为今天早上我值日，所以谢谢丹琳姐帮我记早到。

今天的体活课取消了，同学们心里都很不爽，大家都快发霉了吧！不过没有关系，我们的春天就快来了，再坚持两天吧！今天英语课上老师又生气了，不就是那几个ABCD吗，我们410的人怎么可能背不好小小的英语作文呢？明天一定要让英语老师大跌眼镜，背得滚瓜烂熟才行。

我的札记本上有一句话："宋承宪，我这一生只为你一个人沉沦。"是的，我喜欢他喜欢到不可救药。不过有一天假使上帝对我说："离开410吧，我就让你得到宋承宪。"我一定会认真地看看宋承宪完美的脸庞，然后坚决地说："我要410！”

最后，我要祝所有8月过生日的同学生日快乐，因为我的生日也在8月。生日是最神圣的一天，一定要对自己说“生日快乐”。

一条黄河把410分成两半，一半在河北，一半在河南，但是71颗心不会分开，我们一直在一起。

最后的最后，就像我每天晚上睡觉前对自己说一定要梦到宋承宪一样，希望大家今天晚上都能梦见自己最想见的人。（张默）

当一回值日班长，意味着一次激动、一次责任，意味着我又能够在这班级日志上写下一笔。

日子一天天地度过，压力一天天地袭来，也许这带给生物同学们的是激动，是喜悦，遗憾的是我们就要分开。

两节奥赛课没有了（为了给生物同学们赶课），而两节化学课给我的却是太多的疑惑。看着那一道道乏味又新奇的化学题目，我坚信一定会被我们攻克。

今天没有上体活课，也许有很多原因：刚刚结束的学校篮球联赛我们校虽然取得了很好的成绩，但排球比赛又要开始了；我们的乐队也在为教师节的演出努力彩排。

期末考试我们少了众多的生奥同学，但还有我们数奥、信奥同学，我们同样能够支撑起410，展现出410的魅力。

不管人数多少，410人同样可以为410争光。（赵进）

7月17日　星期六

★值日班长：张异凡　雷文清

今天我当值日班长，心情久久不能平静。

尤其是昨天听完张默那惊天地泣鬼神的报告后，我更加深有体会。昨天在路上张默说她念完报告后抬头一看见老班，背上有股毛毛的感觉……

明天生物同学就要走了，我觉得我们应该怀着虔诚的心情为他们祈福，希望他们一路平安。你们一定要好好爱护自己，而且我们这些数学同学很快也会步你们的后尘。不，嘿嘿，我们还有几天假期，对你们……深表同情。

衡中奥赛班手记：
花开的声音

你们一定要使出吃奶的劲去学呀！要像常宇见到吃的那样，毕竟交了钱嘛。

我们会想你们的，真的。因为我们是一个集体、一个团队，不管每个人身在哪里但我们的心永远在一起，因为我们是打不败拖不垮、愈战愈勇愈勇愈战的410。（张异凡）

今天有幸和我们的数奥大姐大做值日班长。今天恐怕是最特殊的一天，从早上一直特殊到晚上。生奥同学明天就要离开家人去异地求学，数奥同学明天就要开始紧张的集训，徒留下信奥同学在家中，守着窗儿。语文、英语还要上，这是我们早已料到的，然而未料到的是座位的调换。当老班将大屏幕上那崭新的座位表展现在眼前时，给我的感觉就是，410 无论剩下多少人，永远都是一个集体，永远依靠在一起。突然间，脑海中浮现了这样的场景：从星期一一直到数学奥赛生走，我们的跑操依旧声势浩大，我们的自习依旧安静平和，我们的课堂依旧气氛活跃；到考试只剩下一少部分人时，我们的跑操声势依旧大，4×5 小方队笔直前冲，我们的自习更加静如止水，410 的成绩更加辉煌，410 的霸气直冲云天。

最后，还是想对去异地求学的生物同学说："把心静下来吧，不过就是一次培训，不过就是出门学习。"想对坚守岗位的信息同学说："沉着冷静，努力备考。"想对集训的数奥同学说："不要因为不考试而状态松散，绷紧你们的神经，投身数学的海洋，如同我们爱 OI 一样爱你们的数学吧！"然后，就是要对生物同学说的话："离开这个家，就像你们当初离开家来衡中求学一样，不要迷茫，不要慌张，谨记你们的梦想，将它背负在身上，向希望的彼岸勇敢地冲刺。你们不是旅游团，而是河北衡水中学 410 班生物奥赛学习小组。我建议，戴着你们的班徽出发吧，那是你们的家族标志，戴着它就不会太想家，就会全身心投入奥赛的学习当中去，你们也会是快乐的！小雷在此代表全班同学为你们送行了（只可惜没有酒）。Have a good 'study'！"最后，自私些，就是对自己说的话："当考试来临时，顶住压力，不要慌！看看坚守阵地的人，哪个不是学习成绩在自己之上！但是，不要害怕，相信自己可以做好，不能保证给班级提多少分，但至少做好自己，不拖后腿。"

"大家晚安，睡个好觉，做个好梦！"特别将这句话送给生物的同学们！（雷文清）

7月19日 星期一

★值日班长：刘泽宇　张博群

早起问班长新一轮值日班长的情况，班长只是说下学期再开始排吧。生物同学们一走排序就有些乱了，不知今天是不是我们二人值日，也许仅仅是想写些东西，我们于是决定当今天的值日班长。

你收起了淡淡的羽翼 / 只是因为有些疲于翱翔蓝天 / 其实只需为自己而活 / 你再也不必为别人强颜欢笑 / 孤独依旧不知不觉地悄悄来临 / 心中摇曳着微弱的烛火 / 与喧闹的晚宴、豪华的吊灯 / 如同两个不同的世界 / 无话可说的我 / 要用什么才能填补这份寂寞 / 我已不知所措 / 如果至少能在梦中自由畅游 / 那么早已不需要那样的天空 / 不必讲昨日的往事完全掩盖 / 也能够走向明天。

已经是星期二了，生物同学们已经走了两天，也不知他们的情况如何。一直认为他们很坚强，至少是因为要面临这 30 多天的异地求学，尤其是在其他同学在家中休息的时候。也许痛苦是在比较中产生的缘故吧，总感觉奥赛的辛苦在高二时才开始显现。一开始知道生物奥赛的假期安排时，心中不由产生了一丝哀伤。班里许多离家数月的人早已淡然，坚强地适应了。我一直很敬佩那些即使数月不能回家仍是那么淡定、那么从容的人。在这里，祝生物同学们能够让自己做到不留遗憾，坚强地度过外出培训的这些天。（刘泽宇）

后天就要考试了，数奥同学们也会开始他们期待已久的外出求学，但愿我能抑制内心的浮躁，顺利度过这几天。写下几句话给同学们，不知是否合适："不必在乎其他，不必害怕哭泣，410 永远是温暖的家。当无法撑起坚强，不必强忍眼眶的泪珠，就让它滴落。410 没有嘲笑，有的只是关心。让我们用家的温暖烫伤内心的孤独，将心中的不快抛弃，去面对新的一天。"

Ever meant to be long，无论相隔多远，410 永存心中；

Ever meant to be long，即使仅剩 20 人，也能撑起 410 的不败；

Ever meant to be long，珍惜最纯洁无瑕的日子；

Ever meant to be long，相信 410 明天更辉煌。

对于后天的考试，在此祝愿那 20 个人可以考出一个无悔的成绩、考出 410 的辉煌！（张博群）

8月18日　星期三

★值日班长：苏浩然　徐哲

二调考试已经落下帷幕，大家或喜或忧。对于这次考试的结果大家也不要太过纠结，毕竟在备考复习上时间不如实验班充裕，但我们也决不能在同一个地方摔倒两次。一个人最后能不能成功要看能不能把握小方向和大方向，小方向是个人的努力目标，大方向是社会的发展潮流。大方向对了，没小方向不行，低头做事不管大方向更不行，我们要做到两手抓，这样，无论是个人成绩还是班级成绩都会上升一个层次。

生物同学们已经两次没参加考试了，模拟成绩比平时成绩或好或差都不是真实的，410 的总成绩需要你们，下次团团圆圆的考试才是我们再创辉煌的时候。（苏浩然）

下面是我要写的了，我比较纠结，就不多说了。生物同学们还在为今晚的安身之处奋斗，我很幸运地可以代表 410 大本营中的同学们说出这句话：“生物的勇士们，欢迎回家！”（徐哲）

8月19日　星期四

★值日班长：赵一苇　刘士琦

昨天拿到班级日志时，我还不相信自己有这样的好运气——我在 410 合家欢乐的日子写下一个美丽的开始！记得还在车上大家就开始问几点到家，问得那样自然又那样亲切，透着丝丝温暖。一个月的别离真正让我们懂得了思念的含义，相逢时关切的目光、温馨的问候，还有激动拥抱着久久不愿分离，让所有生奥同学忘却了七小时的车程，忘却了两小时的忙碌，在我们的眼里、心里只有迷人的笑意……

这一个月身处异地我们不孤单，因为我们知道无论何时何地身后有你们——410，我们骄傲地戴着班徽在河南师大昂首前行，也穿着校服出现在新乡的街道上。

最后，请允许我代表所有生奥的同学道一声：“410，我们回家了！”（赵一苇）

今天是一个特别的日子，生奥同学们终于告别了一个月的集训生活，重新集合，吹响了 410 高二的第一个冲锋号。正如老班说的“410 需要重新开始”，是的，不管你集训时的表现如何，也不管你一调的成绩如何，是进是退都已成为过去，扔掉那沉重的包袱，从明天开始重新启程。

今天同学们课上的表现我认为是非常好的，没有了浮躁，就连刚刚回归的生物同学们也专心地投入学习中。这是一个非常好的开始，但能否坚持下去就靠同学们自己了。希望同学们能将良好的状态一直保持到下一次考试，让完整的410完胜411，让411的学生在地理上和心理上都认为他们在我们的脚下。

今天听了一场优秀学子报告会，台上的四位同学给人的感触很深。他们在高考前甚至在高二时就不被看重，但他们最终都进入了清华、北大的校门。他们有的奥赛受挫，有的高考受阻，有的触碰了校规高压线，然而他们有的被一句话点醒，有的被高压电醒，克服各方面的压力后，终究上了清华、北大。现在410的同学谁不想上清华、北大，但谁承受过那么大的压力？就让我们现在低下头去，踏实学习和做人！（刘士琦）

8月20日 星期五

★值日班长：吴建朋　乔石

在高一新生入学的大好日子，我有幸和进入410后一直是我宿舍长的乔石共同当值日班长。今天天气非常凉爽，没有了往日的炎热，多了几丝微风。想想一年前的我们，带着懵懂与希望踏入衡中，开始了我们的高中生活。而现在高一打基础的一年已经过去，也许有过忧伤，也许有过快乐，但都已成为历史。高二关键的一年已经开始，希望同学们能够上好每一堂课，做好每一次作业，把握好高二这关键的一年。

今天下午第一节课英语老师提问昨天讲的学案，同学们回答的效果不是很好，可能是没有做好准备，没有及时复习。希望大家以后要及时复习、夯实基础，这样才不容易遗忘。（吴建朋）

看到高一同学猎奇的目光，有些熟悉的感觉，也替他们感到荣幸——能进入这样一个备受瞩目的校园生活学习。他们的到来给我们的就餐带来了一些困难，食堂的队伍也比往常长了好多，不过相信过几天这一现象会有所好转。

不知不觉间，我们在衡中度过了一年，蓦然回首，这一年中我们有过迷惘，有过彷徨，有过欢乐，有过欣喜，但都已随时光尘封在心底，成为永恒的记忆，我们所能做的也是最应该做的便是把握现在，为自己的梦想拼搏，为父母、老师的期盼拼搏。

让我们胸怀梦想，坚定地启航！有勇气就会有奇迹，有梦想谁都了不起！（乔石）

8月21日 星期六

★值日班长：徐光耀 常宇

今天做了一天的好孩子，发现做好孩子真的好累。早晨破天荒地没有赖两分钟床，而是一听到打铃便条件反射般开始喊常宇，快快地收拾了一下就去跑操了，结果发现“她们”早到了可没有发现“他们”，男同胞注意了！

盘点今天的大事、小事，几乎用箩筐都接不住。

今天全天政史地齐上阵，三科老师都提到我们是奥赛班，有自主招生，而会考成绩和自主招生又息息相关。听讲的过程，每个人都没有表现出不耐烦的样子。only me，和你们一比，我像一个蝼蚁一样，你们都太高尚了，这说明你们都深刻认识到了政史地的重要性。一定要好好学习呀，高尚的人要用行动来证明自己的高尚（我说的是真心话）。美中不足的是，今天微机课没有上，给我们留下了小小的遗憾。

今天，我也进行了一年一度的语文课前两分钟演讲，感受非常深，因为我非常认真地准备了两天。从前天起，许多课间我都用来找材料、挑材料，最后只剩下两份材料，因时间太短又删了一份，肉疼呀！

由此得出结论一——真心想要做一件事，就一定可以把它做好……这套说辞，大概父母们都说过吧，由此得出结论二——我说的是对的。

今天还和往常一样，有好多小事不被注意，因为大家都很忙，于是我找了找。这就是负责任的表现。哈哈。

1. 早晨跑操很不理想，走走停停两回（给高一同学留下了不好的印象。我依稀记得上回军训时不是这样的，高二跑得也很好），其中固然有高二级部的原因（安排不合理，路线太短，不提醒班距），但我们自身的原因还是占了大部分。

2. 中午大家都在教室里学习，有很多人 12 点 30 分以后才走。

3. 班长说晚上 7 点之前到位，可除了我绝大多数人在 6 点 50 分前就到了。

4. 晚上可以不穿校服，但绝大多数人还是穿了，是绝大多数女生。我分析了一下原因：①热爱党，热爱人民，热爱学校；②没别的衣服穿了；③自己不洗衣服。我坚信是前者。

最后，我想说一下，我们没时间了！我不想重申时间的紧迫性、奥赛的重要性——10 月底，数学就要联赛了！我们不能只把这次比赛当成热身，要把它当作一次拿下“省一”的机会（两次机会中的一次），尽力去拼，所以自习课可以适当多分一点儿时间给奥赛。

至于生物和信息的同学，高二这一年的“省一”是 10 分加省队，高三的“省一”只是 10 分，显然前者好，后者，生化竞赛好像听说不是太容易。

最后一定要好好学习、天天向上。Good Good Study，Day Day Up.（徐光耀）

今天，终于轮到我和徐光耀当值日班长了，除去假期又是 35 天的传递，一个完整的轮回。提到轮回，又想起我的轮换对称式，又勾起了我对马瑞、吕梦帆大哥的无限怀念。今天下午，我们举办了盛大的开学典礼。在典礼上，我一直在回忆着吕大哥说他在开学典礼时听张校长说过的“无论衡中现在多么辉煌，与你相关的只有 0、1 这两个数字。努力拼搏，你进入你理想大学的概率就是 1，反之则为 0”，这句话不同样适用于我们吗？是马哥、吕哥使我们对奥赛由无知到有知，使我们得以在北方邀请赛上创造出团体一等奖的战绩。感谢这两位大哥，我们数奥组的恩人，当然还有许许多多 410 的成员。真的到高二了，正如老班反复引用的那句“成也高二，败也高二”。对于我们这个优秀的个体，只有用自己无限的拼搏，才能用 71 个数字“1”去回报他们！

最后，祝大家晚安，在明天的整理内务中整理出属于自己的 10 分。（常宇）

8月23日 星期一

★值日班长：孟令镯 武博阳

新的一天终于到来了，天气虽然不大好，但每个人的心中却充满阳光。作为今天的值日班长，我想说一些实际的问题。

紧张的培训，教室间的穿梭，对于数奥生来说，今天可是忙碌的一天，但一定要知道自己在忙什么，是为了当前的一道题，还是为了下次的二调考试，还是为了自己的一生。心中有了目标，脚步就不会停，这样每一天都充实得欣喜万分。

说一下最近的化学。说实话，以我们的实力，绝对不会与411有那么大的差距，那究竟为什么差这么多分呢？对我来说，只是两个字，“踏实”。有了一份踏实，你会发现，化学平衡是那样的巧妙，电离平衡是那样神奇；有了一份踏实，相信你能把每一道题做好。

最后，写句鼓舞士气的话吧：“‘天道酬勤’虽然只有四个字，但于我们还是很适用。”（孟令镯）

经历了一个周期的轮回，又轮到我和孟令镯当值日班长了。今天是我到位最早的一次，并且大家到位都非常早，最后几名来时也就刚过40。可以说，大家早读状态不错，但听体委说，操跑得相当烂，走走停停。这要怨无能的高二级部了——排距安排太大。老班昨天说上天给我们得第一的机会，但这个第一能不能拿到手关键就看我们的表现了，希望明天的跑操能有很大进步。

早上升旗，话筒可能出了点儿毛病，有点儿听不大清，但我印象最深刻的就是两个字，“规范”，从13班的赵一沛到高主任都在谈。本月也是规范月，物理老师从一调试卷讲评的开始也在提规范，并且在班里放了两张模范卷。我的试卷虽然还没到星期六就给弄丢了，但我还是要提醒大家：你今天规范没有？一笔一画写字没有？好好听老师话没有？在数学卷上不厌其烦地写上“设PQ交C于A、B两点，A（x1，y1）B（x2，y2）x1+x2=x1−x2=”没有？在物理卷上好好地写下解并且规规矩矩地列出方程式没有？等等。希望大家每天都重复问自己这几个问题，并加以反思。

最后还是以孟令镯那四个字结尾，“天道酬勤”。明天又是美好的一天，那么从明天早上读晨起自勉文开始，活出真实的自我吧！

晚安！（武博阳）

8月24日 星期二

★值日班长：李舒钰 李丹琳

今天是我人生中无比伟大的一天，因为我刷新了早操到位的最早纪录。起床铃一响，我就从床上翻下去往操场上冲。因为没有经验，我到位之后看到操场上站队的人寥寥无几还以为不用跑操，拔腿就往教室跑……当然了，最后还是回到了正确的方向。这次伟大的突破让我高兴了一整天，因为我发现一个人的潜力真的是无穷的，只要你想去做，nothing is impossible！

高一的小同学喊了整整一下午的班号，他们那冲入云天的豪气，让我想起自己那个时候也是这样一腔热血。值得庆幸的是，一年过后，这种气氛在410中不但没有衰减而且越来越浓厚。我们现在身处高二，没有了高一初来乍到的懵懂和无知，明确了对自己的希望和前进的方向，就让我们把握这美好的一年，像相信自己早操到位能更早一样，相信我们能打破一个个不可能，创造一个个神话！（李舒钰）

今天下午的数学令我无比头痛，头发不知道愁掉了多少根，连着三节自习受到打击，两节课只做了六道题，急得我都想撞墙。但正如舒钰说的，我们要相信自己，相信只要努力，没有什么克服不了的。

宿舍检查的情况也不能让人满意，男女生宿舍加起来一共扣了90分，主要扣分项是地面和床下。希望同学们以后注意一下这两方面，让我们的内务更上一层楼。

最后，我想对生奥同学们说几句话。大家都知道，东区的同学把每星期四节奥赛硬挤成了十三节，而他们的高考课也没有落下。与之相比，我们有固定的十节奥赛课，那么其余时间呢，我们有多少时间可以利用？貌似我们的考试不是最早，但是我们没有退路，只有破釜沉舟。相信只要努力，梦想的领奖台上一定有你我的身影。（李丹琳）

8月25日　星期三

★值日班长：夏美琨　李艺超

首先，我想说的是必须要保护环境，我是如此想说这个问题以至于我刚摸到这个本子便写下了这些话。不知同学们有没有注意到，最近几个月，新闻里出现最多的便是“国家防总”“武警官兵正在夜以继日营救”……大自然已经在警告我们了。生奥的同学记得应该很清楚吧，我国每年因沙漠化导致土地损失的肥力相当于全国化肥厂一年的生产总量，也就是说这一年白干了……还有热带雨林，专家称50年后便会消失，数以万计的生物会因此灭绝……地球并不是只属于我们人类的，所以，我们必须要保护好环境，也希望同学们在以后的工作和研究中能对环保事业有所贡献……

温馨提示生奥同学：据说《410晨起自勉文》每天早晨都要读一遍。（夏美琨）

今天又是平凡的一天，不过，像某人说的一样，平凡也是一种美丽，七堇年也说要有最朴素的生活与最遥远的梦想。

今天看到高一同学跑操有了很大进步，排距小了许多，由此想到我们高一的时候也是这样走过来的，不知不觉中我们已由毛毛虫蜕变为了蝴蝶，在阳光下发出绮丽的光芒。

保护环境固然很重要，这是一件伟大的事，但是在考虑地球环境前先看看我们宿舍的环境。今天又检查卫生了，结果很不好，是在前天不好的基础之上更加不好。8个男生宿舍，前天6个床下脏乱，今天7个。一屋不扫，何以扫天下？这月是规范月，希望大家能做得更好。

我们已经在高二了，高二不仅仅意味着更多的知识，还意味着责任，意味着我们已经成人了。成人不在于年龄，而在于“人”字。一个人，就要有广博的胸怀，就要有无坚不摧的意志！你是一个人，就要为自己所说的每一句话、做的每一件事负责。同学们，少些冲动，多些冷静，任凭海浪冲刷你的心情，而你依然要淡定，做一名忍者。要相信自我，红日初升，霞光满照，做一个大写的人，勇敢地站起来。你的眼泪不只为自己流，你的烈火不仅点燃自己，你要学会宽容，更要勇敢承担起肩上的责任。

最后，祝大家做一个乐观的人。（李艺超）

8月26日　星期四

★值日班长：韩笑　樊婷婷

今天早上我和婷婷早早就起床了，令我极为感动的是，因为我们今天是值日班长，全宿舍的人都帮我们，连我站在水房外面等的时候，水房里的同学都大喊："你先来，你快点儿去操场！"还特地将今天宿舍值日的我换到了明天值日，争着帮我们记录早到位，深感宿舍小家的温暖……在这里我和婷婷谢谢大家！在整个宿舍的帮助下，今天早上我和婷婷最早冲到空旷的跑操地点，下午最早冲到教室门口。很多同学也来得很早，我今天拼命的速度可能只是他们平时普普通通的一次吧。

今天是很平常的一天，跑操，上课，吃饭，睡觉，一切都井井有条，紧张而忙碌着，实在想不出这一天有什么奇特的事。时间就这么匆忙而又平淡地溜走了，简单而又充实。记得一位学长说："求学的路是寂寞的，但是追梦的路上再苦也是甜。"

我们的联赛一天天临近了，相信每个人都在做着充分的准备。既然奥赛是我们的生命，它让我们聚在了一起，让我们遇到了彼此，让 410 成了我们的另一个家，就让我们用爱和汗水来回报它吧！

一调渐行渐远了，缺少生物同学们的一调，我们平淡地度过了，平淡地看着成绩，平淡地悲伤着自己，悲伤着 410 的悲伤。还记得优秀学长报告会上，411 班震耳欲聋的欢呼声回荡在莘元馆的礼堂中。也许不开心的事总让人不快，以后的路，每一个 410 的人都知道该怎么走，所以我一句话也不想多说，不想再做总结，因为如果再多说一句话，都是对 410 人、对 410 的梦想与信念的不信任。410，雄起！（韩笑）

晚三给我的唯一感觉便是忙，堆积如山的卷子让我颇有一种不想活了的感觉。作为一名化学科代表，我还是希望大家能对化学多重视一点儿。咱们班的化学凭什么要落后于 411，难道就因为他们有化学奥赛生不可超越？我从来不相信 impossible，当我们以不小的差距输给对手的时候，我们能做的便只有奋起。

奥赛考试逐渐临近，压力也随之而来，面对骆老师进省队的要求，真不知道自己该怎样面对——那个目标似乎依然遥不可及。虽然信奥女生本来也不多，按理说拿第一也不是那么难，但是，像我这样发挥不稳定的人，只能是惆怅……

信妈昨晚让我们度过了一个难忘的晚三，我有史以来第二次晚归宿舍。410 的未来依然会有挫折和坎坷，但辉煌必将属于我们，410 一定会创造衡中的奇迹！

If not now，when？ If not me，who？（樊婷婷）

8月27日 星期五

★值日班长：董宇喆 范元瑞

今天信老师的承诺终于兑现了，我和 Mary 一人有了两个红袖标，戴在手臂上依稀有了小学时的感觉。

今天我想说的只有两个字，“爱国”。今天下午第四节课，高一的同学进行军训的分列式。仪式刚开始不久，升国旗、奏国歌的时候，徐光耀突然回头狡黠地看了我一眼，我被他的举动弄呆了。他见我没有反应，便严肃地注视着左前方，那是国旗所在的地方。与此同时，乔石也停下手中的笔，抬起头，注视同一个方向。我顿悟，赶忙也注视那个方向。“爱国”不只是一个口号，我们身处和平年代，不大可能为国殉难，但我们依旧可以用自己的方式表达对祖国的尊敬——当国歌响起的时候暂时停一停手中的事，等到国歌结束。此事虽小，但却可以体现出我们对祖国的爱与崇敬。不是吗？（董宇喆）

两个红袖标，真想跟老班说太大了！但它的意义却是非凡的，戴上它俺也是 410 班今天的值日班长了。

且把闲话休提，只说正事。今天在我身上出了一点儿问题，就是早晨大雨倾盆之时没有站在门口敦促和迎接大家，在此表示深深的歉意。今天大家很忙，化学老师催得紧咱们也没有办法，可能学案也没做几张，数学作业都拖到了课下。不过，那篇神奇美丽而哀伤的《长恨歌》何时背啊，明天是最后期限了！时间紧，任务重，因此效率是关键，时间就是生命。今天中午，化学老师一走，教室便炸开锅，实在不应该。另外，该努力努力，但也别对自己太过分，尽量在该学习的时间完成自己的任务就可以了，不要被一片苍茫的学案、自助作业拽着鼻子走！时间宝贵就要更多放在查漏补缺上，把更多时间用在自己的弱项上。不要容忍任何一科扯后腿，如果各科都有问题，那就先反思一下，一有时间多问问自己，哪里还不清楚，哪里做得不好，而不仅仅是告诉自己“我积累不行”“我状态不好”，信心最重要。每天早晨告诉自己，今天我比昨天做得好；每天晚上告诉自己，明天我比今天做得好。

再者，我们 410 班决不能容忍任何班、任何班的任何学科成绩骑在我们头上，称霸不仅仅表现在那六个学科的成绩上，但至少能说明什么，所以真的认为自己

不够好那就得拼。势在必赢！（范元瑞）

8月28日　星期六

★值日班长：吕鹤松　董傲

看着手臂上鲜红的袖标摇摇晃晃的，不禁感叹自己的瘦弱。不过，高中三年吃苦是必然的，瘦一点儿又怕什么？

我和董傲比较幸运，别的组同学当一天班长，我俩却有幸当了两天。中间一次放假是许多生物同学梦寐以求好久的。的确，家是我们永久的避风湾。但是我也想提醒大家，不要过多地沉迷于家庭的温暖。毕竟，苦行僧般的学习才是我们高中三年的主调。尤其是对我们奥赛生来说，更要把对父母的不舍与留恋化作我们前行的动力。短暂的温馨可以当作我们学习的调节剂，但事物性质是由其主流部分决定的。既然躲不开苦，我们就要有吃苦的精神与面对寂寞的勇气。毕竟奥赛学习的不只是 knowledge，更多的是磨砺后的成长。

昨天晚上老师开了一节公开班会，刚开始的宿舍宣言让我又体会到了如家般的温暖，灿烂的星光又一次激励了每一位同学，那首《相信未来》荡气回肠，令人为之一振。中间老班提到了 410 的现状，形容我们是初升的太阳。但依我拙见，我并不认为这个比喻十分恰当，我们应该是正午的太阳，高高在上、俯瞰一切，只是暂时被乌云遮住了光芒。击败乌云，我们的时代还是我们的时代！

好了，该打住了，笔锋一转，“敖来国”之神猴——董傲出来了。（吕鹤松）

这几天心里颇不宁静，有放假带来的喜悦，也有听到老班微笑着说星期日晚上要开公开班会的激动。看着她慈祥的笑脸，我不禁很激动很激动。我和冯悦激动地做小课件，和建朋在备课区激动地打印颁奖词，回来又遇到激动的地理老师。还好我及时调整，以微笑面对地理老师才逃过“一劫”。班会前我内心又很激动，但外表很淡定地把“每周之星”和“红旗宿舍”向大家公布了。

总之昨天我有些激动，但无论如何，感觉是很好的。我感觉到了自己在受锻炼，更感觉到了 410 的每位同学对班级活动的热情与支持。其实，这也就是“每周之星”和“红旗宿舍”的意义所在。“红旗宿舍”评选仍有不足，但请大家相信它能越来越好。真心地希望我们每个宿舍都能成为一个团结的小家，共同组成我们 410 这个大家。

昨天班会提到了效率问题，我深感问题的严重性。从我个人来说，在很多时候效率是低下的，包括饭后的时间、新闻的时间，这就给我一个启示：以后在做“红旗宿舍”时，很纠结的内容……交给冯悦！这样可以加快速度、提高效率，用最短的时间完成任务。我想通过自己的实例告诉大家，时间就是生命，生命把握在自己手中。

当你跨进 410 的门时，牢记入室即静。把握自己，你会发现原来有这么多时间可供利用。相信自己潜能无限！（董傲）

8月30日 星期一

★值日班长：姜世磊　孙巍峰

今天是一星期的开始，也是口号比赛的第一天。前几次的会操比赛我们的成绩并不理想，但我想口号绝对是 410 的优势，希望我们每个人都能尽力去喊，发挥我们的优势，去争第一。

今天老班出差了，不过我看到的地方状态都非常好，老班不在才更考验我们的纪律。不要忘记级部的联查还在，更重要的是我们的目标还在，奥赛与考试的倒计时并未停下。在规范月里，没有老班的一周我们要做得更好！

男生宿舍所在的副楼住进了高一的新生，这让我们更感到了高二的气息。无论什么时候，我们都应以更高的标准要求自己，为高一新生做出榜样。（姜世磊）

今天我们迎来了梦寐以求的体育课，相信同学们都玩得很高兴，但更令人欣慰的是我们的到位。高一时，我们每逢星期一体育课都会在打铃后再懒懒睡上一觉，甚至有一次被可怕的级部大妈抓到了。但是今天完全不同了，打铃之后我们宿舍的同学毫不犹豫地蹦下了床，整理完内务后如箭一般冲向操场，不过还是有许多人在此之前就赶到了操场。在老班不在家的日子里，我们 410 的每一个战士仍然保持如此好的状态，可见我 410 人的进取与拼搏。要有危机意识，提效率，抓时间，要规范，让我们 410 在下次考试中重振雄风，东山再起。

最后祝同学们睡个好觉，为明天的口号比赛积蓄力量！（孙巍峰）

8月31日 星期二

★值日班长：蔡占锐 张弛

今天下午信息组同志们开始培训了，希望他们珍惜难得的培训机会，让这四天半的学习更有意义。回头看看奥赛倒计时牌，距数奥联赛还有43天，距NOIP还有80天，距生物联赛嘛……还有半年多。希望大家都时时把倒计时牌放在心上，也祝愿信息组同学有更大的收获。

这两天信妈出差，410的量化出了一些问题，班长也刚刚强调了纪律的重要性。So it does，在班主任不在、班里人不全的情况下，我们更应严格要求自己。不是为了班主任、为了班干部，而是为了自己的一份担当。今天我听一个理实的同学抱怨他们班很乱，说几乎所有的实验班都乱糟糟的，很少有人能静下心来专心学习。我因此想我们是410，我们承担了多于他们的责任，我们一定可以做得更好！

温馨提示：明天有阵雨，21~28℃。今晚睡觉时注意别着凉，明早出门别忘带伞！（蔡占锐）

翻着这个记事本，不禁有个重大发现：我们班的这个记事本其实是一部中国书法的发展史，由最初写歪一笔都想抽自己的楷书，到中间落拓不羁的行书，再到现在信奉“不飘逸，不写字”的草书，哇！我不得不折服于咱班的风流才子、佳丽才女们。既然如此，俺也写涂两笔。信妈妈不在家，她回来我们带给她的是惊喜还是惊吓？

今天是我做值日班长，这是不同于往日的，因为我今天又做值日又当班长，顺便还帮老乡程麒麟先生搬了箱废纸，真是忙碌而又开心的一天！不过，今天老天爷又跟我们开了个玩笑。中午为了迎接夏美琨、刘子悦她们，打铃后我飞身而起，摆脱孟亦同节奏感极强的鼾声，以迅雷不及掩耳盗铃之势叠好我的御用小毛巾被，闪出男生宿舍副楼。开足马力的我大约2分36秒后出现在班门口。我稳住呼吸，生怕看见已经坐在座位上的可爱的同学们。啊哈！门还锁着，于是我对着门框那块玻璃整理了一下凌乱的发型，两脚跟并拢，摆了一个“V”字的手势。正欲练习一下微笑迎接同学们时，冀浩如鬼魅般在楼梯口闪现，我心想：“要开门了，我要迎接我亲爱的同学们了！”只见dear冀浩露出一抹蒙娜丽莎般的微笑，轻轻对我说："这下悲剧了，跑半路发现忘带钥匙了。"霎时，我有种五官离开身体的感觉。陆陆续续地，常宇、刘子悦等人也到了，可悲的是，他们谁也没有钥匙。于是乎，我就纳闷了："你们都没钥匙，来这么早干吗？"终于，冀浩从楼管那里要来了钥匙，开了门，我也终于能光荣地站在门口迎接同学们进班了。

虽然这次出了点儿意外，但还是迎接了一部分同学，顺便迎接了政治老师。

我的故事讲完了，大家各回各窝吧，同时欢迎你们到 103 寝室做客。我们宿舍的五个人来自河北五个方向、五个城市，颇有些"五湖四海"的感觉。当然，更有吸引力的是，四个极不正经的宿员和一个极为正经的宿舍长预谋着有朝一日拍成一部电视剧，就叫《住在 103 里的男人们》。

得了，回去做个有我的梦啊！明儿见！（张弛）

9月1日 星期三

★值日班长：王昭雨　刘志广

9 月 1 日，一个特殊的日子，71 年前的今日二战爆发，新闻也说了从今日起美军结束在伊拉克的作战。众所周知，二战德国战败，希特勒罢休；美军野心挫败，奥巴马罢休。但是级部为什么仍不罢休？一张张内务表刺激着每个人的神经，尤其是宿舍长，尤其是上周评比倒数宣了誓但这周舍员表现不佳的宿舍长，尤其是可怜的生活委员、生活班长及班长。既然级部教育处、宿考部如此疯狂，那么我们必须要解决掉问题，让他们无分可减。当各位在看这篇日志的时候，各宿舍长已奔回宿舍，对下一步的工作进行磋商。恳请各位能配合工作，多考虑一下班级。

重点已说完，下面再说一下一天的基本情况。

早晨，老天爷又在开玩笑。一大早，我把值日任务甩给阳仔就追随 Mary 的步伐和他一起有节奏地边运动身体边跑到跑操地点。我以比鼻尖的些微优势比他先到，本打算自豪地在纸上写下第三个早到的人的名字，也就是我，突然想到了一句话："在那时，我才真正感受到我灵魂的猥亵。"于是在纸上写上 Mary 就继续背书。漫长等待之后，我猛然发现，偌大的跑操地点居然只有两个班！一句"回宿舍整理内务，6 点到教室"的广播让我有种想用脑袋走路的感觉。

给刘志广也留一些记录，到此为止。（王昭雨）

昨天晚上，一进宿舍就感觉到阵阵凉意。空调又恢复供电了！学校终于在深秋到来前意识到立秋关空调这一真理。我高高兴兴去睡个觉，没想到太兴奋了反而睡不着，于是乎今天早上起床时迷迷糊糊有种预感——今天不跑操，于是在睁开眼后的1秒钟又倒下睡了一觉。梦中忽然意识到今天我做值日班长，于是立马翻身下床，赶到跑操地点。嗨，让我给猜准了，果然不跑操。正所谓“愚者千虑，必有一得”，每天早上的期待终于成真了。

不提个人那些杂事，关心一下大事吧。

今天是法定的开学第一天，我们终于从法律意义上成为一名高二人。不过开学的第一课被移到了星期六。对于《开学第一课》我一直很困惑，为什么一个面向中小学生的节目只由一群一二年级的小同学和三四十岁的杨利伟们构成，高中生好像一个都没有。以前看《开学第一课》真有一种柯南看假面超人的感觉，希望今年有改观。

废话不说了，我宣布，9月1日要结束了！（刘志广）

9月2日 星期四

★值日班长：孙子腾 柴君卓

早操取消。

8月是我的伤心月，从北方邀请赛的失利到一调考试的全面崩盘，这两根走向高等学府的链条在我的手中成了两盘散沙，似乎我的假期就是这样荒废掉的。但回头想想，一个假期让自己的奥赛进步了许多，经验也丰富了许多，我不能患得患失，既然奋斗了一假期，就不应为付出的努力而后悔。

这几天的班级日志竟出乎意料地脱离了“成绩”与“考试”这两个字眼，似昏暗的小屋中射入一缕春光，但很不幸，今天我又要把这缕春光挡在窗外。深受北方邀请赛失利和一调崩盘困扰的我曾一度很失望，但既然在衡中就没有一日不奋斗的理由。不知大家是否忘记一调失利的痛苦，面对耻辱，我们所能做的只有奋斗奋斗再奋斗。一个月后的二调是衡中为数不多的能充分准备的考试，既然这样，我们更应努力地为之奋斗。多次成绩的起起落落让我发现，这世上最值得相信的便是“努力”二字。我们要坚信努力会带来改变。也许有时你很努力但成绩没有给你一个 smile，也许有时你并不太努力却取得了不错的成绩，这便是考试的局限。但有一点毋庸置疑，你付出的每一滴汗水都会使你变得更好。相信自己的努力吧，做一个虔诚的奋斗者！（孙子腾）

又是一个没有跑操的日子。早上听到起床铃后我以万分之一秒的时间犹豫了一下坐了起来，然后匆忙地洗漱，匆忙洗了一把脸想冲出宿舍去记跑操早到位时，却突然意识到今天不用跑操，于是我又“恋恋不舍”地回到床前抻了抻床单、掖了掖枕巾才冲向教室。最近级部像上了发条的闹钟，一刻也不停，日均一到两张的内务表搞得人心惶惶。怎么办呢？多留心呗。

学信息的兄弟们不在的日子总觉得少了些什么，仅仅是少了十几个人也让410 少了一种完整的感觉，但不变的是家的温暖。最近我的生活总是很混乱，尤其是今天，先被下午数学的圆锥曲线搅乱了思绪，晚上接踵而至的物理、化学又压抑得让我快要窒息了。圆锥曲线总是骚扰你，你能做的只有制服它，王老师不是说了“2005、2006 年的高考题还等着做”嘛。熟能生巧，这是不变的真理。

今天中午，我在去教室的路上碰见了许多穿着演出服装去莘元馆排练的同学。教师节就要到了，这个节日不仅仅是看一场演出、说一句“老师辛苦了”就结束了，它只是感恩老师的集中体现，平常你是否又关心过教育着我们的老师呢？

我还发现了一个真理——人的潜能是无限的。比如，孙子腾今天下午 1 点 48分站在教室门口成为第二个到教室的人。发挥你的潜能去挑战学习中的困难吧，勇敢地向前走，你会看见梦想在向你招手。

下面和大家分享一下我在网页上看过的几米的漫画《露露的功课》，内容是一个女孩带着一只小鸭子走，文字是“露露不会游泳，不会飞，她的鸭子也是。露露带着小鸭，天天到池塘边看别人怎么游泳，怎么飞”，网页的文字到这里就没了，当时我还想：“咦，怎么会以一个逗号结束呢？”我试着补充完整：“后来，露露和她的小鸭子学会了游泳，她和它想学飞翔……”直到有一天，我去书店，一眼就看到《听几米唱歌》这本书。翻开书，映入眼帘的居然是《露露的功课》！哦，最后一句话是：“日子一样很快乐。”

是的，平凡的生活也可以很快乐，不要让无谓的烦恼占据太多的心灵空间，每天一个微笑是给自己最好的礼物。

最后，作为 410 的英语科代表，我想我有责任、有义务提醒大家及时复习 M1 的单词，星期六我们还要举行一周期一度的单词大比拼。

最后的最后，祝大家睡个好觉，想梦见圆锥曲线的梦见圆锥曲线，想梦见磁通量的梦见磁通量，想梦见电离平衡的梦见电离平衡，想梦见单词的梦见单词。（柴君卓）

9月3日 星期五

★值日班长：冯悦　段文思

掐着日子算，信妈今天该飞回来了（不知是不是坐飞机）。本来前几天挺期待的，因为有期待——没准量化能给她呈上一个 1。可 1 呢？今早看量化，发现又跌到 4。看量化比看股票还紧张呢。不过，落后了也就是落后了，革命尚未成功，同志继续奋斗！

为了迎接下周的开放日，我们亲爱的级部对宿舍内务煞费苦心。检查结果是，男生宿舍全线崩盘，女生内务量化成绩一跌再跌。不去想级部的苛刻，不去想结果的混乱，只想为什么，为什么我们不能为我们心爱的 410 添彩呢？我们所有的行为，不是为了别人的鉴定，而是对自己的保证；我们的内务，不是让级部查的，不是让别人赞叹的，只是为了我们的 410，为了我们自己的那张脸。关键在于，我们是否尽力了。此时我脑海里闪现出女宿舍的宿舍长们抢人似的拉我去她们各自的宿舍看铺面的情形，忘不了傲哥操碎了心呆望着却一句话也说不出的样子，以及每次扣分后宿舍长还有班里的其他同学那么急切地询问……在我脑海闪现的一幕幕让我充满了感动。在这里，由衷地对大家说一句“谢谢你们一直这样支持”，或进步或落后，我们都一起走过，我们是永远的好哥们、好姐妹！（冯悦）

今天我们饱了一次眼福，节目或婉约或粗犷都让我感慨万端，但精彩不是一蹴而就的，这里面我认识的一个同学为了排练提前开学、晚三落课，全是为了追求一种完美的舞台效果。再有天赋的人为求得一份精彩也要抛洒汗水，而结果也必将对得起他们的付出。

最后给大家复述一遍这段话：“红日初升，其道大光。河出伏流，一泻汪洋。潜龙腾渊，鳞爪飞扬。乳虎啸谷，百兽震惶。鹰隼试翼，风尘翕张。奇花初胎，矞矞皇皇。干将发硎，有作其芒。天戴其苍，地履其黄。纵有千古，横有八荒。前途似海，来日方长。美哉我少年中国，与天不老！壮哉我中国少年，与国无疆！”（段文思）

9月4日 星期六

★值日班长：张肖荻

运经纬不在教室，所以我收到了两套袖标。

今天没有物化生，却有史地政。和分班前的文科课不一样了，再也听不到课前两分钟的背诵，很遗憾。希望科代表们能督促、把关，珍惜好我们每周的十一节文科课（含自习）。

晚上观看了《开学第一课》，屏幕上有老师、班长、同学，我们的周围也有老师、同学，好温暖。课堂主题是“梦想”。李连杰提到一个问题：“个人的梦想和炎黄子孙的梦想，哪个重？”我希望大家也好好思考这个问题，实现个人梦、中国梦。

梦想是一个人的，理想是大家的。411 口号里有一句“清华同班”，410 不会人人都去上清华，但我们坚定梦想、努力拼搏，每个人的梦想一定会实现。

有一首歌是我最喜欢听的，《一人一梦》。经典的歌词是“每个人至少拥有一个梦想，有一个理由去坚强……让那目光比星光更漂亮”。

有一本书是我最喜欢看的，《钢铁是怎样炼成的》。保尔最经典的一段话是：“人最宝贵的是生命，生命对每个人只有一次。人的一生应当这样度过：回首往事，他不会因为虚度年华而悔恨，也不因为碌碌无为而羞愧。这样，在临死的时候，他就能够说：‘我的整个生命和全部精力，都献给了世界上最壮丽的事业——为人类的解放而斗争。’”

9月5日 星期日

★值日班长：赵宁　乔方舟

这是我第一次在星期日做值日班长，即第一次做值日班长时不用早晨起床后急着跑到跑操地点去记到位前三。今天早上我们宿舍空前一致地在打铃之后没起床，导致我都不知道我到底是几点起的床，反正到教室已经差不多 6 点 5 分了。

大致数了一下，全班大约到了一半的人，都在认真地伏案疾书。

昨天张肖获同学一股脑塞给我 4 个大红袖标，想起前几天我还嘲笑董宇喆像戴着红袖章到处罚款的老太太，不想今天就轮到我了。不过由于昨天早上跑操摔了一跤，胳膊上留下了两块伤疤，导致我穿衣服都很费劲，因此我不戴那个红红的东西大家还是能原谅我的对不对？我真的不是不想戴。

今天进行了两星期一度的星期日测试，面对着好多卷子做不完的无奈，不知道大家什么感受，有没有一种大脑缺氧的感觉呢？刘子悦用科学的语言对我解释了大脑缺氧的含义：大脑思考会产生微弱的电流，而形成电流需要有电位差，又需要由电子来传递，电子传递又需要酶和O2。缺氧的时候，大脑思考就会受阻，然后大脑就缺氧了……生物同志们谅解谅解我吧，我说的是大意，不可深究，不可深究。

哦对了，由于昨天一不小心和大地来了个亲密接触，因此有意观察由组织液渗出形成的局部组织水肿和温度小范围升高的同学可以到我这里来，过几天就观察不到了哦。（赵宁）

昨天回到班里有一种恍如隔世的感觉，看着桌子上厚厚的一叠卷子，我的心中只有一个想法：“扔掉！”几天脱离集体的生活让我有了一丝不愿回归的想法。但纵使飞得再久，也摆脱不了身体的束缚。410 就是我的身体就是我的集体，即使飞得再久，终要回归温暖的家。

昨天晚上，不经意间我受到触动，认识到了生命的美好和自己的浅陋。如果一件东西真的很美好，自己真的很想得到，那就要努力奋斗，那就要拼了命地得到它。不要再因为见到一两个漂亮女生而惊呼疾驰，并且成为几日内宿舍闲话、扯淡的内容。你没有挥霍青春的资格，你的目标是获得奋斗的果实，现在你应该做的就是努力学习、努力奋斗，不要再为所谓的儿女情长影响前进的步伐。

与 410 诸君共勉。为了自己的梦想，为了自己的前程，奋斗吧！（乔方舟）

9月6日 星期一

★值日班长：王翠薇　徐希浩

昨天班会研讨的内容大家还记得吗？

不知这场以美韩嚣张挑衅，充分暴露其狼子野心开展轰轰烈烈的军事演习会以什么样的方式收场。从20世纪末的美轰炸我驻南斯拉夫大使馆到日、印、菲等频频挑衅，再到美、韩黄海军事演习，同学们，我们能无动于衷吗？

同学们，目光放远一些，再放远一些。现在的一次小测能代表什么？它存在的唯一意义在于发现自身的不足，然后弥补它。只有争取小测小进步、大测大进步，才不辜负我们日复一日地大脑疲劳、细胞消耗。不用批判应试制度，因为应试也是一种素质，适者生存是这个世界最伟大的真理。所以，好好学习、天天进步是我们的正途。

同学们，中国的肌肉再多，没有强健的骨骼，那也是美国餐桌上的蛋白质。在这弱肉强食的世界上，国力强才是硬道理，拳头硬才有话语权。中国的国力靠谁，10年后，靠你，靠我，靠成长于21世纪的90后。

让我们永远牢记梁启超先生的话："少年强则国强！"（王翠薇）

我还是要谈昨天晚上的班会。通过同学们的发言，我深深感到了在座每一位的同学都不是那种只为了个人小小的未来而埋头读书的人，不是心中没有国家和民族的冷漠的人。因为同学们是精英，是祖国的花园中最有希望的花朵。我们的使命很重大，这决定着我们必须为了自己的祖国而奋斗。

面对美国对中国的反复施压，我们不能沉默；面对日本对中国的蔑视，我们不能沉默；面对个别国家无耻之行为，我们不能沉默。就让我们爆发吧，爆发出激情的斗志，时刻将中国的富强作为己任，那么困难、挫折算得了什么，我们的目光不能短浅。

相当一部分留学生在国外取得了学位，找到了高薪工作，便抛弃了自己的祖国。这种只希望祖国给他益处而不思回报祖国的人，只能说是有才而无德，我们410人要想想自己能为祖国的强盛做什么。（徐希浩）

9月7日　星期二

★值日班长：艾冰清　邢明超

今天早上又飘起了毛毛细雨，经过了老班"暴雨筛"的教导，大部分同学在45分之前就到了。希望410班的每一位同学都能在高二暴风雨的洗礼中成长为一棵茁壮的大树，走出一条属于自己的路。

虽然今天天气凉爽，可这不能冷却我们如火的激情。今天是班会后的第二天，算是三分钟热度，但也应好好表现。记住，是梦想与目标伴我们一路前行。

今天老师们都来得格外早，还没放下语文、作文作业就看到了生物老师和蔼的脸庞，刚一抬头又看见了物理老师慈祥的微笑。有这样辛勤的老师，我们有什么理由不好好努力呢?

从昨天晚上老班善意地提醒我们有点儿乱，到今天下午物理老师说我们有些松懈，这的确反映出我们现在存在着很大问题。此时老师们敲响了警钟，我们就应该拿出实际行动来拯救自己，不让成绩滑坡。

为了睡狮的醒来和410的崛起，让我们共同奋斗、加油努力。（艾冰清）

今天起得很早，噼里啪啦地踩着雨水跑进了教室，却发现教室里已经有六七个人在早读了。真佩服他们的速度，无情的“暴雨筛”把我们都筛了下去，只有他们依然坚持着，只有他们是今天的胜利者。我不甘心，我发誓明天一定要做到到位前三。

一个夏美琨、一个冀浩是撑不起410天空的，我相信只有许许多多的夏美琨、冀浩的出现才会给我们的410提起速度，给这台沉睡的发动机加足马力。同学们，不要忘了，我们现在不是领先者，是追赶者，411在一调时已经超过了我们，快别再说什么“居安思危”了，因为我们现在就很危急了，若再不努力，再不奋斗，也许二调我们被甩得更远。不！我不相信我们410会如此懦弱，如此不堪一击，我们是勇者，在二调时我们终会夺回我们的那片天空！（邢明超）

9月8日　星期三

★值日班长：王卓　李喆

教师节马上就要到了，首先在此感谢一直培育、教育我们的辛勤工作的各位老师。

来衡中的这一年，亲身体会了衡中老师的认真与负责。亲其师，信其道，老师做的一切都是为了我们好。老师批评我们，我们不要怨恨，要从自身查找原因。我们坐在教室里苦读，没有老师的帮助，我们要走的路不知比现在艰难多少倍。中国现在的形势不容乐观，中国的未来要靠我们，要想撑起中国的脊梁，知识是必不可少的。不积跬步，无以至千里，任何伟大的事业都是由一件件小事组成的，从尊敬老师开始，从尊重知识开始，我们也可以像马云一样，将“万吨轮抬上喜马拉雅之巅”！（王卓）

开学以来，心里一直很别扭，关于自己的事不再多谈，我想说说关于410。

我发现饭后有些乱，如有些人大声说话之类，希望大家多注意吧！还有就是跑操，今天与平常有些不一样，可能大家没发现，但我在队外听得很清楚。今天411发狠了，一开跑他们便喊了一遍口号，喊得很响，尤其是跑到揽月楼前喊得格外响。平时410、411总有些不相上下，但今天411的声音隔着413传来，我们的声音便被剁去了锐气，显得绵软无力。再来说说我们现在的境况吧。首先，新增加的上午跑操，尤其是数学课后，咱们到位很慢。迟到扣分是很严重的，上学期甚至一次扣了50多分。我衷心希望同学们抓紧时间，让这样的事不再发生！其次，星期六、星期日有一个盛大的活动，这两天全天穿校服。无疑这两天对衡中是个好日子，那么对410呢？我们要给410争光，要给衡中人长脸。鉴于这几天的情况，我还有几点问题想跟大家说一下，先从站队说起吧。

站队就是要固定位置，这是跑好操最基本的前提了。这一点我们做得并不好，尤其是后三排，我们体委会尽快拉出一个站位次序来。当然固定不是死板，会根据情况有合适的调整。

我再强调一点，站队就是纵排上的看齐。最近咱们班总有摔倒的，扣分且不说，单看夏美琨、任康、范元瑞、赵宁、赵一苇等同学的伤口多让人心疼啊，不仅身体痛苦，行动上也不便。我真心希望这种事别再发生了。有同学反映说队伍里有相互绊倒的，希望大家注意一点儿。

跑操开始后大家要尽快跟上，我也知道这不大容易，不过实际上是给了大家反应时间的，就是跑前放下书的那段时间。希望大家在恋恋不舍地放下书本时关注一下前边的队伍，一般来说，412跑了我们要马上跟上。

跑操过程要注意四点。

一是排面要对齐。实际上排面齐不齐不在于一个人多靠前，而在于整体，整体美才算美嘛。每排都向标兵看齐，标兵注意距离别太大。

二是跑到拐角处尤其格物楼前总是很乱。要想跑好这个转弯，排头的同学注意离转角远些，大家在安全前提下也多注意。

三是减速的时候不要乱，排面仍要对齐，队伍要安静并紧跟，避免再起跑先乱一阵子；停下来的时候大家都看看什么时候再起步。这一点我们做得不如412。

四是我十分蔑视“压轴”，本能地把它放在最后，这指的就是喊口号了。让我怎么说呢，“提灯寻影，灯到影灭”罢了！关于口号一直在强调，但没有什么好的收效。我相信大家都开口了，但开的口却不同，比如说大口、小口。话说回来，我们要喊就要喊出底气。底气是关键，让浑厚的口号声像我们沉潜的求学心一样踏实吧！

最后强调一下，回班时前边的同学可以走楼梯，后面的同学最好走侧面，这样会快一些！

唉，稍微一写就写了这么多，希望大家听得进去，为了410而努力，为了自己而奋斗。跑操问题只是所有问题中的一小部分，希望大家好好对待。Good Luck！（李喆）

9月9日　星期四

★值日班长：詹小雨　尤龙

今天真的很纠结！“纠结”好像已被中国语言文字专家评为2009年十大流行词之一了。据说出自几年前某一动画人物之口，其口头禅是“纠结啊”，后广为流传。

又是一周的星期四，又是一次宿舍值日，又是一次检查宿舍，可最没想到的是——又是一次轮值值日班长！我正因两个值日重合而觉得很巧时，发现尤龙正在教室值日。嘿，都赶一天了！还有还有，9月9日让我想起了“九月九日”。虽说离那天还早，但事先提醒大家一声，每天都不要忘了敬老呀。对了，每天也都别忘了尊师啊！

每次当值日班长印象最深的就是狂跑去记早到位，为此中午值日只好又拜托宿舍长高雪迪了（嗯，老好人）。我一路向北，星胆好美呀（对不起，插叙一下新闻正在播放的新星爆发的残留，什么冲击波呀之类的）……中午终于看见一向早到的刘子悦、冀浩仓皇的背影了，正为此沾沾自喜，到教室才发现，已有好几个人到了（内含尤龙），唉，不禁感慨，原来可以这么早到！不过，原来我也可以这么早到！大家学习劲头都挺足的，要好好利用这段挤出来的时间啊！

写件大事吧，以后吃饭都要排在东区高一后面了，开始很不乐意，但到那儿发现不用排很长队了又很开心。不过，回教室时正赶上本部高一吃饭，逆流狂奔的感觉真不好呀，这其中的时间缝隙，唉，有待勘察。（詹小雨）

再写件大事吧，范元瑞同学中午没吃成饭也就是没有回去就寝也就是下午第一个到位也就是中午被锁在班里了也就是很悲剧，我表示纠结也就是欣喜满怀也就是泪流满面。

某位哲人同学说过："当你戴上红袖章，才能体会值日班长的辛苦。"一天下来，我以敏锐的嗅觉记下如下几件事。

1. 班名火热热地出炉了，但不是我一直以为的"鸿志"而是"尖刀"，这闪亮的班名可是有深刻寓意的——"尖刀"比喻作战时最先插入敌人阵地的个人或集体。

我们是衡中的尖刀部队，高考战役一旦打响，我们将直取桂冠。

2. 明天是 9 月 10 日教师节，意味着什么？意味着我们要以最饱满的热情让老师们在节日无尽欣慰！所以一定要做好化学改错和物理预习工作。另外，别忘看一眼数学学案。

3. 距二调仅剩 19 天，不多谈，埋下头奋斗。谨记，要对得起 410，对得起"尖刀"二字。

4. 宿舍文化大开展。我们贴了字又写了条，宿舍越来越像样了，欣慰！

最后还想祝福老师们："愿 9 月 10 日恒永久，您的幸福无尽递传！"（尤龙）

9月10日 星期五

★值日班长：冀浩　白轩然

今天是教师节，全校上下都在为明天的德育大会做准备。今天，同学们给了老师们一个个惊喜；今天，我和白轩然做值日班长。欢乐温馨的氛围笼罩着班级，同学们高兴地度过了这一天，我却不得不破坏一下这个氛围，“谈”几个不和谐的音符。今天早操，咱班刚到了十余人，而前面的 412 已经到了大半个班。路过的同学议论着：“这是哪个班，到了这么多人？”“奥赛班 410。”这对话让我们喜忧参半，其中的警示还需大家体会。另外，我在物理课上状态不佳，化学练习册也有十余人未能按时完成，这些都使今天的生活过得有些白玉微瑕，但无论如何，明天还要努力，时光仍在飞逝。疲倦时，想一想自己的目标，会使你更有动力；得意时，向前看一看，要知道只要最终结果（既可以指奥赛考试也可以指高考）还没出来，一切皆有可能。心怀奋进之心，愿每个人都能天天进步，日就月将。最后，再道一句“老师节日快乐”，并祝明日德育大会圆满举行。（冀浩）

让我重新来谈一谈教师节的话题，我们准备已久的教师节终于到来了！昨天我们装在音乐盒里的祝福今天一早就飞到了老师的耳朵里！每节课前起立高喊的“祝老师节日快乐”让整节课都为之振奋！大家今天都很努力地好好表现让老师高兴，老师的确也很高兴，虽然不是每天都过教师节，老师却一如既往地为我们付出，因此真心希望同学们不只是在教师节这一天好好表现，还有，不知你们是否记得自己初中和小学的班主任，鹤松的团活勾起了我们的怀念。今天是教师节，我们也可以用电话来传达对他们的祝福与问候，他们的内心也会暖暖的哟！温总理的《仰望星空》让我们用虔诚的目光仰望星空、仰望师魂，大家在课堂上抬头注意老师时也是在仰望师魂，当心中有所感触，自然会好好努力！

另外，关于“十佳班长”竞选，我与弛哥共同写啊改啊才成稿，对于竞选的胜算蛮大的，敬请大家关注班长星期日绚丽出场！晚安！（白轩然）

9月11日 星期六

★值日班长：李策　孟亦同

很幸运，又轮到我当值日班长了，在光耀的帮助下我中午很早就到了教室，这让我更加了解了光耀的为人——虽然他平常不是很严肃，但是他也有正经的一面，真希望他在学习上也投入一点儿，当然大家也需要多投入。

PS：今天查宿舍，但愿可别扣分。

且将闲话休提。昨天是教师节，开开心心，今天的《唐山大地震》观影却让人感慨万千。我们要能承受得住大喜大悲，定下心，尽全力去迎接周测，迎接马上就要到来的二调。“人生能有几个30年”，是啊，“人生又能有几个3年”，不要等到“没了，才知道什么叫没了”。养兵千日，千日不正是这3年吗？千日已经过去三分之一多的时间，而我们的军队究竟有多强大，能否抵挡住高考的冲锋？

是否还记得初入衡中的豪言壮语？是否还记得以往的叱咤风云？又是否想过夺回从前的荣光？不错，是夺，是从别人手里夺过来。奥赛班只有410与411，为什么我们是410，因为我们要在前面，天堂还是地狱我们“尖刀班”没有选择，我们必须抽出我们的“尖刀”，将一切阻碍我们的对手砍倒。410能否雪耻，需要你，需要我们71个兄弟姐妹的共同努力。

最后提醒大家别忘了自己的理想。实现梦想，从不违纪开始。

晚安，兄弟姐妹们！（李策）

大家晚上观看了《唐山大地震》，想必感想颇多。生命总是很脆弱，但也很顽强。方达既没高考又残疾，却也成就了自己的事业。残疾人可以成功，我们也可以。虽然我们现在遇到诸多困难，但是困难远比不上如此大的人生灾害，所以没什么可退缩的。

昨天我们也见证了母爱的伟大，一个母亲把自己的全部都给予了孩子。但是，我们是否懂得感恩呢？懂得感恩，也难以报答三春晖。

今天，在念班级日志时，我已经替大家向410班的各位同学的母亲说：“谢谢你，妈妈。”无论她们在什么地方、做什么工作，她们都是世界上最爱我们的人，都无比伟大。

借此，为感恩母亲，请大家务必珍惜自己的生命，关爱自己的健康，同时努力学习、天天向上，让生我们养我们的母亲因我们的健康成长而感到愉悦。

妈妈，我们不会让您失望的！（孟亦同）

9月12日　星期日

★值日班长：李洋　居春雷

在这里先祝贺我们的刘克嘉班长获得“十佳班长”的称号。今天上午我们在三四节课时听“十佳班长”竞选演讲，班长在台上5分多钟精彩的演讲不但感染了我们，而且彻底地震撼了高一的评委们。班长能有如此精彩的演讲，少不了弛哥和轩然兄的大力帮助，但更重要的是班长的努力。竞选前他每天都在一遍又一遍地苦练，直到两眼通红、声嘶力竭也绝不放弃，绝不满足。他要不断提高，因为他是410的班长，他觉得如果得不了“十佳班长”的荣誉就对不起410班70名同学对他真挚的感情。在台上，班长用他对410的热爱、对410全体同学的热爱吼出了这篇演讲稿。演讲最后，班长带领我们吼出410班的口号时已经用尽全力，身体已经微微地颤抖，我们的老嘉是当之无愧的“十佳班长”！

克嘉，我们爱你！（李洋）

今天是悲喜交加的一天，喜的是班长竞选成功，悲的是周测无穷无尽（课余时间全部占据，即使是文科自习我们也提心吊胆地写着周测习题），真是紧张而又忙碌的一天。这就是衡中生活，这就是高二生活。我们每个人都应挖掘自己的潜能，努力去拼一下。晚上的班会，老班让大家谈谈自己的目标与状态，就是希望我们能有一个长久的动力来支持着自己不断向前。让我们不畏艰险，以饱满的热情去面对每一天吧！（居春雷）

9月13日 星期一

★值日班长：金幼晗 朱玉璇

由于今天吃完早饭后才接到值日通知，因此未记早到位，望大家谅解。

昨天晚上老班开的班会仍历历在目，二调考试的倒计时也在一天天地减少，相信大家都还记得自己的目标，那么就让我们朝着各自的目标前进吧！纵然如雪的卷子埋过了我们的身躯，我们一样可以怀抱美好的梦想，高高地抬起头快乐地微笑。一直很喜欢一句话：“我们都是快乐得所向披靡的孩子。”不管遇到多大的挫折与困难，让我们学会单纯地快乐吧，学会仰望晴空舒心地微笑，学会感恩我们可爱的老师、同学们。让快乐所向披靡，让生活充满阳光，让心灵一往无前，向着梦想单纯而勇敢地前进。总有一天，我们能触摸到心中那缕明净清澈的阳光。（金幼晗）

解析几何终于告一段落了，虽然这些内容并不是真正地脱离我们的学习，但是我们也可以稍微地放松一下了。不过需要提一下的是，二调考试80%的内容还是这可恶的解析几何，所以大家在课余时间也要注意复习。好了，说完沉重的事，说一下高兴的事。今年的运动会终于要开始了，今天体育课上我们班同学都踊跃地报名，不管是参加过运动会还是没有参加过的，没有报名的同学也积极地练起了方队。看到这些，我真为咱们班骄傲。因为我的脚扭了，暂时不能参加活动，但是过几天脚好后我会立刻融入咱们的大家庭，为咱们班赢得荣誉。最后，再给参加运动会的同学鼓一鼓劲儿，我们410一定是最棒的。（朱玉璇）

9月14日 星期二

★值日班长：杨晓鹤

先给大家讲个故事。有一个小姑娘给离开家的姐姐送行，姐姐要离开好久，她很伤心。回家的路上她哭了，快到家时尽管她擦干了泪痕，但进门后，刚说了一句话，妈妈就问："你哭了？"她很诧异，也明白了自己的掩饰永远逃不过父母的双眼。在这个世界上也许只有父母才会如此细致入微地观察你的一言一行，也只有父母才能察觉你擦干泪痕后眼中的泪光。家是永恒的港湾。

所以，当心情烦躁时，当无所适从时，当畏惧迷茫时，想想自己，想想父母，想想心中的梦，还有我们永远钟爱的奥赛。与其说奋斗由青春而生，不如说青春由奋斗而生。原来奋斗与青春是如此微妙的关系，如此亲密的伙伴，形影相随，不离不弃。

最后送大家一句话："人生重在呼吸，'呼'是出一口气，为自己出口气，为国家出口气；'吸'是争一口气，为自己争口气，为民族争口气。"

最后的最后，我还想说一句："跟苏冰一起当值日班长太痛苦了。"

9月15日 星期三

★值日班长：王雅桐　刘子悦

情景一：我们对面的宿舍有虫虫出没，为白色、黑色肉乎乎的小虫虫！中午她们展开了除虫行动，首先是查找来源，橱柜、地面、铺面……宿舍里也有卫生死角，一定要注意。放假时，大家可以倒腾一下被子，彻底清扫一下。

情景二：今天又是学业水平测试报名，有的同学居然忘了登录密码！还好只是报名，如果在学业水平测试时忘了密码……最好把密码记在一个固定的地方。

情景三：中午回到宿舍，很多人喊腿疼。晓鹤给跑1500米的樊婷婷出主意："坚持不下来就默念410、410。"坚强的樊婷婷加油哦！

情景四：秋天要来了，叶子掉落的声音有一种缓慢而愉快的节奏。（王雅桐）

时间过得真快，又轮到我们当值日班长了，下午的天气虽然有些阴沉，但我们的心中却是阳光明媚的万里晴空。

今天中午和晚饭后，我和王雅桐在班门口迎接可爱的同学们，说了一声声的"下午好""晚上好"，心中有说不出的快乐。我感到410是一个温暖又幸福的家，大家互相协助着向自己的目标前进。

体育课上，同学们都积极地为运动会做着准备，运动员们热情似火地投入到有限时间的练习中，其他同学也在认真地练着分队，即使跑得脸上淌下了汗珠，即使跳得浑身沾满了沙粒，也洋溢着不能言说的喜悦和幸福。只要410想做什么就一定能成功，410一定会赢！

比运动会更重要的事就是二调了，无论是开学后的第一次还是第几次考试，都是无比珍贵的一次机会，只有精心地准备、加倍地投入，才有可能收获甜蜜的果实。不要被运动会的诱惑冲昏头脑，做好眼下的事才是最聪明的选择。

愿同学们睡个好觉。（刘子悦）

9月16日 星期四

★值日班长：苏冰

今天是9月16日，天气阴凉。值日生又是我，只有一个人。

如果一个人忽然中了彩票，那他可能会立刻冲向教堂，向上帝表达自己内心的愉悦。如果第二天他又中了彩票，那他只会拧一下大腿，从而走出这虚幻的梦境。尝试连任值日班长（被动），我也算前无古人了（不能保证后无来者）。早晨，一阵强烈刺耳的铃声将我拉出梦乡，一股乳酸分泌过多带来的酸痛又想将我推回床上，但是它失败了。整理好内务，我没有刷牙没有洗脸就冲出了宿舍。由于双腿僵硬，我只用别人步行的速度奔向跑操地点。唉，又晚了一步，都到位

6个人了。尤龙向我说明早到的人，当然他会把自己说上，于是我没有记早到位的人。

换支笔，越来越像两个人写的。

中午，王奶奶并没有拖堂太长时间，还说了一句富有哲理的话：“咱的铃就是咱吃饭的铃。”下午，我依然很早地跑到了教室，可人数又一次超过了早到位名额的限制。我在教室门口迎接同学们的到来，并没有戴上我那四个红袖标，因为太大了也太多了。柴君卓开玩笑说：“那东西套我腿上都戴不住。”我在教室门口等同学们的时候，欣慰地发现了班长，他自贬职位陪我做值日班长。同学们到得都很早，老班到得更早，这也是信妈值得我们钦佩的地方，无论是暴雨、暴雪还是烈日，总也动摇不了信妈坚定的心和对410的爱心。

晚上，物理、化学新授知识尚未完全掌握，使我们做题效率大减，反应速度下降，我们真的要通过于老师传授我们的那套方法多复习、多重复啊。毕竟重复一次只能持续一次调研考试的时间，为了二调我们还要多重复新知识、多温习旧知识啊！

9月17日 星期五

★值日班长：刘克嘉　高雪迪

电视好绿，青春的活力啊！给各位普及一个电脑小知识，如果想要保护你的双眼，那么右击桌面、属性、外观、高级，项目选窗口、自定义颜色，依次填入84、91、205一直确定，然后你会发现，所有窗口都变成了和投影一样的苹果绿了。

连续两天值日班长的经历又让我体会了一回当班长的幸福感，能成为410的班长，哪怕只有1分钟也是幸福的，不是因为世界上有什么“十佳班长”，而是因为有410这71个优秀的孩子。

今天最让我难忘的便是战普老师的那句“付出了就一定要有收获”，难道不是这样吗？亲爱的同学们，无论你现在正在为圆锥曲线纠结，还是在为遗传图解填写基因型，或者说是在为无尽的递归寻找出口，你是否有勇气告诉自己：“我要征服高考！征服奥赛！”

我们比别人多付出了许多，所以我们不是为失败而来，410也从来不相信眼泪。明天，我要把NOIP的倒计时写在前黑板上，就是想提醒每一个410人——你没有时间放松!

我们满怀信心而来，岂能空手而归?

我们是410人，岂能甘居人后!

亲爱的同学们，失败从不属于你，不一样的你注定会成就不一样的梦想。（刘克嘉）

嗯，明天就回家了，这真是个皆大欢喜的消息。在大喜大悲前很不淡定的我今天下午奥赛课下课后透过落锁的玻璃门往外看，心里很兴奋——明天就可以出去了！我相信有这种想法的绝不仅仅是我一个人。

从一开始的跑操要比同学们早到再到午饭后、午休后也得早早到位等候同学们，我心中始终有一种幸福感，尤其是送同学进教室的时候。中午在门口站岗，可能是兴奋自己来得这么早，所以一直都在笑，希望没把同学们吓到。

班级日志的内容总是这么带有时效性。我记得有一次，可能是一次调研考试结束，下一次紧接着就是期末考，结果，从这次考试结束再到下一次考试开始的过程中，大家的日志内容都是八九不离十，那一段时期的班级日志更像是一本励志小说集，在睡觉之前给你充点儿气鼓点儿劲。

现在，黑板上提示二调考试的倒计时不足10天（好像昨天还是20多天），9天后就到了是骡子是马拉出来遛遛的时候了。不要再想过去将近1个月的时间里自己荒废了多少，而要想自己获得了多少，给自己一些信心动力，9天同样可以创造一个奇迹。

最后送给大家一句话：“真正的强者，不是没有眼泪的人，而是含着眼泪奔跑的人。”（高雪迪）

9月18日—20日　星期六—下星期一

★值日班长：胡瑞兆　任康

9月18日，中国人的国耻日，不知道同学们面对“国耻”这二字有何感想，我的感觉是心痛。“国耻”，这是任何一个中国人都不想面对的字眼。同学们，想想近期新闻上说的那些事吧，什么黄海军演，什么中国船长被扣，国家的尊严一次又一次地遭到践踏。我们气愤，可气愤过后呢，绝对不能只是气愤。祖国一次次被欺负，究其原因就是实力，有了实力什么都好说了，有了实力日本那样的小国怎敢在中国领海上撒野？提高祖国的实力靠的是我们这批90后，我们这些有理想、有激情的热血青年要时刻把祖国装在心中，每天都要在心里呐喊："天下兴亡，我之责任！"

没有愤怒的青年就没有奋进的国家。9月18日，没有响彻校园的防空警报，但有巨雷在每个中国人心中炸响。在我们的生活里确实没有冲锋陷阵的可能，但曾有一句古老的歌词"从来不需要想起，永远也不会忘记"，可能这才是国耻带给我们的力量，也将会成为我们带给国家的荣耀。（胡瑞兆）

9月19日跳过，9月20日，410第二次执勤。无论是"值日班长"的袖标还是"执勤"的白色帽子，我们都在逐步践行修身、齐家、治国、平天下。各位都加油好好干吧。

最后说一下林徽因。因为各种原因她最终没能和徐志摩有情人终成眷属，而成为梁思成的妻子。徐志摩乘坐的飞机失事后，梁思成去现场为林徽因捡回了一块碎片，林徽因把它挂在了卧室的墙壁上，终其一生。历史上无数颇具才华的人过早殒命，如王勃，如徐志摩，如海子。我希望我们可以把生命定格在面朝大海、春暖花开的那一刻。奋斗，悲剧可以变成喜剧。还有6天，只要梦想不死，一切皆有可能。（任康）

9月21日　星期二

★值日班长：赵鹤宁　王迪

本想星期一当值日班长的，毕竟是一周的开始嘛，但由于兆哥留恋当值日班长，多当了一天，结果我就轮到星期二了。今天早上，小雨淅淅沥沥像细沙似的飘下来，有一种浪漫的气息，空气格外的清新，真是一个好的开始。今天上午我第二次看到了触目惊心的事实，韩国也来凑热闹了，它也效仿日本做出这可耻的行为，日本真是始作俑者了。在短短的一个月之内，中国承受着一次又一次的耻辱。碍于中国当今的境况，我们无奈地承受着，但我仍期盼着中国政府能做出有力的反击。中国以前被比喻成睡狮，中华人民共和国成立以后，这头睡狮醒了，但也仅是醒了，它还没有强大到可以站起来冲向那些挑衅的鼠辈。中国啊，吼叫吧，否则会有更多对中国虎视眈眈的国家发出挑衅。我们这些90后要撑起中国，成为祖国的脊梁，让祖国不再受屈辱。

最后，提醒大家，注意保暖，预防感冒。同时，也提前祝大家中秋节快乐！（赵鹤宁）

今天，距中秋仅有1天，距考试仅有5天，距运动会仅有7天，距奥赛集训还有 × 天。但是，今天距我倒霉的时间是0天。

早上的小雨是多么的浪漫，不过浪漫的背后是刘克嘉不断地说“裤子湿了”与我不断地喊冷，还有课间洒水、搬书进行曲。

今天把电源问题基本解决了，但也付出了全班一天基本无热水的代价。晚上的饭菜是多么的美味，但因为我的腿忽然无力，所以我的校服与常宇的裤子溅上了一些汁水，我还在楼梯上打了两个滚。

抱怨至此，闲话暂且不提。

这一天，英语老师还是对咱们的落后感到失望与着急，课间时纪委又要多次站出来喊话维持纪律，文科课上久违的背书还是使同学们手足无措……在距二调5天的时间，我不相信哪个410人会不努力，不过还是请各位想想，现在有什么正在扰乱你的心，更要请大家记住，二调，410不能输！

最后，祝大家中秋快乐，好好品尝各自的月饼吧。（王迪）

9月22日 星期三

★值日班长：张默　赵进

今天是中秋节，我真的很幸运，总是遇上节日（无车日，中秋节）。

从一天的早晨开始说吧，赵进虽然稍稍迟到，但认错态度还是很好的，继续进步吧！410是我们每个人的，所以应该把当值日班长当成一件很幸福的事。

今天的阳光非常灿烂，吹走了连续好几天的秋雨。体育课时，不管是参加项目的还是练方队的都很认真和辛苦。我们410虽然有30个人参加不了运动会，但一定还会创造辉煌的。

团活课上，尤龙写的那两个字“国耻”非常显眼，我想它一定刺痛了很多人的眼睛吧！“中国”这两个字不应该喊在嘴上，而应该放在心里。

今晚的月亮非常圆，我们一家人过了一个不一样的中秋节。71个，不，72个家人在一起，幸福感比吃月饼还要强烈。我想我们都不会忘记2010年的中秋节。

还有，以后我们不要叫老班“信妈”了，这个称呼总是有很多联想，我们叫她“信妈妈”！2010年的9月22日，这么美好的日子，这么美好的月亮，还有我这么美好的人做值日班长，希望大家今晚同样有这么美好的梦。（张默）

中秋月圆，全班团圆。

感谢这个机会，让我在这个美好的中秋节做值日班长。语文课前，科代表讲了中秋节的知识，我才知道今天是中秋。尽管我们没有回家，可是今晚在老班的动员下，全班同学都到操场上欣赏皎洁动人的月，隐约看到了月上的凹凸，隐约幻想出了月宫，又隐约想到了八戒在想嫦娥。

嫦娥一号撞月了，嫦娥二号又要上天，带给我们的是惊喜。

操场上的颂诗声、唱歌声不断，那是尖刀班的同学们在颂月。

晚上睡前别忘了再看一看月亮，把圆月带入梦乡。（赵进）

9月23日 星期四

★值日班长：张异凡 雷文清

今天，对，9月23日是个历史性的日子，至于为什么，自己去领会精神吧。

今天和小雷做值日班长，其实心里特别乱、特纠结。从前可恶的班长曾威胁我“张异凡，你要再敢迟到一次，我让你天天当值日班长”，当时吓得我一身冷汗，特别可怜。不过班长还有点儿人性，没有真的那样做。今天我除了早操到得晚点儿，其余时间都到得很早，太辛苦了。

纪委也不知道做个表率，两次都是我在他之前到的。以前对小雷没什么印象，只觉得每次我说话说到兴头上就会传来他的声音，特别扫兴，也特别讨厌。但今天早上，他主动承担起了记早到位的任务，表现特别好。

二调快到了，虽然实在实在不想提这件事，但我实在想不出别的事情了。一想到考试我就特别难受，太摧残身心了。不过，希望你们都能好好复习，让410

再次书写衡中的奇迹。

记得奶奶说过，衡中的这些奇迹好像都有我，这是不是预示衡中的奇迹都会与我们410有关呢！

最后，向你们推荐一部好看的电视剧吧，韩版《恶作剧之吻》出来了，金贤重主演的啊。

什么？不知道金贤重是谁？是韩版的花泽类啊。不过，只能放假看了。（张异凡）

又轮到我做值日班长了，时光飞逝，转眼间不知道多少轮已经过去，回望从前，不禁发现，我们已走了好远好远。

人说十五月亮十六圆，晚饭过后，举头望月，少了昨日圣洁的光芒，多出了一丝淡淡的忧伤，古人常以秋、月、酒来表达哀伤，后来才意识到自己原来这么喜欢这三样东西——三年前迷恋上了秋，两年前爱上月，一年前嗜起酒。

感慨、感伤的同时，又再次回到了现实，今天是忙碌的一天，对我对我们对410同样如此。从早上英语课上英语老师的严厉呵斥与不依不饶，再到奥赛课键盘上紧张的敲击声，最后到晚上理化两科的沉重打击，一天紧张而又忙碌、充实也快乐——是啊，二调就要来了，看看黑板上一角那触目惊心的倒计时，你可有真的触目惊心地备战了吗？二调考试410能赢，你能赢吗？

重复过每位值日班长都要重复的话后，还要回到我的职责上来——纪律。大家自己说，我们的纪律好吗？还有我要问，大家改掉转笔的习惯了吗？我是没改掉，但想必有不少人是改掉了的。再有就是课间一下就炸开了锅，哪班都没咱班的声音强烈，咱就不能稍微降降分贝吗？用我的听力估计，动静至少在70–80db间。说话可以出去嘛，顺便还可以溜达溜达，教室应该是学习的地方。还有一点，就是关于尊重人。一下课，尤其是一到晚三下课，某些同学带有磁性穿透力的声音习惯性地钻进我的耳道，刺激鼓膜和感受器。你怎么就那么多话呢？

说完纪律我们再谈谈国际形势，首先是小批评我们异凡大小姐一下，在当今国人如此鄙视韩国的形势下，你竟然敢提韩剧。不过大家看看也没什么，毕竟可以了解日本和韩国是如何用文化浸染我们国家青少年幼小而又纯洁的心灵的。哈哈。

且把闲话休提，面对当今国际形势，敢问大家是否怕了？我是真的怕了，我怕中国无法崛起。但是怕就要改变，就要把握现在，让这种中国式教育发挥最大效用，然后再由我们去改变不尽如人意之处。我有个理想，不，准确地说我有很多理想，当教师是其中一个，但我心中的目标都相同，一个是与微软抗衡，改变美国垄断软件或市场这一局面；一个是改变教育，教出真正造福中国的新一代。

最后，是写给我亲爱的信息的同志们的。

第一，十一我们就要分离两地，也许这是一个意外，但不要紧。

第二，去培训的同学不要顾虑被耽误的文化课，专心投入学习当中，寻找到你们去那儿想要的知识，不要让钱白花；不去培训的同学也是一样，不去想培训的同学，做好手头事，好好等他们回来。

预祝所有人学习快乐。

最后是给大家的祝福："备战二调，我必成功！四一零辉煌，再创雄风！（雷文清）

9月24日 星期五

★值日班长：高岩 安磊

再有两天就要二调考试了，继而是运动会，然后是国庆，接下来是十一培训，这些你都准备好了吗？

话题仍然锁定在二调考试上。已经两次没有参加集体考试的生物奥赛的同学，这次考试对我们非常重要，能否重新找回原来的自信，这次考试将告诉你答案。我很期待二调的来临，希望用成绩来证实自己近一个月的努力，但也有过恐惧——考砸了怎么办？这一系列的问题使我不能专心。

早操时我们虽然喊出了自己的口号，但还要反思一下自己是否真正地践行了。

最后送同学们一句话："如果我们每个人都进步一点点，那么对410来说是个巨大的进步！410终将称雄衡中！"（高岩）

二调结束就是运动会了。随着窗外激昂的鼓声和西洋乐器的吱呀声，同学们都心潮澎湃，运动员们都跃跃欲试，可是悲剧的是学校为了让我们的运动员们

“跃”得更高一些，把二调放在了前面当我们的“垫脚石”……所以备战二调的确是我们当务之急。随着黑板上倒计时颜色的变化，大家都感受到了二调的迫近。成败取决于自己，二调是我们的垫脚石还是绊脚石，都掌握在我们自己的手中。

今天晚上从宿舍回教室的时候，无意间发现莘元馆灯火通明，不知是什么重大节日。回头一问，原来是高一小朋友们的奥赛动员大会。不禁感叹，410 的同学们在奥赛这条道路上已经摸爬滚打将近一年了。犹记得当年王奶奶和张华老师“降临”404 和 405，同学们对奥赛的好奇与对教练员们由衷的钦佩。回首这一年，你是否还记得当初选择奥赛时的果断或者是犹豫？是否能够列举出这一年中的收获？是否能够在高一同学的面前展示出一个学长的渊博呢？物理、化学奥赛联赛结束，满载而归，我们能否在接下来的联赛中续写衡中传奇，创造属于我们 410 的高二传奇呢？同样，这一切也都掌握在我们自己手中。

另外，这些天会有不少自由复习的时间，希望大家能够有针对性地高效复习，查漏补缺，不要忘记对信妈妈的承诺——雪耻一调，重振 410 雄风！（安磊）

9月25日　星期六

★值日班长：袁景昊　张博群

似乎快要闻到二调试卷的气息了，在临考的最后一天又一次成为今天的值日班长，真是奇妙的巧合。手中又一次拿起这个本子时，从这学期开始到现在，值日班长已经基本轮完一遍了。记得这学期第一次做值日班长是在考试的第一天，班主任信妈妈让我和安磊写些鼓励的话。今天，又一次站在值日班长的位置上，不知道还能说些什么。

不想再多提关于考试的话题了，想必大家也做好了准备，在这里只说些其他的。

不知道别人怎么做得到不惧重复，将勤奋化为习惯，心如止水般，无论什么事情，好像都无法令他们心起波澜，如同早操早到位已经成为习惯。而我想早点到位却会感到不适应，甚至迈不开前进的脚步。也许，是因为不够成熟，不能像别人那样耐得住寂寞，把心放下，只是无意义地放大每天的情绪，感受每天的不同。

不知为什么，想到了“守护”这个字眼。为了守护自己的梦想不破碎，不停拼搏；为了守护自己的笑容与记忆，不会放弃；为了守护自己的尊严，不能认输。因为有了“守护”，所以不曾绝望；因为有了“守护”，所以不能输。

如今，410 团聚了，终于可以以完整的姿态迎接考试。

记得前几天有个朋友说：“你们班的人很团结，我们班就差了不少。”我笑了笑说：“那当然。前几天‘十佳班长’竞选，其他人拿出的都是个人成绩，而唯有我们班长拿出的是 71 颗心。”

正是有 71 颗心团结在一起共同守护着，不，不止 71 颗，还有各科科任老师都在共同守护着永远的 410。

出发吧！（袁景昊）

今天早晨好不容易战胜了困倦，早起了一回，到跑操地点却发现夏美琨和刘子悦早已在背书了。真佩服她们的精神，也希望我们班多一些像她们那样的人。

今天跑操前，看到求真馆前的屏幕上有一条很不好的新闻，“日本人进入河北军事区并录像，被审问”。近来，美、日、韩频频对中国挑衅，引起了国人一阵阵愤慨。今天又出这样的事，太让人气愤了。可是回头想想，我们遭受这些屈辱，中国政府竟只是一次次地抗议、强烈抗议，难道是我们的国家失去了血性吗？难道中国人、伟大的中国人失掉自信力了吗？显然不是的，我们之所以这样做，是因为我们现在还缺少实力。记得信妈妈曾说过“沉潜”一词，这也许就是一种沉潜吧。我们 410 班的同学重新聚到一起，二调将是一次重要的考试。过了 5 个星期的“沉潜”，你是否已准备好了为自己、为 410 一搏呢？如果你已准备好，那么祝福你在二调这个时机、衡中这个舞台上尽显自己的英姿；如果你还没有准备好，那么祝你利用好明天的半天时间助自己腾飞。二调这次考试将是对我们实力的一次考验。考好二调，小则是为我们个人，大则是为了国家的复兴、民族的奋起。我们再回头看一下中国被挑衅的事件，如果说我们的国人都能够成为国之栋梁，都能像“三钱”那样为国家做出很大的贡献，那么 13 亿人的力量还不能震撼对手吗？所以说考好二调就是爱国的具体表现，就是为国做贡献。有了这么充分的理由和充足的努力，相信大家一定能考好。

最后，我想重复一下小雷的话：“备战二调，我必成功；410 辉煌，再创雄

风。”（张博群）

9月28日 星期二

★值日班长：刘通 苏浩然

等啊等啊，终于轮到我做值日班长了，却不知道点会这么正，正赶上刚考完试。不管大家说还是不说，反正心里都不好受。成绩不久就会出来，也算这个阶段的一个总结吧。许多人都期待了好久，也有好多人掰着手指数着“世界末日”还有几天，今天终于有了终结。

考试期间大家都很紧张，而我也是以一个“犯人”的身份来考试的——我对不起班级，量化考核我一个人就扣了很多分，真的很内疚。

现在考完试了，试卷开始讲评了，而且明天是运动会，所以大家还是抛弃所有的烦恼与不爽吧。明天一定阳光明媚，未来一定无限美好，只活在过去的人是没有新生活的人。

该说的也说得差不多了，再插一句：“数奥同胞们加油！”下面是浩然时空。（刘通）

今天是9月28日，二调刚刚结束，或者从某种意义上来说二调还没有结束。考试结果不重要，过程才重要——老师们都会这么说。而我觉得结果是重要的，它不仅反映了考试前的状态与学习的成果，而且对下次考试前的时间也是有很大影响的。我们不能容忍在自己水平之下的成绩，这会成为奋斗的动力；我们也不能为成绩所累，要有“不以物喜，不以己悲”的尖刀精神。

明天是运动会，运动员们加油；为了前六名，观赛的同学们加油；为了精神文明奖，410加油。

离假期不远了，培训的同学不要惦记我们，培训也是在锻炼；有假期的同学也不能因假期的到来而松懈，世上没有永远的成功，我们只能不断努力。（苏浩然）

9月29日 星期三

★值日班长：徐哲 刘士琦

衡中奥赛班手记：
花开的声音

“欢呼吧，为我们运动会的勇士们。当你们看到希浩可爱的小熊奖牌的时候，当你们看到不顾一切拼命向前连超 3 人的弛哥的时候，当你们看到声嘶力竭、肝脑涂地的常宇的时候，当你们看到恬静地趴在舟舟大腿上的苏冰的时候……当你们看到这些的时候，还在犹豫什么，呐喊吧，让我们所有勇敢的运动员和疲于奔命的各小组组长听到献给他们的喝彩，人在班在，人荣班荣，410 班号震天。”

——以此开头，很显然，今天是我们运动会的日子。上次写值日班长日记时是生物奥赛生归来，这次是运动会，都很有纪念意义呢！正因为这个原因，我早上、中午没有记晚到位的同学。方阵很漂亮，稿子很漂亮，橘子和苹果也很漂亮！老班说以精神文明为主，奖牌尽力就行，这怎么可以，一定要橘子、苹果两手抓才行。410 藏龙卧虎，尽在今天展示锋芒，怎么能不要奖牌呢！

虽然这事很喜庆吧……大家一定听出弦外之音了，也许在你们听到或看到我写这件事的时候，信息已经失去了时效性，但作为一天之班长，我还是有义务写下来的——410 本月量化，7.1 分。沉思 5 秒钟，这是个大悲剧。我没开玩笑，老班昨天才夸了我们量化步入良性循环，还没出过前三什么的，今天就来这么一下，我觉得谁脸上都挂不住。数学和信息奥赛生要赶赴外地，但就算这样我们早晚休该保持什么样的状态大家都清楚。

至于二调成绩，时间不多我就单提下化学吧。咱又糗了，作为一个刚刚脱离后十名的化学科代表，我分析后发现这是咱班少有的卡和二卷都交齐的一次。虽说 411 有化学奥赛生，可咱班毕竟还是有好几次都考得比 411 强，为什么强一次就不能强两次，强两次就不能强三次，直到一直强呢？考这么惨，我上午也没脸去找老师，只好让樊婷婷和刘通去顶罪了。想想董存瑞顶炸药包时说出的那句话：“为了新中国，前进！”我们要抓起化学作业大喊：“为了 410，为了中华之崛起，前进！”

好了，下面的时间交给我们荣登 51 届校际运动会委员的刘士琦同学，请他闪亮上场！（徐哲）

正如徐哲所言，运动会的确带给了我们许多课堂上学不到的东西。我在宿舍时同楼高一一哥们也是报 100 米跑和 4×100 接力，当被问及是否能跑第一时，他说重在参与，这让我放松了不少。运动会成绩固然重要，但拼尽全力就行。正如老班所言，做最好的自己。运动会更重要的是班级凝聚力，不管是前面同学的后勤，还是后面同学的投稿，都彰显了410的强大团结。我参加比赛时同学们的助威让我感动不已，虽然我100米没拿上名次，但我敢说我已经拼尽全力来回报410的关爱了，其他同学像希浩、张弛、苏冰都是以坚韧和不服输赢得了大家真心的掌声，我想运动会的意义也在于此吧。

我二调退步了，但我想说，有一句话是不要成为金钱的奴隶，同样，不要成为考试的奴隶。考试考什么你就学什么，自己一点儿也没有主动性，这样到头来你会发现根本就没掌握知识的精髓。所以，我希望同学们也希望自己能成为学习的主人，真正融入学习中。（刘士琦）

9月30日 星期四

★值日班长：赵一苇 刘士琦

上次做值日班长是410大团圆，这次是410短暂分离，虽然只有几天，可心里还是很依依不舍。数奥的同志们好好享受在北京的国庆吧，感觉应该非同一般，替我们向首都问声好。信奥的同志们又奔向了河南，郑州应该会比新乡好一些吧，感受一下我们生奥生当年的生活吧。我们生奥生是好孩子，老实在家待着，做好准备哦，遗传、生化、细胞生物连续轰炸，非常棒！有4天黄金周的同志们更不用说，好好享受一下生活吧……总之，大家都要好好照顾自己，4天给自己充电，4天让自己强健！同志们，Happy Holiday！（赵一苇）

受赵一苇同学之托，一天之后我又重新当上了值日班长。在十一假期过后，同学们又重新回到衡中。没有了刚到时的吵闹，转换成了格外的宁静，每个人都在认真地整理，这寂静的教室让我想起了白乐天的一句诗："此时无声胜有声。"这"声"是不是同学们的奋起之声呢？希望如此。

不仅班上同学变了，就连我初中的哥们也不一样了。以前我回家，第二天早上就被约去打球，可这次连着3天就来了一个人，不知是晚上通宵早上补觉，还是不想起床或是认真学习。4天的假期在别人眼中看起来很少，但在衡中人眼里比白花花的银子还珍贵。有时间放松放松，干自己想干的事，也可以真正静下心来想想自己的得失，以便更好地进步。

衡中的每一天都让人无比期待，从早上睁开眼的一刻开始，我们便踏上了追梦的旅程。我希望同学们过好属于自己的一天。（刘士琦）

10月5日 星期二

★值日班长：乔石 吴建朋

今天经历了好多事。今天是开学后的第一天，说实话确实感到有几分疲惫，但还是希望大家能尽快调整过来，尽快适应。考后这一段时间容易松懈，但希望大家不要这样，毕竟我们是410。信妈妈和班长不在，我们应该做得更好。今天晚上数奥的同学们遇到了久违的马瑞、吕梦帆，有些感动，有些激动，有些冲动，总之感情很复杂。他们为我们数奥生付出了很多，有这样两位大哥真是我们的幸运。让我们怀着虔诚的心祝福他们身体健康、学业有成。本来以为经历过若干次的分离，我们的心早已冰冷，但今天与他们分别时才发现，原来我们心底都还存留着一抹温情——留给那些我们敬爱的人。总有一天，我们410人也会分离，不过，我们现在亲如一家，将来更是如此。有一句话是“聚是缘，散是分，聚聚散散才是缘分”，上天让我们聚到了一起，希望大家可以惜缘，珍惜有兄弟姐妹陪你奋斗的每一天，努力去追逐自己的梦，去实现410的梦。有兄弟姐妹陪伴，每一天我们都是幸福的。（乔石）

今天又是新的开始，据说今天又查宿舍了。中午回到宿舍，看到一片狼藉，被子歪歪扭扭，床单不平，枕头也没有放好，地面上有垃圾……心想这下可完了，但这也有客观原因，比如早起宿舍没有灯。我们宿舍的情况是这样，估计别的宿舍也是。

上午的数学课很有意思，战普老师出的“人鬼过河”题让我纠结了好几分钟才想出来，但晚上的数学自习很恶心，有道填空题居然问“软件的核心是什么”，这也是数学题吗？再看数学自助第三题“求质点的速度”，我深深感受到了“数学是各学科之母”这句话的含义。不错，数学与各个学科都多多少少有些联系，所以我们要学好数学。

上午第五节课艺术老师来了，尽管没有上艺术课，但给我们布置了作业。为了那宝贵的50分，希望同学们要努力把那两张卷子做好。

以后又要跑课间操了，希望同学们都能像今天一样一下课就到跑操地点集合。

在衡中的每一天都既单调又忙碌，但单调忙碌的学习生活中也充满着欢乐。我们每个人都在追梦的路上，410 的勇士们，为了自己的梦，前进吧！（吴建朋）

10月6日 星期三

★值日班长：徐光耀 常宇

天气晴。不知道大家是否已经习惯了假期的松散，如果还有一点儿那就赶紧改正吧！昨天和今天同学们很早就走了。给大家提个醒，晚一点儿再走，因为作业还有一大堆呢！

昨天听了吕大哥和马大哥的一番话很受感动，且不谈他们为我们付出了好多好多，包括授课、备课（活生生两个巨勤奋的衡中的光荣的 410 教师），也不谈他们好像两位大哥如何关心我们成长（甚至为我们规划未来），只想说一下他们昨天对我们所说的话，以此共勉。

一、“奥赛考试上，×× 中学是一群面蛋”，这不仅适用于数学，也适用于其他学科。

二、“你们很强很强”，这又是吕大哥说我们的。我不知道我们是否真的很强，但即使在考试中没有全部得奖，也得有七八个省一吧，这样才能对得起那么爱我们的人。我提及吕大哥和马大哥是想说明他们是我们一生中永远的大哥，永远，永远……还有 12 天就联赛了，希望数奥的同学们玩命学呀！（徐光耀）

今天是 10 月 6 日，信妈妈又一次出差了，班长也去培训了。过程如下。

Lesson one，信妈妈出差后，代课的老师又一次来到我们班。那个漂亮又负责的女老师讲得非常棒（有几个同胞这样认为），就是没给时间写作文，太纠结了。晚二要在 45 分钟写完作文，难于上青天呀，但所幸还是写完了。潜力无穷，只要压，只要榨，时间总是会有的。

Lesson two and three，王老师又讲了一节半课，内容很充实，我们听得很认真。

Lesson four，英语课。老卢来了，教室里一片背书声。据说要听写单词，所以同学们都在努力地背。当卢老师说英语重要时，我想为何六科都那么重要，甚至连艺术也来了两张卷子。

Lesson five，体育。本来有一堆计划要写，英语自助、语文自助、改错本……但禁不住诱惑玩了一天。

Lesson six，胡老师板着脸，非常严肃，但那也是爱我们的一种方式呀！我们班化学近几次都没考过411，希望大家都细心一点点。

Lesson seven，英语自习在忙碌而又充实中度过了。

Lesson eight and nine，数奥写作业，两节课才写完。

最后问一句，一句久远没提及的话："今天你晨起晚了吗？"（徐光耀）

今天也就这么过了，一早上起来就起晚了，也没有搞明白早操到位前三究竟是谁，实在抱歉。还是说昨天吕大哥和马大哥的谈话吧！通过他们的谈话我们不难看出，清华、北大就是好啊，晚上夜宵供应到11点30分，这样好的大学实在是令人向往，然而吕大哥的话却引起我的思考："这完全是高中三年的痛苦换来的。"这三年也许是人生最痛苦的阶段，既然痛苦无可避免，那就不如让痛苦赢来明日的阳光。奥赛离我们越来越近了，大家能否在高三时玩得爽快很大程度上取决于现在的状态。老班应该也快回来了，我们要以全新的面貌冲刺，不为高考，不为奥赛，只为家人脸上的微笑，只为410的辉煌，只为三年痛苦的值得！让痛苦来得更猛烈些吧！最后，祝大家晚安，睡个好觉！（常宇）

10月7日 星期四

★值日班长：武博阳　孟令镯

今天是个历史性的日子，不仅是因为距离数学联赛考试仅剩10天，更因为信息奥赛的几位同胞今天即将归来，410的一家就要团聚。（武博阳）

还有仅仅10天数学联赛就要到了，不知你做好准备没有。既然上天给了我们这样一个施展才能的机会，就不要辜负它，要好好把握它，将这仅有的10天发挥到极致，我敢保证10天就能有巨大的飞跃。我要提醒大家的是，利用这10天，把基础知识再温习一遍，把自己的状态调整到最佳。不要怀疑自己的能力，我们每个人都是精英，都有着自己独特的思维和方法，遇到的每道难题都是一个关卡，无论是用耐力或是智力或是毅力都可将其攻破，所以时时刻刻充满自信，可以让我们更近地触摸到成功。

最后祝愿数奥的勇士们驰骋赛场，相信创造奇迹的不是别人，就是你自己。（孟令镯）

10月8日 星期五

★值日班长：李丹琳　李舒钰

今天是不平凡的一天，因为老班终于回来了！大家从早上跑操开始就已经有了不同，口号喊得格外响亮（乔石说大家很势利），激情高涨。

但是，也有许多老师批评了我们：生物老师、物理老师、英语老师都用或温和或激烈的方式对我们表示了不满。的确，从很多方面来看，我们都处于不佳的状态，今天晚新闻时科代表开会也在说。我们课上的状态很差，沉闷，气氛压抑，不写学案的现象时有发生；课下也很乱；课前站起来背书的习惯丢掉了，有也效率不高。现在，我们一家人已经团聚，410一个也不少，我们更应该一起努力，改变不好的习惯，改变不佳的状态。

距离数学和信息的同志们走上战场已不足10天，希望大家能抓住这不多的时间，为自己赢得无悔的成绩。（李丹琳）

今天是个喜庆的日子，因为410终于团圆了！只要有一个人不在，410都不完整，这不仅是因为我们少了班长、劳委、纪委、团支书以及语文、数学、英语、物理、电教科代表，更是因为我们的心已经融在了一起，分离一天我们也会彼此思念。

今天一个同学盯了我好久然后惊奇地说："你还戴班徽呢！"听了这句话我有种隐隐的自豪，因为自从戴班徽的热潮过去就很少看到别的班有人戴班徽了，而我们班很多人都还在佩戴自己的勋章。记得当初还和别人争论哪个班的班徽最漂亮。其实，班徽的意义不在于它有多惹眼，它是精神，是力量，是军心，是班魂，它和"尖刀"一样，都是我们狼鹰家庭的图腾，所以希望大家坚持戴班徽。当全校其他的班都把它遗弃在角落时，我们一定要时刻把它挂在胸前，让它见证我们的光荣。

还有，前两天听一个同学说看到了流星雨，许了很多愿。我就从没见过流星雨，但我还是许过很多愿。其实，对着什么许愿并不重要，有人说“心诚则灵”，但我想说“心动不如行动”，希望我们每个人都能抓住一颗心中最美的流星，每天把愿望重复三遍、努力一天，我想我们的410定会星空灿烂！

希望若干年后，我们410仍聚在一起，在一个美丽的大草原上，看一场美丽的流星雨！（李舒钰）

10月9日　星期六

★值日班长：夏美琨　李艺超

早就开始想轮到自己当值日班长时写些什么，前天的小小班可以写“信息生终于回来了”，昨天的小小班可以写“老班回来了”，今天的小小班只能写“今天是平凡的一天”。信息的同志们和攒下的卷子们执手相看泪眼；生物的同志们看着一个个纷繁复杂的××代谢默念“千里生化，无处话凄凉”，望着一轮明月，真想携氨基酰-tRNA乘风归去；数学的同志们和心爱的数学题相互算计，默默祈求不要在一棵叫高数的树上吊死；英语自助上那两首让人看了想撞墙的英文版《无题》《月下独酌》，还有今天普哥给我们上了半节班会……咱们班真是堕落了，每个老师都说咱们班不在状态，我们不能再这样了。

前几天选“每周之星”时给了我灵感，今天不如写一写同志们对于老师、同学的可爱称呼。首先，必须写“王奶奶”，这个称呼太好了，特别是经常宇之口时“奶奶说了”，似乎王奶奶也特别喜欢这个称呼。还有数学的同志们，你们有马大哥、吕大哥，而我们有飞哥，教师节给他的小纸片上几乎全写的是“飞哥你太帅了”“飞哥，一日为师，终生为哥”……当然，这让于老师很嫉妒。说到于老师，我们坚决反对叫于老师“于奶奶”，喊“宝英姐”比“奶奶”好。当然，还有那个曲折的“信妈”or“信妈妈”。说到称呼，经典的有“群姐”“大进哥”“通通”“吉吉”“shi黄”“shi绿”……多年后同学聚会，谈起这些一定很有意思。

最后，以七堇年的一句话结束，要有最朴素的生活与最遥远的梦想。下面请将去西柏坡的同志发言。（夏美琨）

今天，距数学奥赛的战士们出征还有8天。

8天可以改变什么？也许不能使你的知识发生质的飞跃，但却能使你的状态发生大的改变。从阴阴沉沉到阳光明媚，在阳光的普照下，亮出你的宝剑，剑熠熠生辉，剑反射光彩，剑欲斩破乾坤。

我还想告诉数奥勇士们，考试临近，不要慌，但也不要太放松，用平和的心态去考试：宠辱不惊，闲看庭前花开花落；去留无意，漫随天外云卷云舒。我相信，我们会给王奶奶、信妈妈一个满意的答卷。

再说说整个班级，不知年级学生会怎么安排的，让我对三楼还有四楼联查。也许是让我看一下、对比一下，看看咱们班怎么样，于是我就对比了一下，不比不知道，一比吓一跳。当我查完三楼，三楼都已进入状态，回到四楼，我们班却还乱糟糟、七手八脚。对比之下，我都不忍心记三楼的某个班 ×× 状态差了。各科老师总说我们状态差，各位看看 411 班，今天早晨到位如此之早，他们发狠了，我们还能安逸吗？

我相信，410 总会奋起，总会以最强大的姿态出现在揽月楼上。

最后，祝大家上好每一节课，祝晚安。（李艺超）

10月10日 星期日

★值日班长：樊婷婷　韩笑

第一次在星期日当值日班长，感觉巨爽无比，不用早起，于是便睡到了 6 点，无比怀念在河南的日子（哀痛中）……

回眸望着桌上未补完的卷子，感觉巨烦躁，回想在河南的晚自习之后……

出门眺望，一片漆黑，四处张望，寂寥无人，只麻雀飞过，更添几分宿舍何处寻。东西南北浑不知，归来仿佛三更，楼门紧锁。泪眼看楼管，竟无语凝噎。

今天班上少了三位重量级人物，哦，不，应该是骨灰级。他们前往西柏坡追寻我们党的足迹，西柏坡具体在什么地方呢？下晚自习的我头脑一时短路，便说出了“当然是在延安了”，于是，悲剧地遭众人鄙视，哭……

距离 NOIP 初赛还有 6 天、复赛 39 天，信息组的兄弟们（似乎没有姐妹了），加油，HZOI 2009 必胜！（樊婷婷）

今天上午很悲剧地忘记了记早到的光荣使命，并且老班昨晚要我们睡个好觉来补充能量，这是数学和信息的同志们在疲劳作战很久之后的期待。大家昨晚一定都睡得很愉快，所以今天课堂状态真的很不错——英语课是个例外。

上午接到值日班长红袖章的时候，兴奋了一节奥赛课。因为上一轮值日班长轮到我们是没有袖标的最后一组，等第二天发现自己的接班人袖子都变红了，于是感叹我和樊婷婷成为全班最后两个接到它的人。

最近这周班里气氛不是很好，所以在和老班商讨之后决定，星期天让同志们好好休息，班会课来一番激情大动员。结果，老班把我和武博阳叫到教室外面，淡定地说："这个任务就交给你们俩。"让我更悲痛的是，武博阳同志马上来了一句"明天我去西柏坡"，所以重任在肩，我马上号召了 8 位重量级人物征集发言稿，关键时刻……唉，还是班长和武博阳同志溜得快啊！

了解自己和别人的距离是一种智慧。吃饭时听到实验班的人说："411 最近怎么了？"是的，那天早预备我听到了震撼整个揽月楼的声音，就在咱班集体昏昏欲睡的时候，那本来是来自 410 脚下的声音却分明压在我们身上，他们喊："坚定的 411 人……清华同班"，最后将班号喊了两遍。他们说"411 在奋起"，而我们班呢，还在调整、培训。咱们培训人家也培训了，为什么我们要比他们差？老班说要为 410 找回逝去的激情，说着她就笑了，是的，说得像是 410 在打响婚姻保卫战一样，打个不恰当的比喻，410 也正是和理想谈了一场罗曼蒂克的恋爱啊！

写给数奥人：还有 7 天联赛。马瑞、吕梦帆说我们很强很强……奶奶盼我们为她的生命续写数奥突破的传奇。他们说咱们出四五个省一没问题，我们怎么能允许自己对不起爱我们的人和我们爱的人呢。做最好的自己。高二物理、化学奥赛最好名次都是省二，高二省一的突破交给谁来完成？大旗谁来扛起？加油，数奥人在一起！

看着高三学姐的匆匆身影，试想明年此时自己会如何？那时的我们会回想数奥人走过的点点滴滴，从一分班就注定为了同一份热爱而奋斗，感谢上帝让我遇见你们，学数奥是我们永远都不后悔的选择。明年的今天，我们还有 7 天都会离开数奥组，不管保送或自主招生或高考，我们都要走自己不同的人生路。聚是缘，散是份，我爱数奥，我爱你们。（韩笑）

10月11日 星期一

★值日班长：董宇喆　范元瑞

今天距离奥数联赛还有6天，这是联赛之前的最后一个星期一。410还在一点一点地奋起，英语课成了背诵课文的时间，下课后卢老师又给我们开了一次班会。已记不清这是除了信妈以外第几个老师给我们开的第几节班会了，我们背诵的时候卢老师来回遛，我隐约地看到了三无：无奈，无语，还有一丝无解。

确实，卢老师一直在想办法适应我们的风格，一直在试图跨越几十年的年龄差异造成的代沟。最难忘的就是有一次讲到starfish，卢老师突然来了一句“starfish，派大星”，我们惊愕了3秒钟，卢老师一句“《海绵宝宝》，看过吧”弄得大家爆笑。我并不认为《海绵宝宝》是什么妇孺皆看的动画片，可卢老师却用这个活跃课堂，足见他确实想拉近与我们的距离，所以我们确实应该好好配合这位老师。

写给数奥人：大家还是认真地听王奶奶的课吧！曾经有个同学跟我说：“唉，看着王奶奶那么认真地在黑板上写字，我却没有听课，真觉得对不起她。”可现实情况下，有相当一部分同学一节课也就听几分钟。我们的确很强，王奶奶讲得也着实扎实，但我们大多数人还没强到抽象的地步。王奶奶讲的对我们还是有很大用处的，而且，她已经把自己所知道的全部拿了出来，所以我希望明天上课时大家都积极点儿，不要让奶奶再心凉！

下面请激情的Mary同学表现他的激情。（董宇喆）

这两个红袖标今天是第二次戴在我的胳膊上，使我想起了卡通中的一个人物——“红缎带军团”，这确实能勾起一份童年的记忆，不过超级赛亚人的确挺恐怖的。

且把闲话休提，今天大家课上状态的确比昨天、前天、大前天和大大前天要好得多，从课堂气氛中就能体会到大家的一份热忱，然而英语课我们确实是表现欠佳。是不是不想学英语？那怎么可能！早操以及早自习出去听某些人讲话都会去看英语。当然也在想我自己出现了哪些问题，可能是时间分配上不够合理，因为我这几天课下从不看英语。今天老师的确是发狠了，我们自然也卖力气。可我就纳闷，同样是十几分钟背诵，今天大家都背过了，可早读、早自习的时间为啥效率就有点儿低呢。是压力问题？或者说不懂得规划自己在什么时间干什么？

说到底还是咱们燃烧的激情不够吧。

今天必须说的就是奥赛了。数奥生还有6天就要上战场，但不是刑场，所以把心放宽些，做好准备就可以了。至于希望，有点儿希望但也不要抱太大希望，相信奇迹而不依靠奇迹是我们应该做的。

今天也的确是很不服地看着奥赛班荣誉尽被西区实验班抢占，但这也是我在小学期就曾预感到的。按照宗法制观念吧，我希望西区考得好，但更多的，我希望410考得好，前十我们应该占一半，我们班就应该全部到揽月楼参加二调考试。虽然有高考这道防线，但也不应成为我们的累赘，脚踏实地总是最好的。（范元瑞）

10月12日 星期二

★值日班长：吕鹤松　董傲

今天是我和董傲当值日班长，这可能是我们最后一次以这个学号做值日班长了。期中考试将近，大家都赶快准备吧！

最近的一次考试就是数奥联赛了。据我了解，大部分同学都没有复习完，甚至有的同学还确立了一天看一本笔记的目标。不管怎样，希望大家放平心态，吕梦帆大哥不是说过吗，“你们很强很强”，我相信，只要大家放平心态，积极备战，拿几个省一是没问题的。

我们生物这边也很忙啊。为了备考，冯悦中午给大家讲课到12点30分，这种认真无私的精神令我们很感动，我们会加油的！

我还想谈谈上星期日的班会。

那次班会真是一场大餐啊，每个同学的演讲都是一盘不同风味的菜，道道精彩：丹琳姐的感恩，美琨姐的霸气，王卓的乐观，等等，无疑都给我们极大的启迪。给我最深印象及感情的是Mary与策哥。

先说Mary。他的激情，他的斗志，非常带劲儿啊，而他所说的“痛到麻木”也引起了我内心深处的强烈共鸣，他的“恐惧说”无疑非常适合现在的410。别的不说，就说跑操，411现在同他们的口号一样让我们恐惧。诚然411上次大败而归，但他们是绝不甘心的，他们正在虎视眈眈地向我们挑战，他们正在找切入口，口号便是方式之一，他们想用口号引起我们的恐惧！这可是后果非常严重的！大战勇气也，如果我们的气势被他们压制了，那么他们便会得寸进尺，一步步吞噬我们的阵地！所以，我们应像Mary所说，发起狠来，发动410这部战车，碾过411的霸气，让他们不再嚣张！

然后是策哥。策哥竟是如此爱国，如此正义，以至于在他演讲时我与之产生了强烈的共鸣，差点热泪滚滚。那神情，那语气，那执着的目光，使他的发言超过了演讲，而成为一种爱国之心的呐喊、一种呼唤。我们又多了一位志同道合的而且是敬爱的老大。想起与我们有同样心声的小雷、艺超、美琨以及一切胸怀爱国之心志存高远的兄弟姐妹，我的心又一次激情地燃烧起来。要是全中国都是像策哥一样的爱国少年，哪个国家还敢欺辱我们？让我们一起行动起来，构建起我们的爱国防线吧！（吕鹤松）

前一段时间，卢老师对我们有些失望、有些生气，也是因为我们没有做好，即使是最基本的要求都没达到。但大家今天课上很活跃，即使是作业没做好，老师也露出了久违的笑脸。老师的笑是多么令人愉悦啊！我们为什么不让老师多笑一些呢？那就让我们做好分内的事吧！送给大家一句话："学英语是因为我们不够强大，想要雪耻唯一的做法便是学好英语。"有这么好的老师，我们更要学好英语，以图将来雪洗国耻。

最后再跟大家说几句温馨提示吧："晚上睡觉要盖好被子，不然就会像我一样冻得腿伤复发。还有大家在努力学习的同时，不要忘记站起来活动一下身体，否则像阿弛一样，因久坐而坐出疙瘩，那可是很痛苦的。"

好了，祝大家睡个好觉，祝亲爱的410越来越强！（董傲）

10月13日 星期三

★值日班长：孙巍峰　姜世磊

今天我和姜世磊当值日班长。感觉上次当值日班长才过去不久，这么快已轮过一轮了。

我想提醒大家不要忘记会操比赛。我觉得今天的跑操非常棒，可能由于我也在队里，评价不一定准确。但我觉得今天跑操口号至少比以前响亮，而一周的中间也是最容易懈怠的时候，所以提醒大家千万不要松懈，要一天比一天好。我们要有争第一的决心。

期中考试也在逼近，这次考试我们要换学号，而且有些大学保送条件明确要求保送生期中、期末成绩均要达到年级前 10%，因而这次考试的确非常重要，大家不要轻视。二调考试我们并没有给西区争光，而且有些方面考得甚至不如实验班，我们应该在期中考试中夺回属于我们的荣誉。

对于数奥的学生来说，我们还面临着一次特殊的考试——联赛。我想提醒大家，不要轻视一试的内容，考前复习一下复数、立体几何还有不等式的知识也许会有帮助。不要放弃做题，每天都做些题。尽管我们和高三数奥还有很大差距，但我们有心理上的优势，从容应考，省一也许未必那么遥不可及。当然，拿奖有许多偶然性，但只要认真准备，重视考试，即使不得奖也一定会有收获。（孙巍峰）

今天又是一个忙碌的日子，中午一打铃便急忙跑出宿舍，本想破天荒地第一个到教室，但还是被董傲抢了风头。今天的团活动，主持人不是熟悉的尤龙而是更加熟悉的信妈妈。可以看出，一周来，我们每个人的状态都在逐渐变好，当然也得到了老师的赞扬与鼓励，希望我们一起努力，重振 410 雄风。

提到跑操，这两天 411 的早操到位异常早，早得让人怀疑。总之他们做到了先于我们到跑操地点，这种精神确实值得我们学习。

小熊（孙巍峰）说到了数奥，其实我们生物奥赛生也不容乐观，在这里我不想多说，只想告诉所有人："为了高考，为了奥赛，奋斗吧！"（姜世磊）

10月14日　星期四

★值日班长：蔡占锐　张弛

今天是我和张弛同志做值日班长。想到这是最后一次和弛哥做值日班长，不免忧从中来，不可断绝……每次都是我先写（因为怕见了弛哥的大作想续貂都续不成了）弛哥断后，从而大家才能欣赏到以 36 天为一个最短正周期的弛哥的"演讲"。

且把闲话休提。昨天信妈开团活班会提到一个虚拟的"清北班"，想必数奥的同志们看着扔在垃圾袋里的清北学堂听课证像我一样发出了唏嘘感叹吧。大后天我们就要奔赴考场了，不要太在意那些你还没来得及做的题，不要为某些知识漏洞而一直耿耿于怀，不要抱怨考试时的行程有多么紧迫，我们应复习一下那些已学过的知识，再保持一个比较“OK”的心情，做最好的自己。马瑞、吕梦帆从高一时就说我们很强很强……在上次的“扯淡”中，吕梦帆又在反复强调我们“很强”，所以大家一定要有信心。吕梦帆十分自信地藐视那些“国一”，我们为什么就不能取得高二“省一”的突破呢？

相信自己，410 必胜！（蔡占锐）

告诉大家一个好消息：我的肩伤总算好了！回想自己把没长好的皮撕开的那个晚上不堪回首，不但血腥并且组织液肆意横流啊！还好还好，用酒精消过毒终于又结痂了。虽然苏冰、李艺超、吕鹤松轮流对我肩膀的拍打放缓了我的伤愈速度，但我还是好了。哈哈！内心非常激动。

星期四的课表是最理科化的一天了！没有任何文科来犯！虽然一天我躺床上连说话都说不动了，但是这样的一天太棒了！昨天没什么大事，但是昨天我们亲爱的鹤松先生一不小心摔了一跤。

对于正常人来说，摔十跤也还是可以忍受的，但鹤松不是正常人，他的腿骨最近有点儿闹情绪——罢工了，害得他连操都跑不了。更可恶的是，他不是正常人的另一佐证是一般人都是手或屁股着地，而他呢，是以膝盖为支点做轮转运动的。鹤松就是鹤松，连摔跤都要追求对称美。

行文至此，他下课一定会行凶了，但是他应看到我此文嘲笑中的赞美。

这事仅是玩笑，鹤松摔跤一事提醒大家要注意跑的时候小心脚下的瓷砖，在拐弯处还要点一下“刹车”，否则就会像我那次一样因离心率过大而飞进草丛。

本来心情不是很好，写着写着心情就变好了，这本班级日志每天都带给我全新的气息，我是非常喜欢的。我们要发掘生活中的快乐并扩大它，让自己每天都乐呵呵的。

昨天晚上有点儿乱，没来得及对大家说晚安。今天这会儿我只能说：“早安，410！”

Good morning，everyone！（张弛）

10月15日 星期五

★值日班长：王昭雨 刘志广

还有一天就是数学联赛了，祝福之余，我还想说“摆正心态，考前只需复习，考时只需做题，考后那就淡定吧，想啥也是后悔莫及”。还是要说一下，Break a leg！

今天就我而言，度过了一个黑暗的上午、欢快的下午。

上午理化回顾先留给刘志广，我只说悲剧的数学课。战普老师从昨天归来，先给我们开了一节班会，今天又给我们来了个“不下课而走，上课而不来”，这需要我们反思。班长已经说过了，我不想重复生硬的道理，我只说一句，“海之所以为海，是因为它比所有的水都低”。除此之外，战普老师从某学校带回的感悟也很有教育意义，他们之所以数学、信息能屡屡拿到国际金牌，是因为他们的自主管理，我们也可以学习、借鉴一下。

下午发生了一件历史性的大事，我有幸记录一下——本次生奥考试，本部超过了东区，无论是整体还是尖子生！宝英姐很高兴，开了一节班会暨颁奖大会，倒计时牌开始使用成绩，梦想贴在墙上，很鼓舞人心。同学们，继续努力！（王昭雨）

今天我们数奥的兄弟们有幸听到了普哥的算法课。提醒大家不要轻视算法，在考试中要占很大比重的。

今天最让我纠结的莫过于化学课了。跟化学老师纠缠了10分钟，既没有让老师认同我的观点，老师也没能让我放弃我固执的想法。但我确实认为我的想法非常棒。哪位化学天才有兴趣不吝赐教，我不胜感激。

今天终于看了比较完整的《新闻联播》，给我印象最深的不是嫦娥二号达到几项世界第一，也不是供暖节能省了几个亿，更不是美国无耻地降低美元兑换汇率，而是智利矿工被救的后续工作，这让我想到了中国频发的矿难。在中国，谁肯花费几个月、许多钱救矿工？因为矿主们都很聪明，那些救援用的钱当善后补贴还绰绰有余。要不是舆论压力太大，矿主们会主动救出矿工吗？那些矿工被救后也得说“感谢国家，感谢党，感谢社会主义，感谢给了我第二次生命”等，没有一个矿工被救上来就大骂：“为什么矿井安全这么差，为什么救援工作这么慢？”更不用提矿工们去希腊岛享受阳光、大海了。因为矿工们没把自己当成受害者，能保住命就千恩万谢了；而矿主及有关部门没把自己当肇事者，觉得自己能把人救出来就是能耐，就是功劳。由智利矿难事故我想到了一个治理中国矿难频发的有效措施：每个遇难矿工赔偿1000万元，每个被救矿工赔偿500万元，由矿厂企业支付。矿工们不是要赚钱吗，矿工就是钱。

呀，对不起，一不小心扯多了。唉，为什么写作文时没这感觉呢？

不说了，不说了，大家该回家睡觉了。晚安！（刘志广）

10月16日—17日 星期六—星期日

★值日班长：孙子腾　柴君卓

今天的情况看来我和小柴又要当两天的值日班长了，但做两天就要有做两天的价值：考前考后各写一篇日志，以便记录前后冰火两重天的心境。

写在考前：明天就要考试了，心中没有想象中的兴奋，反而更多的是几分平静。也许这就是我们战胜高三的法宝——心态吧。还是吕梦帆强调的我们“很强”，衡中的历史等待我们去创造。王老师那句“我就是衡中奥赛的吉祥物，总能给衡中带来突破”，还有马瑞、吕梦帆“马驴组合”的那句“你们不得几个‘省一’都对不起我们”……为了王老师，为了“马驴组合”，我们一定要刷新衡中的历史。还有，大家明天千万别手软，挤进省一线，兴许挤掉的就是某个很面很面的××中学的哥们，如果一不小心挤掉了高三的大哥，相信开明的“猜一证”老师又会露出他标志性的郁闷的表情，然后小声地说：“都是衡中的，高二也不得了啊！”加油！

写在考后：读一遍考前写的日志，真有种哭笑不得的感觉，真是传说中的“冰火两重天”。考前还在考虑要不要手软一下，考后却发现手早已硬不起来；考前还在考虑能进几个“省一”，考后却在担心会有多少人不幸地获得“省三”；考前还在说自己心态好肯定没问题，可考试时一回头，发现一排人齐刷刷地托着蒙眬的睡眼向我“膜拜”（就是睡觉），心中不免慌了起来……无数的幻想在瞬间破灭，才意识到自己的羽翼没有想象中的丰满。回望高一一年来的奥赛生涯，也许是期望太高，不免有些失落，想象中的成长终成镜花水月，不知何时才能在

Harry Potter 的 Magic stick 下变成现实生活中的夏花灿烂，但后悔已晚，能做的只有反思、坚持、奋起！奥赛带给我们的，不仅是杨大哥说的“半年的甜美时光”，更多的是一种精神，追求卓越、永不服输、百折不挠、相信自己、拒绝平庸、终化蛹为蝶的精神。斗士们，高二是我们的，我们是高一心中的“大哥”、衡中奥赛的领军者，让我们携理想同行，创造衡中的辉煌。

PS：要求不高，高考时咱班剩下的人数别超过全班总人数的三分之一就行。（孙子腾）

从今天起，我们前面就再没有高三的学哥学姐“掩护”了，我觉得就像一下子暴露在敌人面前——没有退路了。虽然这次联赛在成绩上没有什么大的收获，但起码我们也收获了一份考试的经验，对自己未来一年的规划，还有 410 家人的祝福。参加了一次考试，才真正明白原来自己还差得很多，我们还有很长的路要走，坚持就是胜利！记得刚分班时，尤龙曾引用一位学姐的话：“既然选择了奥赛，跪着也要走完。”既然我们选择了奥赛，就一定要为它付出，不管是付出时间、精力还是磨炼、心理承受能力，我觉得这都是人生一笔宝贵的财富。410 共同奋斗的兄弟姐妹们，我们一起加油，誓创高考奥赛新辉煌！

还想再说说期中考试。考试近了，你准备好了吗？（柴君卓）

10月18日 星期一

★值日班长：冯悦 段文思

天空灰得那么有意境，今天降温，从今以后气温就在 10℃以下了。昨天回校的时候带了一包过冬用的衣服，感觉怪怪的，老觉得刚过了穿短裤、短裙的季节啊！现在感觉日子一天天过得比撕日历都快，于是也就这么快这么快这么快的……高二的上学期要过期中了。

今天没什么特别的事，跟大家分享一点儿小事。

我上初中的时候没怎么和好孩子交往。我那些朋友初中毕业后，有上职教的，有去当兵的，有啥都不干在大街上晃的。其中一个发小叫佳佳，她很漂亮，也很聪明。初中时我俩在一起无恶不作，只不过毕业后我到了衡中，她去了我们本地一普高。后来她受了点儿刺激吃了安眠药之后要杀老师，这事闹上了报纸，之后她就被开除了，上了职教。上次放假我俩聊了很多。她问我现在怎么样了，我说不咋样，很累却混得很窝囊。我说现在基本上麻木了，好好学习仅仅想让我爸为我感到骄傲，毕竟初中时伤他太深了。佳佳说难怪你混得窝囊，你压根就没为你自己活着。“你更该为你自己想想，学你的奥赛，考你的北大，你让你自己满意了，就绝对不会再有人不满意你了。如果我能重新再走一遍，我一定会好好学，我也会去考清华、北大。可现在呢，离 4 年前的初一太远了。如果我是你的话，我才不会整天考虑那么多。你要记着，你在衡中，这里的朋友人人羡慕，你怎么这么身在福中不知福呢！”

我不明白她怎么突然说出这样的话，我还以为她依然是初中时同我一样的那个“小白”形象的小太妹，然而她那些话真的让我想了很多很多。

410 的同学们，我们现在坐在一个在全校、全市甚至全省都数一数二的优秀班级，享受最优的教学条件和一流的生活条件，我们在奋斗路上，为了那些爱我们的人，更为了我们自己。我们优秀，相对于大多数的同龄人我们是幸运的，因为我们有资本，我们再怎么梦想自己的未来也不为过。当你累了倦了的时候，当你感觉这一天天形如复制粘贴的生活如此枯燥的时候，请你记得，你坐在衡中的座位上，而多少人站在衡中门外张望却今生无缘入学衡中，多少人已经步入了社会拿着一个月不到一千的工资早已结束了自己的梦想、自己一辈子的憧憬，而此时，幸运的你更应该平和开朗地开始这一天、结束这一天，怀着一颗感恩的心去珍惜你还有资格改变自己命运的每一天，不管是晴天还是雨天。

加油，同学们，我们爱 410，410 爱我们当中的每一个人。如果你以一颗感恩的心对待生活，生活就一定会让温暖的阳光照亮你勇敢的心。（冯悦）

我简单说几句：“人多的时候很难安静，但在上课时是必须安静的；历史老师讲得很快，但足以听清，为什么还有很多同学跟不上，这说明我们在课堂上还需要更专注。”

今天体育课被一阵冷雨吹散了，班长说“先去看看再说”，于是下午夏美琨、赵宁还有我三个人守着空旷的操场，可半天没见一个人来。又过了很长时间，见冀浩向操场探了一下头便转身回教室了，我们也发着抖回到了教室，可教室还是很少很少的人。高三已经早早到位了，可咱班的大部队还未到，希望都到早一些，不管下午第一节课是什么。

还有，我们班跑操得了第一，但前面的几个班级让我们很无语。我们不能抱怨他们或降低跑操质量，以致影响心情，我们要明白后面的班级还是很努力的。

数学奥赛生体验了一下参赛的感觉，信息奥赛生热情高涨，不管结果怎样，但至少体验过。知道了努力的方向，我们还有努力的机会，这便是好的。生物的同志们，我们一定再接再厉，静下心来，凡事做到细、做到位、做到心里去。

马上期中考试了，大家要沉下来，拼几天，为了一切我们想要的东西，为了自信地面对崭新的明天。

还有，降温了，把你橱柜里的厚衣服都穿上。据说天很冷，所以不要为穿得跟个球似的感到不舒服，为了形象的女生也不要怕。（段文思）

10月19日　星期二

★值日班长：张肖荻　运经纬

一个多月前轮值做值日班长，那次我因为培训而错失了做值日班长的机会；今天距期中考试还有七八天，我又戴上了红袖标。

今天老班给我们几个科代表开了一次小会，着重强调了课前与收发作业。在这里我也想提醒大家，课前很重要，它对我们听课的状态有很大的影响。我们的课间不需要纪委、学委和班长的提醒，应该保持一种愉快的安静，没有压抑的安静，以高昂的姿态进入下一节课当中去。

马上就要期中考试了，上个学期的考试我们败得很惨，这次我们不可以重蹈覆辙。考试至关重要，面对考试我们要摆正心态，努力备考；在期中考试后的家长会上，我们呈现给家长的应该是一张张灿烂的笑脸，而不是强忍着苦痛的苦笑。（张肖荻）

今天一早就很纠结，为什么呢？因为410早操到位早的总人数和411到位的女生一样多——当时419班只有1个男生，410班有4个女生，411班有4个女生和一群男生。也许我们有理由在较少的时间里有较多的收获，但是我们更有理由挤出更多时间做我们的 endless things.

晚饭回来后在一楼扫了一眼公告，410女宿舍卫生90分，1分也没扣，大家

要保持啊！（运经纬）

10月20日 星期三

★值日班长：乔方舟 赵宁

终于又轮到我当值日班长了。早晨我早早跑到了跑操地点，可是遗憾的是仅仅是和夏美琨同时到。我疑惑地打量了美琨姐一眼，只见她衣服整齐，发型没有丝毫零乱。反观我自己呢？上衣没有穿好，袜子还包住了裤腿，简直太狼狈了。如果我是个女生，一定要仔细观察一下夏美琨是怎么迅速穿好衣服和整理内务的。

今天数学课讲概率的第一课时，战普老师进行了一个模拟抛硬币的小游戏，输入了410，结果正面朝上的频率为0.5。战普很疑惑，又输了一次410，结果还是0.5。小鹤姐在一边喃喃私语着“太棒了”。后来，战普又输入411，结果出来的频率为0.47。410就是这么棒！连抛硬币的频率都和概率这么吻合！引用班长常说的一句话是“一切都是浮云”！正是如此，411就是浮云，浮云就算积得再厚，也挡不住阳光的灿烂！

期中考试马上就要到了，学号马上就要换了，但重要的是要开家长会。没有人知道信妈妈会在家长会上说些什么，没有人知道信妈妈会想出什么办法来惩罚考不好的同学。也许现在你仍没有一丝紧张的气氛，甚至和同学们谈笑风生，说“学号算什么啊”（也许学号真的不算什么，大学号的话就算小测考不好也不会被圈），但是，等到家长会时面对家长疑惑的眼神，你一定会后悔现在没有刻苦努力。为了那也许不算什么的学号，为了家长会上你还能面带微笑，好好学好这几天吧。（乔方舟）

大家感觉运经纬同学有没有当过值日班长呢，估计很多同学说没有。反正我是感觉在我当值日班长的前一天总是只有张肖获一个人当值日班长，不得不批评一下我的这个老乡了。其实除了张弛有时说起邯郸来滔滔不绝之外，我们邯郸人还是比较低调的，不像尤龙一样唯恐天下人不知道他是张家口的。不过运同学，您老人家也太低调了吧，不仅不做值日班长还不在班门口露一下脸。废话结束，进入正题。

今天又是很平凡的一天，除了英语课上我表现得很烂、体育课上大家玩得挺 High、化学课上做了一个小实验、团活课上数学的同志们看了两个心理剧、语文自习下课许久直到要上晚三还没收齐作业之外，没有什么比较大的事件了，但今天对生物的同志们来说应该不是那么普通：距明年生物联赛还有整整200天。200天你能做的事情有很多很多，你能改变的事情也有很多很多。

记得17号联赛结束后从石家庄回衡中的车上，我一直在想，如果是明年的今天我现在会是什么心情。学奥赛学了一年多的时间，大大小小的考试经历了无数次，终于迎来了最后的决战。在这3小时50分钟过去后，可能自己的奥赛生涯从此就要宣告结束了，就像努力12年而最终的高考只有两天就决定了你的成败一样，那时候的心情该是何等的悲壮。很多人都说无论结果如何，只要无悔就好，可真正做到无悔又谈何容易，我们能做的只有拼搏、进取，每天进步一点点，那么每天就离成功近一点点。生物奥赛生们距考试还有200天，信息奥赛生们距考试还有1个月，加油吧，同学们，就像韩笑说的那样，无论你一个人做什么，410全体都会支持你。

最近两天感冒咳嗽的同学很多，老师和同学们都强调穿厚衣服，虽然我自己也有点儿感冒，虽然某人不知是否因为怕被风吹而总是鼓动某些人关后门，但我还是非常非常支持开后门和开窗的，因为只有这样才能做到不给病毒留机会。（赵宁）

10月21日 星期四

★值日班长：徐希浩 王翠薇

非常高兴今天又做值日班长。

首先把这几天最大的感受告诉大家：一定一定一定（吕大哥的“stress”式语言，无限循环）要保护好自己的健康，不要感冒。因为我已经尝到了它的苦滋味，而且持续了至少5天。可恶的病原体先攻克了我的呼吸道，当我从呼吸道入手消灭它，它又转移了，然后一连串的感冒并发症来了，发热、流鼻涕、咳嗽，我的免疫系统已经应付不了，于是开始吃药，不幸的是买错药了。先是吃治嗓子的药，不管用；后来吃治感冒的药，不起效果。今天下午去医务室，大夫给我开出终极秘方——鼻炎药。哎，但愿快快好起来吧。特别要说的是，这几天，很多同学问我感冒好了没有，还有同学为我提供了感冒药，比如刘士琦、赵一苇，让我感受到了 410 大家庭的温暖。给同学们提几点建议：一定要多喝水，宿舍里有水果的多吃一些；课间要通风（坚决贯彻个人服从集体的原则），最好出去透透气，课上就尽量别寻求风的拥抱了。在迎接期中考试的关键时期，同学们千万不要把健康当小事来看，为了 410 团队在期中打下漂亮的一战，我们要以饱满的精神和健康的状态迎接它。

最近班委一直关注的是我们的跑操口号问题，在此希望同学们喊出 410 的霸气，喊出 410 的信心，压倒 411。对于同学们最近口号一直不理想的现状，我感觉可能因为现在天气干燥，大家嗓子发干，喊不出来，所以在此又要提到多喝水，也许可以缓解一下不适。

卢老师前几天和我们说 411 的英语有上升势头，或者是我们在下降。我感觉心里很不爽，因为我们没有任何理由被他们超越。英语是我们的强项，为了期中考试 410 的全面胜利，我们要守住这个阵地。对于英语现状，希望同学们不要因为应付检查而忽略了对语法的复习，英语自习希望同学们提高效率，不要推迟交卷。英语落后的同学不要气馁，6 天时间是可以获得很大提升的。

最后希望同学们今晚睡个好觉，身体健康，期中收获一份成功。（徐希浩）

又是一日晚三到。经过百余分钟的理科大战，大家有点儿累了吧。今天我实在很尴尬，上午大课间才得知今天是近一月一度的“值班”日，不过好像只是我，因为上午我惊呼“不妙，怎么会是我”的时候，徐希浩一脸“你才知道啊”的成竹在胸、未卜先知、已得先机……总之就是“地球人都知道”的表情。

插播广告：请大家注意预习 U4 单词学案。

友情提示：明天英语课为下午第一节。

2010 数学联赛结束，标志着 2011 届毕业班 382 正式四分五裂。天下没有不散的筵席。有句话叫“怜取眼前人”，大家别笑，这很严肃。大家一定要团结、友爱、向上、奋进、进取，取得好成绩，记住信妈妈、二王、苏卢、尹胡、于李、骆发以及“马吕”组合。

我们要让所有衡中人知道，410 永远是拖不垮、打不败、累不倒、忙不乱、考不住的响当当的 410。

真正让410辉煌过，410就永远不倒，即使分班，410精神长在；真正让410绚烂过，410就永远不败，即使分班，410班号永远不空。（王翠薇）

10月22日 星期五

★值日班长：艾冰清　邢明超

今天早上发生了点儿意外，我们那栋女生宿舍楼在5点30分既没响铃也没开灯，大家一直睡着。直到5点35分以后，美琨一声阿姨般的呼唤："同志们起床吧，我的表已经5点37分了"，随后便传来了冯悦在楼道里嘭嘭的敲门声和人工的起床铃，所以才出现了早操到位男生齐刷刷站成方块队，女生零星到了几个人的局面。

时光飞逝，我们离期中考试又近了一步，此时心态应该是最重要的了，因为有心态才有行动。上课一定要认真听讲，千万不要昏昏欲睡，否则将迎来满眼红叉。作业也一定要专注地做，千万不要想当然写上ABCD，否则改错本的任务将更加艰巨。改错本也一定要真心地写，千万不要只是抄写一遍，否则不久就会出现它认识你、你不认识它的尴尬局面。

衡中是个伟大的学校，明天就要召开高考研讨会了。今天下午号召同学们积极投入卫生战斗。仔细一看，真脏，尤其是卫生死角，真是惨不忍睹。在此想告诉同学们，平时要做好生活中一点一滴的小事，到了面临艰巨任务的时候才不会为此苦恼。（艾冰清）

不光是她们那栋女宿舍楼，估计全校的楼都没响铃也没开灯。早晨我被小熊的叫声吵醒，一看表35分了，起床，穿衣服，叠被子，飞奔到跑操位置，但还是迟了一步。记不成早到位的同学了，不过令人惊奇的是男生的到位人数以压倒性优势盖过了势单力薄的美琨姐一人。回头看411班，他们已经来齐了，很让人怀疑他们不是听铃起来的。不要在乎他们，我相信410的同学们会在不违纪的情况下做好自己的。

今天大扫除，因为在机房做题没有亲临指挥，受到了刘志广同学的严厉指责，责成我洗抹布四块以示惩罚。说到卫生，最近学生会查得很紧，希望同学们都能保持好自己脚下的卫生，尤其是两个人之间的夹缝处，这是他们查的重点。

今天的口号响亮了许多，王卓同学最少得打个五星吧。但我想请同学们记住，我们喊的口号不是为了让参观的人听的，而是要喊出我们的激情，将我们的气势爆发出来。希望明天的口号会更响亮。

最后，祝同学们睡个好觉！（邢明超）

10月23日 星期六

★值日班长：王卓 李喆

真高兴在换学号前还能做一回值日班长，告诉大家一个小秘密：只要是我做值日班长，不管什么原因，都不跑早操（也许说出来以后就不会再这么巧了吧）。

另外澄清一个事实，昨天大家喊得很不错，但是星星才四颗，其实不是因为大家做得不够好，这件事源远流长。前天大家喊得不错，但没昨天好，我认为四星、吕鹤松认为四星半，争执不下时，我做了一个天才的决定：划拳。本人划拳基本没赢过，于是昨天就是四星了。所以大家别灰心，这纯属意外。

其实大家已经非常努力了，对比刚换地方的窘境，我们已经有了翻天覆地、惊天地泣鬼神的进步，很不错了！

另外，今天的大事是研讨会，对我们的影响除了不跑操、跑好操、小炖肉、回宿舍之外，更有被揪住问问题。跟大家分享一下我被揪住的崩溃经历吧。

Firstly，一个阿姨指着我旁边的一大堆书问：“你们每天中午都抱这么多书回宿舍吗？”我说：“不，这不是我的书，可能是教室没地儿了才放回去的。”阿姨又问：“你们都把书放宿舍吗？”我说：“不，教室没地儿放才拿回去的。”这阿姨又问：“你们中午发作业做吗？”我说：“不，看书还扣分。”阿姨满意，我满头黑线。

Secondly，一个叔叔过来说：“同学我拍一下你们吃饭的照片好吗？”在我怔住时已准备开拍，我急忙问：“叔叔您拍菜还是拍人？”叔叔说：“你尽管吃吧。”于是我以一种把头埋在碗里的“专注”表情上了镜。叔叔说：“你们吃的是猪肉炖粉条吧，比你们以前吃得好吧？”我说：“不，是比以前不好了，因为食堂忙不开了。”叔叔又问：“那么开大会你们是吃得比平时好了还是不好了呢？”我说：“不好。”叔叔又问：“为什么呢？”我说：“因为食堂忙不过来。”

感想一：这时代交流真困难。感想二：如果炖肉比平时好，那么平时吃什么？

Lastly，在我回宿舍的路上，两个叔叔拦住我问星期六、日有课吗，我说星期六有课。叔叔又问星期日自由活动吗，我说有时候测试，有时候……叔叔又问，那么是活动很少吧，我说不，这是有规律的。

通过对比，我总结出两个规律：一、在人群中走虽然也有被揪住的危险，但单枪匹马极危险；二、这些人对衡中可以说成见不浅，严肃地说，我们不能给衡中丢脸，更不能故意给母校抹黑。

期中考试快到了，大家好好加油吧！（王卓）

今天中午我们这组值日班长在教室门口迎接同学们的到来，卢老师过来问我们在干什么，我们告诉他后他就去栏杆旁看了看下面。卢老师走进教室之后的事大家都知道了。卢老师真的很关心咱们，一心想要 410 好，所以大家一定要好好预习课文，明天及今后好好配合卢老师的工作。

再说点儿题外话，同学们姑且听之。前些日子出现了久违的体育界的消息，所以想在这里和大家分享一下我从体育界中学到的。

2000 年悉尼奥运会上，男单决赛孔令辉对阵瓦尔德内尔。当时孔令辉的脚伤复发，但是为了祖国他坚决不退赛。赛前他用有麻醉作用的药物喷洒在伤处，坚持上战场。中间暂停，教练做指导时，他一下子瘫坐在地上，不一会儿又坚强地站起来，走到台前继续战斗。他的行动告诉我们祖国的利益高于一切！

射击选手埃蒙斯在 2004 年雅典奥运会男子步枪决赛时创造了巨大优势，解说员说只要他最后一枪不脱靶，冠军非他莫属，可他打到了中国队员的靶上；2008 年同样是他，同样的优势，他又将即将到手的奥运金牌拱手让给中国。无疑，埃蒙斯这颇具戏剧性的两件事体现了成功需要良好的心理素质，抗诱惑能力要强。不过，2008 年他妻子拿到了第一块奥运金牌，这大概会给他一些安慰吧。

体育界有好多可以引起我们思考的事，大家可以在学累了的时候关注一些。（李喆）

10月24日 星期日

★值日班长：詹小雨　尤龙

“丁零零……”铃声响了，还真不愿起来，但一想起前天晚上的梦……唉，还是起来吧。

也许是那几天跑操都到位较晚，前天晚上我梦见学校又新设了一个查早到的环节。梦中是5点50分起床，但要求检查人员5点52分去查，这太不可能了，所以没人愿干，正赶上我也不知犯了什么错误，为了不记过，就痛下决心承担这件事抵消那个错误。紧接着第二天（还没开始新值班制度）我就又迟到了，正好让那些“帽子”逮到，他们相对而视exchanged glances，露出一种“终于找到替罪羊”的表情，然后故作严肃地讲了我犯错的严重性，并向我抛出一条建议——“不如你去抓早到位的同学就不记你迟到了。”天哪，我有种五雷轰顶的感觉，看来记过和挨罚哪个也跑不了了，只能在心理上做好准备了。冥冥之中，好像知道自己在做梦，可是，这时铃响了！唉，天意吧，我能怎么办？吓得毛肌全体收缩，虽然我还在纠结着“应激反应”与“应急反应”的区别，但我体内的儿茶酚胺含量一定急剧上升了，哪里顾得上问“是现实是梦境”，冲吧！看来今后要抓紧时间啊，不然想想这个梦吧，后背发凉。

上午又被参观的人观察了半天，虽然有两节公共自习上成公开课的气愤，不过还是很自豪很自豪的，一节英语课没说两句汉语，下课时还说了句自上高中后就没说过的“Goodbye Teacher”，感觉怪怪的，不过还是蛮成功的。同学们表现很出色，踊跃发言，以至于小雷激动得在客人们还没走就问上课谁发言了（汗）。化学老师讲得很好，可我很纠结，早自习预习了半节课电解池以至数学周测交了半页白卷，可这节课讲的是化学电源，只好手忙脚乱地乱翻书。李喆说来听化学课的人比听英语课的人多，想想可能是只有英语老师们敢来听英语课的缘故吧。呵呵。生物自习一头雾水地写作业，脑子使劲回想植物、生理老师的这个“浓（nong）啊”河南味十足的殷殷教导，可refer to生物书时，做得也异常艰难啊。

中午一起床，望着窗外的灰色天空，禁不住大喊“云青青兮欲雨”，出门才发现错了，云青青兮正雨！一路飞奔，暴雨啊。我又想起信妈妈说的“天气越不好，我越要来得早”，多希望一到教室就看到信妈妈呀，可她出差何时才能回来呀。（詹小雨）

信妈妈没回来，于是克嘉挺身而出，又一次站在讲台上承担起了这份开班会的责任，主题是“完胜期中，状态，士气”。

翻翻前面的日志，危机和紧迫不必再提，只想写两句“越职言书”的话。期中考试还有几天？没几天了！清醒点儿吧，战友们！曾经的败将已踩在了我们的头上，你忍心就这样偷生吗？你甘心就这么沉沦吗？如果你不甘心就站出来，410 的成功需要你，需要你的汗水，而非你的懦弱！尖刀班没有懦夫！

从头再来，征服，而后荣耀！

高考研讨会完结了，代价是一顿小炖肉和兆哥脚上的伤，相信大家收获了很多，也明白了很多，我的理解只有一句——他们来看的是衡中，你名副其实吗？

引用班长的话“咱们的清华，咱们的省队”，洗洗睡吧。（尤龙）

10月25日 星期一

★值日班长：白轩然　冀浩

很高兴在换学号之前又与冀浩同学做值日班长。首先恭喜冀浩昨天隆重当选“每周之星”，想必他今日应是满心欢喜的吧！今天的天气实在值得提一提，因为今天的阳光太灿烂了！昨日还阴沉沉的，今天就阳光明媚了。昨日小雨淅沥，可今日红日当空。下早读时，不知道同学们有没有向窗外 glance 一下。初升的红日映在云彩间，很美很美，用舟舟的话是“太假了”。天气好了，笑容也就灿烂了，刘通还夸赞我们两个好福气：“当值日班长，太阳和月亮一起出来”。虽然我没看见月亮，可阳光灿烂、红日当头的一天象征着什么呢？嗯，好日子，好运气，好心情……什么好是什么！ Maybe 预兆 410 期中考个好成绩。大家好好加油吧！

今天一天还是没有见到信妈妈的身影，或许她要搞个“惊喜”，代课的是很有才很有才的温文尔雅的孙凌老师。明天还是张老师上课，不同的老师总给人不同的惊喜！

没两天就是期中考试了！班长的动员已经够详备了，我也不想续貂，想必大家都心知肚明该怎么办。最后几天还有机会，好好干吧！（白轩然）

不过，我还是想跟大家提一下生物小测成绩。上周我们做了三次作业，没有一次进入系列前五，这很值得警醒。但我们绝对是信心犹在！于老师上课时也说，她相信我们会用这考前的几天时间将生物成绩赶上来。是的，考前复习英语单词是必要的，复习语文诗歌鉴赏是必要的，复习数学圆锥曲线是必要的，复习物理磁场是必要的，复习化学平衡是必要的。但我更希望大家在紧张的备考中能抽出一部分时间复习你在平时从不写学案、自助从不交改错本的生物。生物考试范围是必修 3 全部所学内容，激素调节（白糖少，体温高）、免疫调节是重点，大约占 50 分。另外，还希望大家抽时间做一下课外书，按于老师的要求做题。相信在大家的共同努力下，我班生物战绩会再创新高。另外，大家要合理安排时间，有重点地复习。最后祝 410 完胜期中，尖刀出鞘，横扫千军。（冀浩）

10月26日 星期二

★值日班长：孟亦同　李策

仿佛是规律，每逢考试前几天就轮到我做值日班长，今天又赶上我值日，真是忙碌的一天。

最近很纠结，各科成绩不理想，不知期中能考成什么样。但是我会坚持不放弃，珍惜分分秒秒，“Never stop trying”是一句永远的真理。

坐在冀浩旁边，发现了自己的很多缺点，如做题不投入、自习精力不集中、时间利用不好。我要向冀浩学习！

人的一生会经历很多的挫折，这就是生活的考验，走得越高，困难就越多，所谓“高处不胜寒”，留下的总是经得起打击、不畏艰难的人。为什么马云有阿里巴巴，人人都能“把万吨巨轮送上喜马拉雅山”吗？为什么史玉柱堪称商界奇才，人人都能在成为“亿万巨负”后仍迎头面对吗？为什么王石能白手起家、创造奇迹，人人都能自信地喊出做最好的自己吗？问题就在于，人是否能经得起生活的折腾，并且坚信自己能行！

410 人全是有缘人，他或她在班里现在可能无所作为，但是他或她总是默默努力，也许若干年之后，她或他在电视上再次与你相会，已成为中国主席、集团老总、诺奖得主等巅峰人物。

而你就有可能是她或他。

与大家分享一句话：I’ll never stop trying！（孟亦同）

再过一天就要上战场了，看，期中在折磨其他的班级，但我相信考试的那一天他们会被折磨得更惨，而且他们会看到 410 的战士们是如何折磨考试的；我也期待着我们那个美丽目标的实现——完胜期中！

何谓“完胜”？如何“完胜”？这需要我们每一名战士去奋斗，少一个都不行。

前行的路上，一定会有许许多多的困难，但是我们不怕，我们每个人都有一把笑傲天下的宝刀，我们每个人都有尖刀一样的意志、尖刀一样的霸气。

工欲善其事，必先利其器。信妈妈总是问我们“你们在干什么”，我们在让自己变得更强，在让自己无论面对多么强大的对手都可以把他斩于马下。后天会迎来我们第一个对手，我们将如何面对？我们的尖刀何时出鞘？期中一战，我们要横扫千军，让其他的对手听到 410 后骨骼肌不自主地战栗。

总而言之，我们还是要用成绩来说话，尖刀班的战士会给高考一个完美的绝杀。

即使你的刀不够锐利，自信、汗水、向善、向上、向心、好学、乐学、善学也会让你所向披靡。

最后，我厚着脸皮对大家说：“战胜对手，从不违纪开始！”

兄弟姐妹们，晚安！（李策）

10月27日 星期三

★值日班长：居春雷 李洋

每次拿到这个本子，我都会翻翻前面的班级日志，看看 410 曾经的路，感受每一任值日班长的喜与忧，就这样一个自习过去了，可我并不感觉虚度。我在每一位值日班长那里体会到了对班级的爱，感受到了来自 410 的温暖。我想，这应该就是幸福。

明天就是期中了，也许你还有单词没记住、课文没背熟，也许你还在溶解和沉淀中找不到平衡，也许你依然被楞次定律和法拉第定律搞得晕头转向，但是我们还有时间，考试还未开始更没有结束，一切未成定局。面对考试，我们不要太过看重，也不应过分看轻。考试是一种检验，人生必须要经过一些检验，谁都跑不掉。面对检验，我们应有一种平和的心态，去努力，去拼搏，但不要过分苛求。以真正的自我去考试，相信我们每个人都会取得满意的成绩。（居春雷）

到期中考试了吗？记得下午下课铃响时，突然有一种意识——明天考试。开始习惯于看淡成败（当成绩单发下来时，总感觉原本可以做得更好，而今天的我们还拥有这个机会来改写明天的成绩），开始觉得每天的存在并不是重复，明天的那次考试要以看轻甚至蔑视的心态去面对，即使在临考前还要多做几道题。

我们还有时间，即使卷子发到手中，甚至在收卷前几分钟时，我们都可以去改写成绩，去填补漏下的空白。考试最美妙的地方不单单只有战绩下发时胜利的感觉，还有答卷时那数小时的挥洒，那数小时的体验。

今夜景色依旧是那么美，不自觉地嘲笑心中的胆怯，多次考试都没有走出数学成绩的怪圈，下午还在焦虑，现在想来没有必要。相信自己，所以在拼搏中就没有担忧，所以在失败时就没有不快，心中的期待只会化为对下次考试的渴望与对缺憾的弥补。

做好这些不知能否成功，不知能否达到满意的程度，即使还有些许地方没准备好，但请相信平时的努力已成为前进的基石，现在做的只是把台子巩固好，以便向上跳的时候不会摔倒。

回宿舍的时候别忘看几眼星星，感受诗意的生活，410 已经做得很好了，只剩下一条：相信自己。

晚三刚开始，我们聆听了信妈妈特地赶回来鼓励我们说的话，刚才又听了春雷、群姐的感叹与鼓励，下面就来听听我的废话：第一句，革命尚未成功，同志仍要努力；第二句，平静心情，今晚睡个好觉，明天轻装上阵，踏上我们完胜期中的旅程。（李洋）

10月28日—29日 星期四—星期五

★值日班长：朱玉璇　金幼晗

虽然非常非常不想提，但还是不得不面对我们刚刚结束的二调考试。扪心自问，我还是没有做到信妈妈所说的“好好考”。经过了两天焦头烂额的考试，相信大家都有不一样的感触。410 这次考得并不好，也许大家心里多少会有些沮丧，但不要灰心，这次考试已经过去，不管结果如何都已成为定局，现在真正成了“从头再来”，接下来的试卷讲评，我们要做好自己，认真总结，找出不足，让这套试卷发挥出最大的价值。也许这个话题有些许沉重，但也是我们必须面对的。还记得信妈妈所说的企鹅的故事，只有潜下去，才可以跃得更高。相信我们伟大而团结的410一定会越过重重障碍，找回我们的状态。相信自己，410必胜。（朱玉璇）

是的，410必胜，这是我们每个410人的心声，我们一定可以做到。咱们这个大家庭是团结的，这从考后讲评中就可以看出来。于老师和王老师可以说把咱们看作自己的孩子一样，认真、全面又关心地给咱们提建议。即便是用半节多课的时间指导，老师也十分乐意。还有信妈妈、艳艳姐、卢老师和尹老师，每个老师都对我们给予了大量的关心与帮助，不管成绩如何，老师都在用心和我们交流。在我们410大家长的带领下，通过咱们团结一心的奋斗，成功必将属于我们410，因为我们彼此信任、彼此关爱、彼此激励，前行的路上不孤单。（金幼晗）

10月30日—31日 星期六—星期日

★值日班长：苏冰 杨晓鹤

我又做了两天的值日班长，可这次性质与上次有些不同——恰好赶上周末放假。记得上次被班长通知到“可以”或者说是“必须”做两天值日班长时那只剩惊没有喜的感觉仍然会让自己的立毛肌紧张一下，这次可能是时间对自己的眷顾吧（不幸者的自我安慰）。

早上与班长共同体验记迟到的惩罚行动，手中握着表，眼睛盯在秒针上，等待着那一时刻的到来，本以为同学们都已在那之前全部到齐，可眼前却出现了浩然“踱步”的身影——他悲剧了。

一天的试卷讲评让自己很充实，毕竟在考试中暴露出的问题被老师们一一地清除了，弥补了这些漏洞的我们又得到了一次提升。（苏冰）

对上次苏冰做两天值日班长的事我至今仍有歉意，希望他不要生气才好，由此可见，一句玩笑话可以让人当真，说话一定要谨慎。

这次放假的艰巨任务是画一幅画，着实让没有艺术cell的某些人也包括我抓狂。幸好有那么多有才的人，看着小居画的荷花，我忽然想起那几朵睡莲，想起那时的快乐、心酸。

忽然想到，在我们认识到自己的缺点时也就是看到411的奋起和我们近乎堕落的行动时却没有改正，我们缺少的正是决心和勇气，还有一份“天下兴亡，我之责任”的责任感。

我和苏冰是旧学号下的最后一任值日班长，也就是从明天起，我们将有一个新的开始，一切归零，一切从头再来。

风吹过，树叶落，秋已深，冬天不远了，大家注意添衣服。（杨晓鹤）

11月1日 星期一

★值日班长：李舒钰 武博阳

今天幸运地跟武博阳做值日班长，我也第一次荣幸地跻身“早操早到位”之列，真是无比激动。从今天开始就要把晚到的人名挂上小黑板了，我听到这个消息后以螳臂当车之势苦苦哀求：“还是不要上黑板了吧，怪不好的……”其实我是担心自己早晚有一天也会“荣登宝座”。但后来想想，有一块小黑板也是好事，可以时时鞭策自己，起到“罚站”的效果，所以希望大家行动更快一些，希望我也能更快一些。

这一天的课上得还是很棒的，老师们的心情呈走高态势，也许是讲台上那一小束康乃馨有魔力（虽然它所在的“花瓶”四次光荣卧倒并三次弄湿了我的书），也许是Harry Potter带来了点儿仙气，总之我觉得在一种和谐的氛围中上课还是很幸福的一件事。

看完了《花开不败》，真的很感激信妈妈肯用两张语文自助加挤掉N道选择题的篇幅将这么长一篇文章登上来。我想，那个走过一种荆棘但终于走入复旦的人如今一定是怀着一种平静而虔诚的心情将高三一年的奋斗历程娓娓道出。虽然她写得波澜不惊，但我仍能感受到一颗勇敢坚韧的心。那样的文字，只有真正经历过高三才能写出来；那样的文字，甚至让我们对高三多了一份期待和向往。

信息组今天正式开始了集训，据樊婷婷说，那个美好的机房已经配备了奶、方便面等基本生活用品，小组成员大有在那里安营扎寨的形势，那份执着与信念让我们特别感动。希望每个人在睡觉前都能对着月亮为他们祝福，为家人祝福。最后，引用美丽的安梦琪的那句话：“同志们，加油吧！”（李舒钰）

非常抱歉，因为晚三一直在帮李策和吕鹤松弄“十佳道德模范”演讲稿，所以班级日志写得很仓促。“十佳道德模范”我们班报的是李策和吕鹤松两位实力派的同学，在这里，让我们一起为他们鼓掌加油，祝愿他们在接下来的“战斗”中能够斩将杀敌，夺得“十佳”这一光荣称号。

信息快要会考了，每天都安排出一节课让我们练习，希望大家能够重视起这个科目，上机时好好练，不要偷懒，选择题一定要做好，时不时拿出来看看，睡觉之前看也许还能起到催眠的效果。说起信息，信奥的同志们正在战斗。加油啊，同志们，你们不是一个人在战斗，你们背后有410，有410的每一个同学与老师的鼓励与支持。

期中考试刚刚过去，可以说410是失败的，410败给了状态、行动，败给了自己，可是，410是决不会服输的。多余的话不想多说，加油吧，兄弟们。

最后，祝大家晚安。（武博阳）

11月2日 星期二

★值日班长：孟令镯　李艺超

新的一天又过去了，多么令人兴奋的一天，What a happy day. 虽然不是第一次当值日班长，但换了新学号之后的搭档——超哥着实令我激动不已。

期中考试刚刚过去，考试带给我们的些许兴奋、些许悲伤也渐渐远去，学习生活趋向于正常化，希望大家能够在此时立下或者铭记自己下次考试的目标，为了这个目标珍惜时间去奋斗，不要在考后就想着放松自己。放松固然有一定效果，但要想从放松中回到紧张的学习中可不是一件轻松的事，所以最简单的方法就是让自己习惯于这忙碌而又快乐的学习生活。正如《花开不败》中那样，在高中留下自己奋斗的时光，这将成为我们一生中最宝贵的财富。

总的来说，今天的状态还算可以，课间也没有出现大吵大闹的情况，美中不足的是生物课上大家表现得状态欠佳，我那节课也是在糊涂当中度过的。希望大家能够引起重视，在生物课上积极活跃一些，紧跟老师的思路。虽然生物老师不太爱表扬我们，但我们至少要做到不让她批评我们，这样才算可以吧。

“仰天大笑出门去，我辈岂是蓬蒿人。”愿大家在今后的学习生活中充满

自信，相信自己，在自己的人生航线上“乘长风破万里浪”，成就一番事业。（孟令镯）

这几天都是阳光明媚的日子，美丽的朝阳总给人无限浪漫的遐想，尤其是今天。今天是镯哥大喜的日子，就让我们用掌声代替歌声，用灯光代替蜡烛，再次给镯哥献上最真挚的祝福吧。

今天是忙碌的一天，董傲、乔石、冯悦为我们的学业水平测试卷子跑了整整一下午，真是辛苦他们了，让我们也用真挚的掌声对他们表示感谢吧。

期中的硝烟已经消散，如果说期中考试的失利是我们一个小小的错误，就让它成为美丽的错误，让它成为下一次成功的奠基之石吧。

排除主观色彩提一下语文。我们都可以看到信妈妈在410语文失利后下了很大决心，信妈妈说她在深刻反省，而我们呢，应当更加勤奋，真正行动起来，把伤痕当酒窝，410前途必定一片光明。

学业水平测试临近了，希望同学们重视起来，打好第一仗。

又一天的太阳落下了，希望我410的兄弟姐妹能乐观面对每一天，用微笑迎接每天的太阳。

最后，还是喊出那条隽永的班级格言吧：“我为成功而生，不为失败而活；我为胜利而来，不向失败低头。珍惜分分秒秒，摒除一切杂想；我将全力以赴，共筑一零辉煌！”（李艺超）

11月3日　星期三

★值日班长：范元瑞

今天，有三件大事要提醒和总结：第一，后天就要会考了；第二，男女生宿舍发生了许多问题；第三，于宝英老师主动担当小班。

今天，我们的压力的确很大，上课都有些没精神。学业水平考试迫近，物、英、语卷子一块砸过来——至少对我是这样的。其实，我也没想要把这些事情全部都干完，能干一件是一件，把每一件事都干好就可以了。做事情更要看质量，不过还是要抓紧时间。

今天开宿舍长会议，听说有人中午、晚上看书，是要继承我的传统吗，可我也不敢了！用一种根本无法提高自己的方法来折磨自己是傻瓜做法。你用中午休息的时间完成一科作业有收获吗？你的成绩有所提高吗？做什么事都必须讲究效果，如果效果不好，宁可用这时间去休息，也比一直不休息地学习的效率要高。

做事明确一个信念吧，我们是奥赛班，任何拦路虎挡住我们奔跑都应将它消灭！提高效率，一定会达到目标！

11月4日 星期四

★值日班长：李丹琳

今天一天都很忙，纪律上第一次出现了这么大的篓子！女生宿舍午休期间四人看书、一人吃零食，男生多个宿舍说笑。这给我们一种警醒，以前没被查到就理所当然地认为没有问题，说几句话、吃点儿东西也就不那么注意。这次的事情应该是一种让人真正奋起的力量——真正看到我们差在哪里，然后去改变。现在是考后第一周，我们本应是状态最活跃、最有冲劲和激情的时候，但我们在这个时候却显得如此沉闷。晚三的时候，许多同学都谈了一下自己的想法或方法，老班和于老师也煞费苦心。听别人说了这么多，我想，说一千，道一万，不如两横一竖“干”。从早晨听到铃声开始，去做，去干，那么士气就在，状态就在。老师说桌上的康乃馨已走过了 4 天的时光，但依旧鲜艳，我们要做到像康乃馨一样有生机与活力。Believe ourselves.

11月5日 星期五

★值日班长：张弛 冀浩

作为星期四的值日班长星期五还没有写完班级日志，甚是惭愧。

我感觉对于记录早到位已经可以取消了，或者为了节省时间做几个小巧的印章，刻上夏美琨、刘子悦等几名早到人的芳名，每天写班级日志时盖上章就行了。今天的重大事件就是我们终于考完了技术、美术、音乐的学业水平测试。直到今天，我们才认识到自己的艺术知识是多么的匮乏，幸亏有老师相助，不然一定会悲剧了。

其实 on the whole，我还是很幸福的，遇上了不少原题，相比之下，建朋就郁闷多了——一套美术题25道题，他碰上了15道有图的题。最令人吐血的是一道名为《丛竹图》的题（可能也有不少同学遇到吧），建朋同志在Baidu上一搜就搜到了100多张竹子图，不禁让人产生一个念头：郑板桥是不是除了竹子什么也不会画啊？最后还是老师帮忙搞定了。

我们天天呼吁素质教育，不过要真是素质了，我们估计都属于被区分的那部分。等咱们过了高考再强烈要求文理不分科、素质大综合吧，这想法虽然有些缺德，但还是非常有利于下一代的同学的成长的！

还有非常令人怀念的就是今天晚上那个所谓“清北班”的大会。好家伙！高二级部对咱们这届信心十足，光清华、北大就预计考上一百多人，有点儿过于乐观了吧！

让我们玩命干吧！

肥肉换分数，穿下牛仔裤！（张弛）

张弛写得非常棒！下面就由我狗尾续貂吧！有感于今晚的“清北班”大会，相信参会的同学对那位讲话的孙文盛老师一定印象深刻吧！她讲到“不能在学奥赛时想政治”时，有同学在下面小声回应道：“我们倒是经常在学政治时想奥赛。”可以说昨天的会开得幽默十足，同时也有很大的启示。让我们再自问一下：我的目标有效吗？我的压力有效吗？我的专心有效吗？我的毅力有效吗？经常反思一下，收获一定很大。由于学业水平测试和开会干扰，我们这几天需要做的事很多，事多但我们自己要有计划。

最后，让我们重温我们的目标——尖刀出鞘，横扫千军！（冀浩）

11月6日 星期六

★值日班长：蔡占锐 董傲 孙子腾

今天的值日班长是个加强连，有三个人，原因是信息集训，樊婷婷缺席，一方面不能让傲哥自己做值日班长，另一方面我本人厚着脸皮死活不肯放弃和孙子腾一起做值日班长的机会，所以诞生了410历史上第一个三人值日班长组合。

这两天很忙也很乱，本来就少得可怜的公共自习被物理老师抢购一空，就连下周的晚三也以期货交易的形式预订给了王奶奶。昨天在紧张中我们结束了自己的艺术生涯。回想那一个小时，真是在极度的焦急中度过的。焦急的不是题不会做，而是老师总在教室的那一头徘徊，迟迟不肯光临。据说马上就要体育测试了，希望同学们放平心态，不要慌，不要慌！最后的胜利必将属于410！（蔡占锐）

早晨跑到跑操地点时，刚刚35分，看到我们班的位置，和411的一样空旷，心里还有了一丝安慰，可悲剧的是40分的时候，411到全了，我们班只到了一半。（董傲）

今天看到蔡占锐写的日志，心中有些惭愧，想想自己和Jerry总是争来争去的，当初为了孙巍峰门下大师兄的位置争得不亦乐乎，最后还是Jerry启用感情牌让我心服口服地拱手让出，又因为“二师兄”的名号太过响亮而退出师门，自立门户。细数一下自己已有三个徒弟了，应该是全数奥组最多的吧。论成绩，自己不是最好的，不知为何吸引了那么多优秀学子前来求教，尤其是雅桐拜师时说的那句“我觉得你的想法总是挺稀奇古怪的”让我着实纠结了一段时间，我有那么“非主流”吗？真不知是喜还是愁。闲话少说，既然做师父就该有做师父的样子，对徒弟的辅导还算耐心恳切，我知道“群姐”又要反对了，对这个不知哪个星球来的徒弟，我总是力不从心，唉，只怪自己能力不够啊。

师徒制度是数奥组一套特有的制度，可以让大家交流经验，互相查找漏洞，取长补短。徒弟收获了知识，师父也加深了印象，这不是一举两得吗？希望数奥组以后的师徒对数越来越多，有能力的同学多帮助一下其他人，最好不要再出现李艺超对张异凡拜师时，那么确定、一定以及肯定地说“不”的现象了。

最近数奥的奶奶剥夺了我们大量的公共自习，生物组所学的导数也能让你们算得天昏地暗的了，但请相信公共自习会有的，看奥赛的时间会有的，不信你们看吕鹤松不正啃那本生物奥赛经典吗？这一年是奥赛的冲刺年，愿同学们再接再厉，再创奥赛的辉煌！像高三数奥学长们留给我们的字条上写的那样——“血洗 ×× 一中，为一零奥赛报仇！（孙子腾）

11月7日　星期日

★值日班长：孙巍峰　韩笑

今天老班不在，但不知道为什么这两天联查却特别紧。没有老班的时候似乎心里总是少了一根弦。于老师虽然尽职尽责，主动当“小班”，但说实话是无法和老班的眼神比拟的。以前老班出差我们有过表现出色的时候，也有过量化、纪律一下子崩溃的经历。老班不在的时候，也不要放松。这些天老班十分忙，不像以前那样管得紧，我们可以不必害怕老班而弄得十分紧张，但效率也不能降低，纪律也不能违反，一定要管好自己。

周测有的科目采用了大卡答主观题的形式，让我们感到了学业水平测试的迫近。我们要借这个机会查漏补缺，尤其是在文科课上提高效率。政史地不会像艺术那样简单，但也不要指望作弊。本来文科不好的同学更要有一些紧迫感，我们都要争取以最高级别通过学业水平测试，不要让它阴魂不散，挤占我们宝贵的学习时间。

前两天由于种种原因我们的公共时间几乎被占用了，好不容易到星期日，一看课表竟没发现公共自习，相信不少同学积累本开始出现赤字了。我要提醒大家，接下来的一个多月，我们的杂事会更多，包括信息会考、文科会考，但高考和奥赛进程都不会因此放慢，我们也不能因此使成绩下降。大家要做好准备，以更高的效率、更饱满的激情顺利度过这段特殊时期。如果你尝试着更高效地做事，形成习惯，将会受益匪浅。（孙巍峰）

很幸运写上班级日志的最后一页。

很幸运和数奥组的泰斗一起做值日班长，今天是十分忙碌的一天。首先要向大家小小地道一下歉，这两天也让我们很纠结，星期六本来是我们组值日，结果我和冯悦忘记扫地就去吃饭，所以我决定自罚值日 3 天。想起以前我的某任老师曾说：“所有人都值日，大家为你创造了良好的学习环境，而你不去做值日，就是不为他人服务。”还有一个原因是李策曾经自罚值日一周，我觉得他是一个有毅力的人，我也想尝试挑战自己的毅力。

友情提示：生物。

今天是忙碌的一天，整整一天的周测，大家身心俱疲。

告诉大家一个振奋人心的好消息，410 成立已经快一年了！ 12 月 7 日，410 的 71 个人相遇了，彼此生命的轨迹就这样在万有引力的作用下偏转，偏转，集结成一个交点。

一年了，一年了，班级日志也到了最后一页，三调考试结束之时，就到了410生日之际，而我们也要用成绩为410周年献礼。

回想这一年，我们71个人在一起，经历了远足、运动会、“最受欢迎教师”评选、“学星”评选、“十佳班长”评选，一次次考试，一次次奋起，许许多多的故事曾经那么实在地在这个教室、在我们身边上演。

感恩这一年，感谢彼此。记得成班第一天，所有人都带着对原来班级的依恋与不舍。老班曾说过，你要相信这次相聚绝对是你人生之中最宏大的盛宴，10年之后，你一定会感激上帝让你结识现在坐在你身边的这群人。准确的原话我不记得了，大概就是这个意思。

上周小班会，很多班委和同学谈了很多，我和武博阳悄悄退了出去，商量了半天还是决定不多说，一个是大家不见得爱听，另一个是相信410。不优秀不是第几次被打倒，但优秀绝对是第N+1次爬起来。一年了，其实作为这么优秀团队的学委，真的是一件让我感到幸福的事。不多谈了，因为信任，因为410现在不缺少长篇大论的道德教育，因为没有一个人不懂事，410少的只是一份踏实、一份耐性、一份毅力。

“团队”“伙伴”，其实是很重的词语，正如火影中的精神，为了同伴可以连命都不要的精神，李策说叫“鸣人效应”。也许吧，就像孙子腾像鹿的睿智却更喜欢佐助，我喜欢春野樱却被他们说成纲手，其实每个人在自己或别人的生命中都身不由己地扮演着身不由己的角色。我们即使3年不看火影，也要用火影的精神支持自己和410一直走下去。（韩笑）

11月8日 星期一

★值日班长：冯悦　王昭雨

很戏剧性的一个开始……

今早死乞白赖地找吕、夏要新本，人家就是不给，于是韩笑写最后一篇日志的愿望落了空，吕、夏写第一篇日志的愿望“得了逞”。这本班级日志便很幸运地完结在我的手中……

废话少说。很诧异地意识到自己把名次安到了两位优秀的学生中间。还记得在高一时成绩在 37~59 分徘徊，还记得自己在手臂上刻的沁着血珠的“窝囊”，还记得自己躲在 102 女宿舍那个西北下的床上一次又一次地哭泣，自然还有自己刻在墙上的“北大”，还有自己养的坚强的小吊兰。难以忘记的还有刚分班时同学们自我介绍时很迷茫地说着“受骗”。还记得我们一起在上学路时面对高考、奥赛的困惑；还记得刚分班时那次温暖我们的元旦联欢会；还记得流感时班里一句句不同声音的嘱咐……我们一次一次为了双优班级而拼搏的努力，我们一次一次在甬路上喊出了让学生会都振奋的口号，还有曾经一次一次安慰大家的宿舍兄弟 or 姐妹们的鼓励，天冷时不断地说着“记得添衣服”“盖好被子”。我们曾经失落过，刚分班时我们面对没信妈的迷乱，我们曾经被 411 超过，但更多的是光荣和骄傲，以及那持续不断的来自老师、家长的期望的幸福。

记忆像堵不住的洪水，脑海一幕幕闪现信妈妈严厉却充满慈爱的目光、各大评选我们响彻全场的宣誓、运动会那拼命奔跑的身影、看台上歇斯底里的加油声……这一幕幕融成光芒无限的班徽，焕发着团结、上进、永不服输的光。

我们在路上，身边是一同拼搏的兄弟姐妹，身后是父母、老师无限的期待和深深的爱。“奥赛班”让我们不一般，“尖刀班”注定了我们的卓越，“狼鹰家族”更印证了我们的顽强和昂扬。我们就是要做最优秀的团队，让 410 的名字在衡中史册上闪烁无限光芒。

410，加油！410，我们永远的至爱！（冯悦）

有人想在第一页留下记录，我却想在最后一页涂上几笔，优美也好，空洞也罢，至少要做一个结尾，毕竟开始并不是最重要的，重要的是有一个美丽的收尾。

今天上午才知道自己是值日班长，但我确实记了早到，只不过记了一半。我至今仍清晰地记得，有三个女生、三个男生早到了，三个男生是徐光耀、我和孟令镯，而那三个女生，有兴趣可以自己在下面写上，我画三个空格。

今天应该改为昨天，公共时间异常的少，体育学业水平测试开始了，知道了什么叫考察就不用怕，轻松面对小事，但是考试科目必须重视。下周的下周或许就要信息测试，骆老师一次次参透悲观的信息，意在提醒我们重视，而不在吓唬我们，我们务必讲效率。

昨天，不知道大家是否尝试了小班的时间压缩战略，有时可能因各种客观原因而难以施行，但毕竟一个课间施行了也叫施行，不必一下子寄太大希望，慢慢来。第一天因此多改了一道题，第二天两道题，先“J”形增长，再“S”形，一步步来，或许能帮上大忙。

冯悦热情洋溢完，我也不想再写篇类似的，我仅以几句话作结吧：用照相机拍下每一天的天空，或阴霾，或明朗，或者白色的、蓝色的、灰色的，收藏在心中，这是410一家人共同奋斗时的天空。（王昭雨）

11月9日 星期二

★值日班长：夏美琨　吕鹤松

樊婷婷，Happy Birthday.

今天是平凡的一天，不过我们可以从平凡的生活中发现很多不平凡之处：食堂前的大牌子不停地展示“文科超市”“理科超市”的风采；上午的生物课有很多老师来听课（飞哥都来了），于老师热情高涨，帮我们把课间利用得极其充分，让政治老师都想“起义”；语文早读那亘古不变的江南酸雨终于成了回忆；政治老师让我们明白了一条哲理——历史总会重演的，她和“双猫记”老师都成功地把“夏”认成了“姜”。

今天想写一写410的老师们。

老班，自然是非常优秀了，以前在402时看过一篇408的专版，上面就有老班的事迹，当时就很好奇她是一个怎样的人。后来进了410，一位老师跟我说信老师非常不错，事实上果真如此。

于老师，用一个词形容，“可爱”。她“迷糊”得可爱、认真得可爱。虽说她平时很严厉，但严厉也是爱，她真的把410的每个同学当成了自己的孩子。还记得她在河南时隔三岔五地请我们出去大吃一顿（飞哥点的干炒辣椒丝除了我没人动筷子），有时候还包下整个西瓜摊让我们吃。

尹老师非常有魅力，记得班里有同学说过：“尹老师是那种能把课讲成艺术的老师。”

胡艳艳老师很年轻，她家离衡水很远，作为一名女老师，确实挺不容易的（所以我们要好好努力，别辜负了老师对我们的期望）。

说到背井离乡，飞哥是最远的，他说本来可以干一些其他的工作，过更好的生活，但是为了学生，他选择了坚持（感动……）。

卢老师很逗，他讲课很棒，是“状元培养机”（我们曾经的小苏苏，你也很棒的）。

小王老师被东区称为“镇区之宝”。我们在河南时，我和丹丹还有东区的赵晨佳、闫俊伟在一个宿舍，东区的她们俩天天唠叨小王老师。

还有普哥、高国华……总之，410的每个老师都是非常棒的，非常无私奉献的，在这里替同学们说一声：“老师，您辛苦了！”

由于是新本第一页，有些激动，写得有些多。最后以我最喜欢的七堇年的一句话作为结尾，要有最朴素的生活与最遥远的梦想。以前总是被李艺超念得很没有味道，这次希望“周朴园”念得好一些。

下面听一听鹤老大的忏悔吧。（夏美琨）

昨天历经周折，终于从冯悦手中抢回了新本。当过好多次值日班长，可哪一次也没有这么棒——能在410的班级日志第一页上留下一笔，我也算“开年无憾”了！

我本来酝酿了好几天，想在第一天好好表现，用我的perfect performance给班级日志带来一个崭新的开始，可事情总赶不上变化，今天，是我最近一段时间最倒霉的一天。

下午地理课上，苏冰逗了我一句：“哪里都有铜。”于是，我傻乎乎地当真了，正当我问衡水的铜矿在哪儿时，地理老师点了我的名字。于是，我和苏冰一直站到下课。又想起那次化学课，也是类似的情况，我被化学老师点名站起来并被批了一顿。两次被罚站，这一次又在当值日班长的这一天，真让我愧疚啊。希望同学们吸取我的教训，上课都能好好遵守课堂纪律。

我本以为这只是今天的一个小插曲，可谁想到这只是一个前奏，“好戏”还在后头。下午第五节课间，我和阿腾被老班叫去，原因是我俩被记了，而且我被记了两次——一次喝水，一次说话，这可真把我弄得晕头转向，原来这竟是我刚上早读的时候发生的。那时，刚跑完操，我的嗓子因为喊口号干得冒火，上楼后就喝了口水。这在平常是再普通不过的事情了，今天竟然被记了？！难道是级部老师在跟我开玩笑，知道我今天是值日班长故意让我出出丑？早读时卷子有些混乱，我向子腾询问是否有多余的卷子，结果被记两人说话。不到一分钟，被记两回，有比我倒霉的吗？这件事整得我很纠结：本来还是排名第二的量化一下子下降到了五六名。正如老班所说："没有一个人想故意给 410 扣分，但不管多么冤枉，扣的分都不可挽回了。"在这里，我也向大家道个歉，向 410 道个歉，希望大家以我为戒，不要再扣冤枉分了。

还有一件事让我很纠结：周测把地理二卷的学号写成了原来的学号（现任是子腾），结果害得他地理少了 6 分，我少了 21 分。我没想到，周测竟然录进了唯一一科文科——地理。我真是后悔啊，也对不起子腾。再次以此为戒，希望同学们不要再写错学号了！

前天于妈妈给我们上了一堂新颖的班会课。如果说信妈妈的班会课是阳春白雪，那么于妈妈的班会课就是下里巴人（同学们不要急，下里巴人一点儿没有贬义，而是对于妈妈的赞扬）。她的班会课虽然没有精彩的哲理句子，也无华丽的动人篇章，但正如美琨所说："平凡中存在许多不平凡，朴素的分析正好切中我们的要害。"她所讲的时间安排让我们受益匪浅，昨天下午我试验了一下，课堂效率确实提高不少，我干的事情比以前多了很多。这是于妈妈提供给我们的一条符合我班班情的特色的奥赛金牌之路，前途无限。同学们不要迟疑，赶快踏上这条康庄大道吧。

写班级日志的第一页，真是有太多太多要说的。几乎是一年前，我们聚在了一起；回首这一年，我们走过了太多的风风雨雨，但无论风雨多大，总是击不垮英勇的 410 人。410 人历尽沧桑而锐气不减，千锤百炼而斗志更坚。相信英雄的 410 会越行越稳，最终登上巅峰。

新的一年，新的开始，个人的悲欢总是淹没在汩汩的历史长河中，唯有前进是亘古不变的真理。

最后，还是把这句诗送给 410——我不去想是否能够成功，既然选择了远方，便只顾风雨兼程。

我爱你，我赞你，我为你付出，为你欢呼！

雄哉，我四一零；伟哉，我四一零！

四一零，尖刀横，夺金牌，啸苍穹！（吕鹤松）

11月10日 星期三

★值日班长：段文思　詹小雨

这几天很忙，大家手头积攒的任务也不少，不过不要慌忙，心急吃不成热豆腐（又想起上次喝粥烫掉两大块口腔上皮的经历），或许生活中有很多事情要你去做，但仍需专注，专注地做好眼下的事情。

还有，今天大家重温了一下班歌，我觉得我与班歌《倔强》很有缘。记得上一次放班歌时就是我当值日班长，今天歌唱时我便想高呼——我又是值日班长！家长会快到了，我们要用最好的姿态迎接我们的家长，我们要用自己的努力让父母放心。（段文思）

又当值日班长了，感慨时光流逝。早晨起床，莫名其妙地觉得自己很晚，连牙都没刷就冲出宿舍，到了跑操地点吃了一惊，只有夏美琨、刘子悦“依偎”在寒冷的晨风中，与其他班级相比，更显单薄。我于是开始背书，不到两分钟，咱们班又来了一多半人，我还算欣慰。6点55分我心满意足地举着牙膏、牙刷和洗面奶从水房出来，在门口段文思吃惊地问我：“你干什么去了？”我随口回了句：“洗脸去了！”心里还想，今天值日班长很热情嘛。直到早预备时吕鹤松问谁是20号时我才意识到自己原来也是值日班长，这样回想起来我和段文思在早上的那段问答一定让她很无语吧。

校园里菊花开得正好，梧桐的叶子飘得辛酸，不禁想起杜牧的诗句“菊花须插满头归”。我想菊花也是爱凑热闹的，不然，杜牧怎么与好友登高而饮而不是独自一人呢？今天在课后听了《那些花儿》，也许朴树版的更有感觉。那些花儿，曾经与我一同踩着梧桐树叶欢笑的同学们，她们还开着吗？听说她在为名词烦恼；听说她回老家上学了；听说……我无力一一打电话拾起过往的日子，只是每天面对着卷子大喊着“推翻三座大山”。我们都在努力那就努力吧，菊花也需要华丽地转身，倔强地仰起高昂的头。

太多的话要说，不过还是祝福大家睡个好觉，如果睡不着，就想想那些花儿，想想未完成的梦。（詹小雨）

11月11日 星期四

★值日班长：姜世磊　苏冰

11 月 11 日，一个特殊的日子，因为我们的晚三再一次地“报废”。近日来的学业水平测试使我们本来就少得可怜的公共自习变得更少，但是我想只要我们抓紧时间还是可以完成很多事情的。

因此，不要再抱怨我们的公共时间少，只要我们动作再快一点儿、注意力再集中一点儿、课堂效率再高一点儿，我相信我们会挽回时间上的损失。（姜世磊）

除了数学课上空气中弥漫的些许“火药味儿”，今天还算平静。值得庆幸的是，王老师没有爆发，不过就是这样，也给在座的同学吓得“小手冰凉”。

下面说下家长会。记得初中的家长会每一次都是提心吊胆，生怕家长从老师那里得知一些不想让其知道的东西。但现在不同了，不能说现在不犯错误，但至少这些错误在家长看来不算过火。听说老班安排傲哥开家长会，大家应该都很开心，因为傲哥做事干净利落，不会拖拉——这样我们就可以早些回家了。

会考临近了，希望大家都能顺利通过。（苏冰）

11月12日 星期五

★值日班长：刘志广　白轩然

今天是忙碌的一天，有一大堆的作业，要在一个短短的早预备完成是不可能的。鱼和熊掌不可兼得，于是我果断地舍弃了物理学案，于是物理老师也果断地在第一节课让我在后面站岗；只有英语老师体谅我们，换了卷子，但百分卷也只是推迟到明天必须完工。看看课表，体活、晚三全都贡献给了奥赛，明天早自习又要补札记本。不过，时间是海绵里的水，我们一定要完成百分卷，不辜负卢老师对我们的期望。

我还要借此为蔡占锐澄清。化学课上，我趁老师不注意，问了他一道题，老师回过头来时看到他正在说话，于是他成了替罪羊。我再次对他表示诚挚的歉意和深深的同情。（刘志广）

最值得一提的就是明天的家长会了，难得一次家长们能够聚集一堂，内心十分期待。这次家长会的内容很丰富，不过也忙坏了冯悦、董傲和武博阳，每天在电脑前忙这忙那。的确，家长会确实是一项艰巨的任务，也是对班委会能力的巨大考验。相信他们能够给家长一个别具特色的家长会。

现在请允许我利用这个机会谈一谈“每周之星推选委员会”。这次，我们6个人分别给6个任课老师写了一份颁奖词，我心中有一份莫名的冲动，因为我要给卢老师写，以至于王昭雨惊问：“你和他什么关系？”于老师比较抢手，很多人都要给她写（全是生物的），最后还是由昭雨来主笔。相比我们几个用早读时间写的同学，康姐就要纠结得多了，那时，化学作业尚未布置，物理学案摆在桌旁，奥赛催得正急，而康姐的任务又无比艰巨——给信妈妈写颁奖词。于是，康姐埋头一个晚新闻，终于成稿，请大家多多关注，敬请期待。

最后，同学们，打扫干净你们的小窝，理好头发，以最佳的状态迎接家长会的到来吧。（白轩然）

11月15日 星期一

★值日班长：张肖荻　董宇喆

两个数学科代表同一天当值日班长，必须说一些关于数学的事。今天小王老师颇为同情地扫视了一下同学们，然后说：“别收积累本了。”或许他开始放心咱们了吧。王奶奶好像给数奥的同学又发了本子，哎，任重道远啊，410的“本本主义”估计会在星期五爆发得更加严重。提醒大家一句，数学需要拣重点写，不要事倍功半。试着像王老师一样概括，把知识框架记在脑子里，积累本也不是难题了。（张肖荻）

又一次“课前两分钟”与值日班长撞车了，我当了四次值日班长，两次都是身兼数职，这概率比大鲨鱼的罚球命中率要高多了。

数奥又考试了，我们这次考得太惨了，简直就是“惨不忍睹”，50分以下的人有不少，乍一看还以为是考二试的题。不过，好在不是联赛，好在还有机会，好在还有一年的时间，我们还可以做很多事，一定能够取得最后的胜利。（董宇喆）

11月16日 星期二

★值日班长：李喆　赵宁

衡中奥赛班手记：
花开的声音

好高兴酷爱体育的我能在亚运会期间当上值日班长，鉴于今天没有特别的事情，我想给大家分享一些体育界的事。

乒乓球是我国的国球，而王楠、张怡宁都是中国女子乒坛的佼佼者。邓亚萍之后、张怡宁之前一直是王楠统率中国女子乒乓球队，王楠在接受采访时曾说过她与张怡宁的一个小故事。

当初，十几岁的张怡宁刚进入国家队，与王楠住在一起。一次，食堂做好吃的，王楠由于训练没有去食堂，张怡宁注意到了，于是就带了两份食物回房间。她本想给王楠一个惊喜，没想到弄巧成拙，自己差点儿摔倒——将饭举过头顶，呈劈叉姿势。王楠被她的可爱与细心感动了，两人建立了深厚的友谊，共同进步，才有了 2008 年两人会师女单决赛的温馨。

一件普通得不能再普通的事情促成了二人深厚的友谊，对她们辉煌的乒坛生涯起了很大的促进作用。在我们今后的学习过程中，大家也要互相帮助、友好相处、共同进步，捍卫我们的王牌地位。

因为信息的同学不在，因此我便搭了前一任值日班长的车。这两天中午特别安静，说明大家都开始暗暗努力了。但是，内务方面我们仍要重视，我们要让学习成绩与内务成绩直线上升。

把下面的时间留给赵宁。（李喆）

今天是比较平凡的一天，也是比较纠结的一天。

早读时进行了单词大比拼，但结果不是很理想，涛哥很生气，后果很严重。好在我们明天还有机会，大家一定要好好准备，不要再让卢老师生气了。昨天按照惯例交了英语本。我的习惯是每次老师讲作业时我顺便把题写在积累本上，所以每次都不用担心积累本题目不够的问题，但是昨天却失算了。上星期五收了一次积累本后，由于星期六和星期日没有作业，因此我的积累本从星期五之后便没有内容了，而让人纠结的是我还不知道自己的积累本是"白板"，于是发下积累本时，我发现本子被折了一个角，还有一句批语："这两天积累的东西呢？"于是我很纠结地去找了卢老师，好在我去的时候他没有生气，只是很温柔地教导了我几句就让我离开了。万幸万幸。

今天上数学课时奶奶不停地提醒我们做笔记，看来奶奶是下决心整顿奥赛组了。从训我们到位慢、不带书到用纸印出来的要每个人遵守的承诺书，从以迅雷不及掩耳之势批出我们的考试卷子到昨天3分钟的班会再到每人一个笔记本让我们记笔记，想必大家都体会到了王奶奶的良苦用心。同学们，加油吧，为了那些关心我们的人。（赵宁）

11月17日 星期三

★值日班长：王雅桐　艾冰清

跳过乔方舟和运经纬，又拉小艾做了一天的值日班长。

今天舒钰去了东区，郭宇来了本部，算交流经验或者挑战吧。舒钰又一次提到了“剑锋出鞘，横扫千军”“王者归来”。后天，信息的战士们就要奔赴邯郸NOIP了。初中的学校用来信息学竞赛，我未曾参与其中，却看见了他们的艰辛——会去石家庄参加初中联赛，会在初三毕业的暑假到衡中集训。看到往届学长为信息而来却什么都没有得到，看到自己以省队第一的身份进入全国赛却因失误而追悔莫及，看到低一届的学弟学妹又抱着OI的梦想而来……欢声笑语、调侃打闹背后的付出，或许只有这些奥赛生自己清楚。

作为一名数奥生，连信息代码都看不懂的我在对他们进行“评头论足”之后真诚祝福他们。11月20日之后一切都不再重要，唯有前行。我们都是过了河的孩子，不能回头。

还有7天就要三调了，7天也许真的可以改变很多。加油！

明天早读上阅览，一定利用好札记本。（王雅桐）

已经是9点40分了，我刚刚写完化学作业。星期三是一周繁忙的开始，物理、化学、数学、奥赛卷子蜂拥而来。今天只是一个开始，努力吧。

赵宁昨天很纠结，我今天也很纠结，奥赛查作业时才发现自己差了很多，未完成的东西感觉如同泰山压顶一般。既然时光在流逝，我们也不能再回头，所以也只有两横一竖“干”了。祝大家睡个好觉，明天继续努力。（艾冰清）

11月18日 星期四

★值日班长：苏浩然　朱玉璇

不知不觉中距三调竟仅有一周的时间了。不知从什么时候起，在考试前总会有一些担心：担心会涂错卡，担心考砸，等等。其实这种状态对大家是有益的——在神经极其紧绷的状态下，我们也许会取得更出色的成绩。对于三调考试成败，我们关心，信妈妈关心，410 的班牌关心。大家做好准备了吗？（苏浩然）

明天决战 NOIP 的信息同学们就要出发了，近一个月的封闭训练，培养的不仅是能力，更是对金牌的必夺之心。愿他们都能杀出重围，共举 NOIP 之金。

希望大家都能保持好心情，如果觉得烦的话可以出去走一走，呼吸一下新鲜空气。（朱玉璇）

11月19日 星期五

★值日班长：孟亦同 张异凡

每到考试前都会轮到我做值日班长，仿佛是个规律。最近又是很纠结，各科成绩都不理想：化学长期处于倒数，生物好多不会，语文是弱科，英语略有起色（上帝保佑它别给我拉分），数学完全不知道在学什么，物理最没有底儿。哎，压力大大的，一个不小心就完蛋了！所以我今天就要开始努力，尽最大努力备考。

最后希望参加奥赛的同学都能取得好成绩，加油！（孟亦同）

今天有一个重大发现，我终于见到了那个传说中的“省队”同学——邓士川，发现他长得蛮普通的，真是人不可貌相啊！

其实我感觉有目标就是好的，有了目标，更要向目标努力，坚持不懈，这体现在很多细节方面，比如上课要记笔记。值得一提的是李策上课记笔记记得特别认真，向他学习。

最后祝大家睡个好觉，希望都能好好享受躺在床上舒服的感觉！（张异凡）

11月20日 星期六

★值日班长：柴君卓 徐希浩

不管信息学的兄弟们和婷婷能否听到，但我想现在每个人都迫不及待地想对他们说一声：“欢迎回家！”今天是 410 团聚的日子，我心里有一点儿小小的欣慰与感动。410 是我们的家，我们每个人都有 70 个兄弟姐妹和爱我们的老师。

一起奋斗的日子，真好！

今天唱班歌的时候，投影上先是出现了我们的誓词，然后多了一行字——“距三调还有 6 天”。请大家记住我们的承诺，记住一直站在我们背后默默支持我们的人，请为那些爱我们的人而奋斗。

最近化学作业砸得大家有些晕头转向，但是不要急、不要慌，平心静气，一定要保持一个好心情。大家可以试着在晚上回宿舍时放慢脚步抬头看看星星、月亮，如果没有看到的话，就自己画一个贴在窗子上吧。（柴君卓）

今天是个特别的日子，是我们信奥的战士们磨了近半个月的牛角之后，带着尖刀班的霸气向 OI 进军的日子。昨天，李舒钰想用那首《相信未来》为樊婷婷壮行；昨晚，超哥用他太空步般的字体在黑板上写下“为信奥的战士加油”。信奥的战友们，即使你们无法听到“紫葡萄化作深秋的露水”，无法看到黑板上的太空字，但是相信你们一定会感到我们内心的磁场变化在你们心中激起的感应电流所传达的默默支持。

不知你们晚三能否回来，但我真的很希望你们回来，然后对你们说：“欢迎回家！”

等信奥的兄弟姐妹们回来了，我们三调考试的统一战线也最终形成了，希望同学们发挥团结的力量，不急不躁，拼搏三调，听信妈妈的话，好好考，取得三调的完胜。

数奥的同学们，王奶奶今天告诉我们备考的任务不是很重，可我们不能轻敌，还是要充分备考，坚守一零数学阵地。六楼的“数学之家”在我们的精心布置之下完成了，我们的目标、格言也都贴在了墙上，我们要为自己的目标全力冲刺了。20 个省一的目标不遥远，只要我们再努力一些，用自己的汗水去浇灌成功，一定会实现。这届数学联赛的战场上，必将插满衡中 410 必胜的旗帜！

最后希望同学们好好休息，以最充沛的精力迎接明天即将到来的周测风暴。晚安！（徐希浩）

11月21日　星期日

★值日班长：高雪迪　王翠薇

这是我第一次在星期日这个伟大的睡懒觉的日子做值日班长，倍感荣幸！

今天王战普老师讲了很多，语言不华丽却深刻，深刻到使每个人都直面现实、直面自己。我们已经不再幼稚，不能任性，要咬紧牙关，积蓄自己的力量。历史不会重来，青春不会重来，大家努力吧！（高雪迪）

小王老师的班会来得很突然，内容也很突然。昨天小王老师有一句话是“珍惜你的高中的一切一切”。高中真的很珍贵，而往往很值得珍惜的日子却显得非常短暂。小王老师还说了一句非常有哲理的话：“其实你每天都在创造历史。”听上去会让人多出几分敬畏，但我们又必须直面它，用全力创造自己的历史。过去就真的过去了，而且它存在着，并且你是它的所属人。所以说，对于任何一件事，不管大事、小事都要做好，我们要创造属于我们自己的辉煌历史。

王战普老师还提到了我们伟大的410。在这个班级里生活真的很幸福，有好多好多的感受，相信大家也是。想对班级说的，太多，太多……

好了，兄弟姐妹们，为了明天，Fighting！（王翠薇）

11月22日 星期一

★值日班长：金幼晗 王卓

我终于迎来了令自己胆寒已久的信息水平测试，对于我这样一个电脑白痴，内心多少有些畏惧。“迷迷糊糊”地进了考场，“稀里糊涂”地考完，“漫无目的”地走出教科馆，“怅然若失”地感慨自己的考试。明年需不需要补考呢，我也不知道，不过既然已经过去了，就不要再想了，往下就到了三调考试。信息的兄弟姐妹们不要慌，只要做好自己，我们一定能够重铸一零辉煌！信妈妈没有回来，由孙凌老师代课，尽管孙老师很有才还是不由得怀念信妈妈。信妈妈真的好坚强，无论在外面经历多少风雨，哪怕双眼哭得通红，可上课时依旧激情饱满、声情并茂。星期四的三调考试我们一定要努力，用我们的努力来回报信妈妈的付出！

今晚播放新闻时才知道我是今天的值日班长，实在惭愧。（金幼晗）

昨天感触非常大，其一是王战普老师的班会那么打动人心。王老师说“你永远在创造历史，而历史不会重来”，王老师还说“要珍惜身边的人”。是啊，想想那天还开美琨的玩笑，结果还认为没做错什么，真是挺不应该的，所以我要说："美琨，请原谅我，我做错了。"明天还有一件重要的事那就是会操比赛，希望大家都有好的表现。今天还想触及一个敏感的话题，信息的兄弟姐妹，我知道你们的沮丧，但上帝在关闭一扇门时会打开另一扇，所以请尽快踏实下来，加油吧！（王卓）

11月23日 星期二

★值日班长：金幼晗 王卓

今天又做值日班长，这实在是我的幸运——相邻两次在这个本子上留下自己的笔迹。今天是平凡而忙碌的一天，记得以前383的学姐告诉过我，他们分班后成了每个班班主任重点管理的对象，因为以前的班级太散漫了。她嘴上这么说，还是看出她对原来班级的眷恋。也许正如战普老师所说，我们在一起的时间太短了，也许10年后我们已经成为各行各业的骨干，那时再相聚，再忆同学少年时，一定是别有一番感触吧。410是一个整体，我们将一起走过风风雨雨，走过人生最美的年华，珍惜现在与我们一起奋斗的兄弟姐妹们，珍惜我们的信妈妈、于妈妈、尹老师、艳艳姐、普哥、卢老师，相信这段美好的日子会伴随着我们走过今后的人生之路。

信息的同学们此刻的纠结我能理解，可与其着急不如踏踏实实地把自己手头的事情做好。千里之行，始于足下，慢慢来，相信你们都会很快找回状态的。今天的课间似乎有一点儿乱，希望大家都能好好调整，努力调整，备战三调。三调是我们的雪耻之时，我们一定要加油！（金幼晗）

加油，一零，永不言弃！

告诉大家一个好消息一个坏消息。先说好的，今天会操比赛咱们班第一；坏消息是，咱们班跟第二只差一点儿。我还真是捏了把汗，咱们班的会操那么好，一定要继续努力啊！还有提醒大家，要注意看齐尽量站紧密些。

最后希望大家好好复习，为410争光！（王卓）

11月24日 星期三

★值日班长：董雪 王迪

很长时间没做值日班长了，上次赶上考试，没来得及写班级日志就被其他同学抢走了，上上次因在河南培训也错过了。总之，已经期待好久做值日班长了。翻看了一下前面的班级日志，发现很多开头都是“今天是个不平凡的日子”。是啊，410的每一天都是不平凡的，因为我们71个人在一起，我们一起跑操，一起对着英语课文挠头，一起为数学题纠结，一起忧伤一起快乐，一起忧愁一起感动……

真的越来越觉得410是个温暖的家，所以不管遇到多么大的困难，都有一帮兄弟姐妹为你分担，即使帮不上什么，也会给你温暖，绝不让你一个人独自流泪。就像信息的同学们在拼命挣扎时我们也在默默加油，就像信妈妈在承受莫大痛苦时我们也在为她尽力地分担，就算真的无法分担，但只要我们干好自己的事情，我觉得就是最好的分担了。

李舒钰超喜欢向日葵，所以在她所有能画画的地方都可以找到她画的向日葵。其实我觉得每个人都可以做一株向日葵，虽然太阳只有一个，但我们可以每天面向它，健康快乐地活着，并且以微笑面对每个人，把我们的快乐传递给大家。

真心希望我们410的同学们都能在阳光下健康成长，借用李舒钰的一句话是“花开的声音，草长的声音，我们轻轻长大的声音”。

最后说一句：“武博阳，生日快乐。没有许愿的话赶紧在上床睡觉之前许个愿哦，祝你梦想成真！”（董雪）

今天像有的同学说过的一样，又是值日生，又是值日班长，这应该是七分之一的概率了吧，真是不亦乐乎，再加上明天就要考试了，概率进一步变小，深感荣幸。今天在拖地时正播放关于刘翔精彩表现的新闻，不过可惜只是听到了一些无关紧要的评论，没听到最后的结果，不过相信刘翔最后一定能够取得金牌。北京奥运会上刘翔的缺席是一个遗憾，但他经历了沉潜之后必将一飞冲天，就像学习语文一样，先前是“死去”，现在是“活来”，加起来是“死去活来”，呵呵。

今天频繁报道了一些让人难过的消息，包括金边踩踏、新西兰矿难，虽然没抬头看电视机里的画面，但一定惨不忍睹啊！不知道大家注意到没有，矿难中有一个17岁的孩子，他第一天下井就遇难了。刘通说他可真够背的，确实够背的，不过除了这些我们还能想到什么呢？17岁，和我们差不多的年龄，我们在上学，他在下井，天壤之别。我们是幸福的，我们可以在人生最美好的时光里坐在教室里学习，为了自己的将来打拼，所以我们一定要好好珍惜现在的生活，珍惜身边人，珍惜身边事。在你还能走路的时候就尽情地奔跑吧，在你还能呼吸的时候用心地去爱你身边的人吧。

明天会战即将开始，大家准备好了吗？希望我们都能攻克一个个堡垒，取得最后的胜利。

最后，用群姐篡改的一句话结束："不想当厨子的老师不是好司机。"

410的战友们，加油！（王迪）

11月28日 星期日

★值日班长：刘士琦 高岩

三调考试刚刚结束，我们迎来了假期，虽然短暂，但是我依然很高兴。今天我突然发现其实学习兴趣是很重要的，此前英语成绩一直不是很理想，我觉得也是跟没有学习兴趣有关。希望大家都能提高自己的学习兴趣，从而也能更加轻松提高自己的成绩。

三调已经过去，成绩无论好与坏我们都已经无法改变，所以我们要把精力放在即将到来的下一场战役——学业水平测试上。当然，我们的目标应该定位在全部拿到"A"，相信只要大家努力，一定能取得令自己满意的成绩的。（刘士琦）

今天还真是冰火两重天，上午还看着足球玩着球，下午就知道了自己的成绩，心里很不是滋味，终于又尝到了一次全线崩溃的滋味。想着父母期盼的眼神，我真的觉得有些对不起他们的付出。也许他们会对初中成绩优异的我来到衡中后成绩却一退再退感到不解，也许会为儿子考不好而担忧，而我现在能做的唯有用自己的努力向父母证明你的儿子是可以的，我要用自己的行动不再让父母为我担忧。

今天的班会还真的不一样，我们连唱了三次班歌，正如信老师所说："你在几十年后回首往事时，也许还记得410一起在教室里唱《倔强》时的情景。"的确，时光流逝，当我们回首往事时，又有多少能留在心头？珍惜现在，珍惜410的每个兄弟姐妹，我想若干年后我们一定会记得这段一起相互扶持的日子。

最后，告诉同学们一句话："最后的高考才是决定胜负的关键，平时的考试只是磨砺大家的战场。"希望我们都能不计较平时的成败，吸取经验，在最后

的高考中取得辉煌。加油，我亲爱的410战友们！（高岩）

11月29日 星期一

★值日班长：杨晓鹤 袁景昊

今天不是什么特别的日子又是一个特别的日子，因为韩帽说了："今天是个特殊的日子，因为今天是晓鹤当值日班长，所以特别啊！"我窃喜，心里好甜。

今天体育课又是自由活动，男生都跑去篮球场了，而女生则以美琨为代表投身到羽毛球伟大的事业当中。

突然好诧异为什么学校要将落叶打扫得如此干净，没有落叶何来秋天的气息呀，何来如此多的悲秋佳句啊，又何来中国诗中的"木叶"文化啊！呵呵，想象力够丰富吧！看着落叶飘下的优美弧线，你是否想过捡起一叶，去欣赏那历尽沧桑的黄色与皱纹般清晰的脉络呢？有没有想过，在迈出一只脚后发现一片叶子然后悄悄地缩回，不去伤害它呢？

给大家讲个笑话吧。有一次放假，只有我一个人在寝室。那天晚上在黑暗中我吃了很多零食，也不算太多吧，只是把垃圾扔在床头，然后安心睡了。第二天，当我准备吃早饭的时候，发现眼镜不见了，我迅速地冲到一楼垃圾桶旁，这是我第一次见到垃圾桶如此开心——在垃圾桶的最上面发现找了好久的眼镜！我今天早上起床时把眼镜混在昨天吃零食的垃圾里一起扔了。这里要提醒大家，以后不要丢三落四！还有就是保护好眼睛，还要保护好眼镜。

废话休提。这次咱们跑操居然屈居第二，真觉得有些难受。左右两个体委，卓卓郁闷了好几天，鹤松更是说"全是我们的责任"。不过我相信，只要我们410人全体努力，下次一定会取得好成绩的（今天的口号就挺响的）。

其实青春是一种心态，就像《我相信》中的一句歌词所唱："我相信青春没有地平线。"

大家晚安！希望大家梦中也浪漫一下，到月宫一游吧！（杨晓鹤）

今天上语文课时老师表扬了我们，但英语课上的数据分析显示出我们的境况不容乐观。面对我们现在的低谷，不如像常宇所说的那样，"说一千，道一万，不如两横一竖'干'！"我们不能再容忍这种低迷，我们要奋斗，为了我们和家长，也为了我们自己。

给大家讲个故事吧。有一种昆虫，它在羽化时，狭小的透气口阻止它爬出去，无数只昆虫因此累死在出口处。当人们剪开茧时，它们虽然轻而易举地爬了出来，却丧失了飞翔的能力。我想我们正处在这样一个小口边缘，如果我们轻松地度过了这段时光，也许到社会上我们就会被淘汰，而经过了这样的考验，我们的将来才更加辉煌！

另外，翻了翻我们的班级日志，发现写日志的笔迹的颜色好漂亮啊。累了就翻翻日志吧，养眼效果老好了（一般人我不告诉他）。

祝大家睡个好觉，做个好梦，明天以更好的状态为了我们的410奋斗！（袁景昊）

11月30日 星期二

★值日班长：张默　常宇

首先，很荣幸和常宇一起当值日班长。我们的班歌《倔强》是一首非常好的歌，而且很适合410。

当我和世界不一样（在不平凡的9月，选择了奥赛的我们就已经和别人不一样），那就让我不一样（让别人知道什么是真正的不一样。刚开始的路走得有点儿无奈有点儿歪，那一年雪花迷乱的路标）。坚持对我来说就是以刚克刚（奥赛是一座如钢铁般坚硬的大山，亮出你的尖刀，它的锋芒才是衡中武林的绝美乐章），我如果对自己不行（败了、累了连泪水都不擦了），如果对自己说谎（还找借口说是奥赛影响了高考），即使你不原谅，我也不能原谅。最美的愿望（高考创造出410的辉煌，让全世界都陪我们唱《倔强》）一定最疯狂（想起刘若英问，“你敢不敢像我一样为梦痴狂？），我就是我自己的神（上帝、释迦牟尼……）在我活的地方（东西对抗，两面受敌，路越走越长。雪花走了，却刮来了来自西方的寒风）。我和我最后的倔强（站在最高处，向那个方向遥望）握紧双手绝对不放（再凛冽的风也吹不动狼鹰筑在揽月楼第四层枝杈的巢），下一站是不是天堂（有人说，彩虹是天堂的入口），就算失望不能绝望（因为410门前有一座彩虹）。我和我骄傲的倔强（好像那塔克拉玛干不败的胡杨）我在风中大声地唱（全世界都陪我听着）。最爱我的人别紧张（我的奔跑不迷茫，向善、向上、向心，那是410最开始的地方），我的固执很善良（我要的倔强不是你的鲁莽，是好学、乐学、善学，在风中找一双翅膀飞翔）。我的手越肮脏，眼神越是放光（摔倒在泥土里，还站起来举起手说看到了眼睛里希望的亮光），你不在乎我的过往，看到了我的翅膀（宽容我们幼稚的错，信妈妈用爱来放大翅膀的力量），你说被火烧过才能出现凤凰（选择了飞向太阳，炙热就无法阻挡，光声球层的温度，才能让耀斑放射光芒）。我不怕千万人阻挡只怕自己投降（别人的质疑是不能剥夺我的勇气的，在西风劲吹慵懒的午后，让我们在风中大声地唱）。（张默）

终于轮到我当值日班长了，首先表达很荣幸可以和刘通的师傅一起当值日班长。还是说说三调吧。今天晚新闻轮到我收化学积累本，当我把积累本交到胡老师手上时，面对化学成绩倒数第二的我，老师不仅没有责备，而且给我的化学提供了很多切实可行的建议，我很感动。晚自习期间，整个备课区到处都是学生，而每个老师都在耐心地与学生沟通，尤其在尹老师那里看到了很多410的同学。我充满了斗志，毕竟考试有胜有败。在他们身上，我看到了永不言败的精神，我要向他们学习，再接再厉，在下一次的考试中取得好的成绩。

这几日，经历了低谷的410渐入佳境，课间少了喧闹，多了问问题的声音，多了笔尖沙沙的声音，整个410充斥着向上的气氛，各个班委也在锐意改革，为了12月25日四调的胜利而做准备。在今天的班委评选中，傲哥以98%的支持率胜出，祝贺！最后，祝大家睡个好觉，在接下来的时间里调整状态，共同赢取四调的辉煌！（常宇）

12月1日 星期三

★值日班长：赵鹤宁　赵进

今天不仅是不寻常的一天，值日班长也是特别的两个人——我俩是信息同学在NOIP后第一次当值日班长。

今天的不寻常来自绑腿比赛，虽然刚开始大家还对体育课被占用十分抱怨，甚至有的同学有假摔的想法，但是真正被绑在一起时，每个人都是那么团结、专注、努力。最终，我们宿舍代表410取得完胜。

会考在即，希望大家努力！（赵鹤宁）

3 天后就是学业水平测试了，加油！（赵进）

12月2日 星期四

★值日班长：安磊　李策

新闻上说张家口贱卖大白菜，尤龙又在偷着乐了。

今天早晨我果断地抢下了班级日志，非常自私地收藏了一天。

说真的，这本日志消磨了我今天大部分的课间——这个本子记录了我们 410 走过的每一天，按照 ZSZ 的话说，巨棒！翻开第一页，发现美琨姐清秀的字体和对老师调侃的介绍，让我爆笑好久；再往后翻，是鹤松遒劲的楷体（话说他倒霉的一天，我也很有同感）……由于下课看班级日志太有趣，上课还在回味，所以被老师点名就“杯具”了，被连续点名那就“茶几”了……在此提醒大家上课的时候一定要认真听讲，思路紧跟老师！

马上就要学业水平测试了，这一天天做着传说中很 easy 的样题还真是让人受不了，但即使是这样我们也要每天挤出几十分钟或者几小时来做这些题，以最充分的备考来迎战会考。俗话说得好，神马都是浮云，不过这朵浮云到底是棉花糖还是乌云就要看大家的努力了。我相信当会考成绩出来时大家看着满满的“A”都会笑出声来的。

最后还要说一句：“410 的战友们，只要坚持下去，你们就是英雄！”（安磊）

作业真的好多啊，好怀念离学业水平测试遥远的日子，不过该来的终究会来，我们只有亮出我们的尖刀来迎接它。我们要做得很多，所以我们一定要提高自己的效率，充分利用时间，学会取舍，拣重要的来做。还有需要提醒大家的就是尽管学业水平测试题目相对简单，但是它知识点很多，希望大家及时复习，正如在游戏中面对数量众多的弱小对手也有可能挂掉，也正如俗语所说，“武功再高，也怕菜刀”，所以，大家一定不能掉以轻心，要努力哦。

就算眼前的试卷堆成了喜马拉雅山，我们这 71 个人组成的团队也会一步步地把胜利的旗帜插在珠峰之巅。

总之，睡个好觉，明天又是奋斗的一天！（李策）

12月3日 星期五

★值日班长：任康 张博群

今天早上路过求真馆,LED显示屏上写着“国际刑警全球通缉维基解密创……”后面的字被挡住了，不过基本意思差不多搞明白了。面对这样一个悲剧的消息，以及被密封住的内幕，就剩下一句话了——“革命尚未成功，同志仍需努力”。

今晚去吃饭的时候看到求真馆LED显示屏上写着“国务院正式批准襄樊市改名襄阳市”。当我看到这行字的时候不仅浮想联翩——襄阳城下敌若云涌，郭大侠站在城头，杨过单骑冲入，直取敌军将领首级……脑海中最后的场景是郭靖对杨过说的一句话：“侠之大者，为国为民。”

还有最后一件事，今天是12月3日。去年的这个时候我们即将分班，当时大多数人还不能确定分班的消息是否属实，当然也就更想不到现在的410是个什么样子。总之在这段日子当值日班长是幸运的，无论是美好的回忆或是精彩的展望都可以在这段日子被赋予特殊的意义，在71个人即将同班一周年的大喜日子。

大家都加油好好学吧。（任康）

说来惭愧，我直到中午才意识到自己是今天的值日班长，因为我一直以为今天是星期四。今天没有格外做什么，可能因为康姐全都替我做了吧。

恍然想起，410一周年的生日快要到了。日子依旧，桌子上摆满了各个学科的学业水平测试试卷，有很多要做的题，但又好似多到了让人感觉不到的程度，于是看了一眼日历，想起终于可以到尽头了。真的有足够的把握了吗？也许我们要做的还有很多。

不太清楚当初班牌上的头狼为何在月夜中长嗥，也许是希望410的每个成员不仅有狼鹰般的毅力和斗志，而且在坚强的外表之下还有着一颗如月般温柔皎洁的心。

暂且以下面的诗作为结尾，希望大家做个好梦：月夜中悠长、缠绵＼孤寂中撩起＼未被勾勒的记忆＼散落的雨滴之中＼寄花托残余的思念＼是否会＼缅怀曾经的温柔＼月夜起舞后倒带＼断翼、残羽悠然浮现＼轻抚柔步，退后＼消散在身后薄雾之中开不了口＼黑色毛衣＼朦胧中菲薄上演唯美的悲剧。（张博群）

12月4日 星期六

★值日班长：孙子腾 胡瑞兆 邢明超

今天是12月4日，经过15次的我对它没有太多的期待，尤其是在异乡，不敢期待得到太多的祝福，但今天我确实收获了太多的感动。从早上5点30分准时的电话铃声到中午大家一起唱的生日歌，从不知放到哪里才好的礼物到装满一个笔筒的卡片，我深深体会到这个集体的温暖和作为一个410同学的幸福，说热泪盈眶、感激涕零确实是夸大，但一中午的辗转反侧、难以入睡确实是真。在这里，我对每个410的同学鞠上一躬，以表达我最诚挚的感谢。

还有，教大家一个好习惯，那就是晚上回宿舍时摸一摸你的书桌深处，也许你不会找到陈放已久未曾发现的情书，但至少今夜我给了大家一个惊喜——摸到我放的糖时不要大声地叫出来，给我一个微笑。（孙子腾）

今天是很平常的一天。大家还记得在课堂上老师放的《假如给我三天光明》的英文朗诵版吗？它给了我很大的触动。我真切地感受到我们每个人都是幸福的，因为我们每个人都很健康，我们有健全的五官，但可能我们正如海伦·凯勒所说我们在运用我们所有五官时恐怕也同样是冷漠的。从一出生我们就在用我们的五官感受着世界，我们听着、看着、闻着、尝着、说着，就这样过去了几十年，我们早已对周围的世界不再感到新奇。但假如明早起床之后我们发现什么都看不见了——要在黑暗中度过，看不到初升的太阳，看不到蓝天，看不到白云，看不到朝夕相处的同学们的笑脸，当你对这个世界感到无比陌生时，突然，你的眼睛变好了，你会发现，周围的世界是那么美好，阳光是那么灿烂，天空是那么蔚蓝，同学们的笑容是那么亲切。所以，我们要好好珍惜属于我们的这份幸福，用我们健全的五官去感受美好的世界，一会儿回宿舍时，抬头望一望天，你会发现今天的月亮是那么漂亮。

突然想起今天是星期六。信息的同学们，还记得半个月前这个时候我们在做什么吗？我好像和克嘉在宾馆里复习代码。从邯郸回来已经两周了，NOIP2010就像梦一般，一闪而过。还记得进入考场时的互相鼓励，不论结果如何，NOIP2010都将成为我们美好的回忆。我们11个人，好兄弟，一辈子。对了，还有一个好妹妹。呵呵。（胡瑞兆）

兆哥提到了集训，真的好怀念那段时光，20 多天就那么过去了，哎。真的好佩服当时的自己，连续十多个小时坐在电脑前面，竟然腰不酸、腿不疼、眼不花，而现在看上一会儿地理、政治就头昏眼花了。期待明年的集训啊！

说到学业水平测试，许多人都会紧张，其实不必紧张，只要大家稳扎稳打就一定会取得好成绩的。历史、地理是有些让人头疼，但只要把小本搞定，再复习一下课本重点也是没问题的，还有就是以前的错题这时候也有很大的发挥空间。同学们，加油！

不多说了，我要攻克自己的地理小本了，祝大家晚安！（邢明超）

12月5日 星期日

★值日班长：吴建朋　刘通

今天迎来了特殊的一天——终于告别了一星期一次的周测，迎来的是物化生史地的自习，突然感觉到自己还有太多太多的东西需要复习，其实只要把心平静下来还是可以复习很多东西的。

今天对我来说又是悲剧的一天，早上起来问徐哲几点了，可能是因为没戴眼镜没看清，他瞅了一眼说 6 点 5 分了，于是我准备接着再睡一觉。景昊突然大声一句“六点半了”，吓得我们寝室 5 个人都醒了。我急急忙忙地下床，突然听到一声清脆的声音——我的眼镜悲剧了。还好超哥有两副，给了我一副，虽然我没怎么戴，但还是挺感谢他的。

明天就要开始学业水平测试了，祝同学们都能拿 A，加油！（吴建朋）

明天是学业水平测试的第一天，看下考试安排才发现，今天先考历史和地理……（最难受的两科，包括我在内很多同学都这么认为）。再翻开那个地理小本，发现还有 242 道选择题和 23 道大题没写……

今天感慨一下，有时候不要光看女生，尤其是吃饭的时候，这样会迟到的。要想吃快点儿就看男生，尤其是比较那什么的，然后就可以吃得特别快，所以我经常跟常宇一起吃，呵呵。

说到常宇，我还是要为他说两句，其实他还是大度的(也可以理解为“大肚”)，而且不拘小节，非常好相处。

大家明天考试加油！（刘通）

12月6日 星期一

★值日班长：刘子悦　李洋

会考第一天已经结束，令人头痛的历史终于过去了，下面都是大家拿手的了，加油吧！从监考员字正腔圆地宣布考场纪律、发下正规的答题卡，到收卷时严整的程序，无不让人感受到庄严的气氛，不愧是国家级的考试。大家千万不要被这种国家级考试的气氛吓到，只要认真一定会取得好成绩的。

监考老师都是外校的，看得出他们对衡中的学生有“过分的期待”，我们何不把这种期待当成一种现实呢？衡中声名远扬，但那都是前辈的功劳，我们能做的就是做好现在的事情，安安静静地在考前看看书，别让人家以为衡中的学生在考前一贯这么乱。（刘子悦）

今天，考查与考试的区别终于感受到了，最直接的感觉就是食堂的考场实在是太冷了。历史和地理终于结束，整体不算太难，看来接下来的科目应该会好过些，不过大家一定不能掉以轻心，仔细还是很重要的。

最后补充一点，今天的课表，语数外物化生是顺序，明天是倒序，后天是乱序，大家好好体味其中的“乐趣”吧。

好了，就写到这儿吧，祝大家晚安！（李洋）

12月7日 星期二

★值日班长：乔石　刘克嘉

今天早上打铃后本想多睡一会儿，可看到枕边的班级日志时，我义无反顾地向跑操地点跑去。我到了跑操地点后，发现美琨姐刚到路口。刚开始她没认出我来，过了一会儿她说了句让我很无语的话：“我还以为你是 411 的呢。”同学们似乎比以前到位早了许多，继续保持啊，加油！

昨天晚上吃饭时，韩笑对我们说：“明天是 410 生日。”昨天晚上新闻时，根据种种迹象，我推断出一个让我又惊又喜的结果：明天我当值日班长！整一年了，410 的兄弟姐妹们一起走过了风风雨雨，有成功后的欣喜，有失败后的失落。

这一年我们在一起，收获了太多，这一切让410更加团结，让我们亲如一家人。我谨代表自己，送上最诚挚的祝福——410，生日快乐！（乔石）

很高兴能在今天做值日班长，因为今天是410的生日啊！

今天站在讲台上，就好像我第一次站在讲台上一样，台下的每一张面孔都是那么熟悉又陌生。今天是410的生日，本应该好好地庆祝一下，但是因为我们有很多事情要做，所以这件事情不得不拖到明天。在这里，我向大家保证，明天一定带大家一起回忆我们走过的风风雨雨，而今天，只能让大家看一下这略显沧桑的文字所能表达的感情了。

时光易逝，岁月荏苒，一年的时光就这样过去了。回想一年前，我们带着好奇与激动来到这个班级，而一年后的我们成熟了许多，多了一份睿智，不知道是410改变了我们，还是我们改变了410。

410从成立的第一天就注定了它的与众不同，而今天看来，410这个数字的含义早已经不是“班级”一词能够轻易解释的，在我看来，410是一个家、一个团队。

410是一个家。因为我们在这里体会到了一个家的温暖，或者说胜过一个家的温暖，不辞辛苦的妈妈和71个孩子组成了这样一个家庭。

还记得远足时大家互相依靠的身影、为同学庆祝生日时那久久不息的欢笑、中秋时香甜的月饼……还有很多很多，多到我无法列举，多到就算想几个晚上也让人回味无穷。

还记得集训时我们一起浪迹天涯。放假了，家远的孩子就聚在一起说着心里话，这感觉是多么让人难忘啊！

亲爱的同学们，我今天想告诉大家，把人与人联系在一起的不是空间，也不是时间，而是发自内心的信赖。

因为我们是一家人，有福就要同享，有难就要同当。

听到有同学说分班的问题，我想在这里问问大家：如果你还能在410生活3天，你会怎么做？我们不要考虑以后了，只要我们还在一起，就要像永远都不会分开一样。

410是一个团队。本来想为每位同学写一句话，希望你们每个人都能在今天看到自己的名字，但是由于时间关系做不到了，希望大家见谅。

如果 410 是一片天空，那么 410 的每个人都是闪亮的星星，而你们身上的亮度，早已超过你们所能想象的极限。

对于我个人来说，作为一个班长，你们每个人都是我的榜样。

记得一节节班会上你们投来的专注的眼神、班级成绩下滑时你们眼中的焦急，还有宣誓时那震耳欲聋的呼声……好多好多，可以说是你们每个人成就了 410。

我们班之所以优秀，不是因为我们有多少尖子生，而是因为我们每个人的平凡。所以，不要忽视你的力量，410 的辉煌需要每一个人的力量。

而我们这支团队，是最优秀的团队！（刘克嘉）

12月8日 星期三

★值日班长：居春雷　雷文清

今天我们经历了学业水平测试的最后两场——物理、化学考试。物理的最后一道题让人很纠结，不过不管怎么说，学业水平测试已经告一段落，用物理老师的话说："我们结束了一段特殊的时期，开始步入正轨了。"今后，我们又恢复到以前"m+n"的模式了，只有政治能带给我们些许调剂，不过还是会面临学业水平测试的压力，不管怎么说，积极还是最重要的。

还有两个多星期又要考试了，虽然这次刚考完，但我们绝对不能放松，带上我们的"倔强"，去创造 410 新的辉煌吧。（居春雷）

我们伟大的班级生日课件诞生了，作为送给每个人的礼物，大家敬请期待哦。

昨天的班会到现在还有余温。昨天被老班叫起来，让我说最感动的事时，我顿时语塞了，刚刚还神游在 410 美好的回忆中，突然被叫起来，脑中一片空白。那时，满脑子的话就像茶壶里的饺子倒不出来，从另一个角度说，充斥着甜蜜与幸福的身体还是蛮兴奋的。

历历在目的画面包含着 410 的每一张面庞，对我来说印象深刻的有我的同桌镯哥、浩、超哥、士琦、另一个超哥、班长，还有大进子，跟你们在一起的生活总是幸福的。除了这些，还有那些大型活动——"最受欢迎教师"评选、"十佳班长”评选、“十大学星”评选、远足，还有我们的绑腿比赛。

难以从脑中挥去的，还是要说信息的那些人、那些事儿。

不管是集训生活还是假期生活，不管是外出的日子又或者是我们的征程，我们的生活都因为我们是信息组成员而更加精彩。

我们共同快乐地刷题，我们共同顶着 NOIP 的压力，我们共同享受着 OI 带来的乐趣，一起做题，一起扯淡，一起畅谈我们的梦想。突然发现我们之间熟悉到不能再熟悉，亲密到不能再亲密。成长着的我们谁也离不开谁，就像我们离不开 410，我们也离不开信息组，信息组也离不开任何一个人，离不开安磊的那份淡定、兆哥的那份执着、宁宁的那份沉着、进子的那份正直、明超的那份纯真、经纬的那份憨厚、婷婷的善良、班长的严谨、舟舟的义气，还有为我们提供动力的尤龙的那份活力。有时自己根本不敢想缺少一两个人上课是什么感觉，就好像呼吸，存在的时候觉得没啥，但失去才倍感难受。

有些事真的不能过分强求，命运之轮也不会因个人改变转动的方向，但我真心希望信息组的 11 个人好好想想，我们没有放下究竟为什么。仅仅因为不甘心？仅仅为了保送？不，我们不放弃是因为我们爱信息组及所有组员，我们离不开彼此，我们舍不得彼此，我们之间有比天高的友谊，所以真心希望你们不要退出。我们经历过风风雨雨，一起走过了日日月月，凭什么要缺少某人？凭什么要让某人掉队？回来吧！让我们再次度过下一段美好岁月，不只为得奖，更为我们在一起！（雷文清）

12月10日 星期五

★值日班长：尤龙　徐哲

今天的生活是很淡定的，早上忽然很纠结地收到不用跑操的消息，于是乎跑来记早到位的激情一下子就减了一半……大课间跑操被围观了，语文阅读课竟然也有人来围观、拍照，这些人还真是……

要非说特殊，就不得不说今天的语文课了。三节课早读，只有早读是老班陪我们一起，其他三节都……不说了……

一直想和大家分享几句话，借此机会共勉吧。

◎这世界上有些事就是为了让你干了以后后悔而设，所以你不管干了什么事，都不要后悔。

◎人的一切痛苦，本质上都是对自己无能的愤怒。

这两句话都是王小波的，送给现在的自己，也送给大家。

◎ Everything is floating clouds.

神马都是浮云。“神马”的典故不多赘言，我想谈谈“浮云”这个词。浮云本义无他，但如今引申了很多其他的意思，其中奥秘有点儿可意会而不可言传的意思。浮云的心态是逍遥，是淡定，是处变不惊。按村上君的比喻（假如这里有坚固的高墙和撞墙破碎的鸡蛋，我总是站在鸡蛋一边），浮云大概是那破碎的鸡蛋，其实也很脆弱，但浮云又是人的一切，不同于片刻的欢愉与不幸。

◎吾心中有猛虎，细嗅蔷薇。

这是某小说中主人公自勉的一句话，我算是偷偷懒，对这句话的评价只有五个字：霸气不解释。

◎ Hello，World.

这句算是写给 Hoi2000 的同志们，续貂小雷的话。

OI 对我们来说，是一种情结，是一种上升到理想高度的精神宝库（并没有贬低其他奥赛的意思），但是 OI 对我们来说远比其他奥赛对于我们要深刻得多。NOCOW，USACO，VIJOS，AE……早已成了我们生命中不可缺少的符号。我们从“沙茶”走向“神牛”（牛是指计算机很强的人），沐浴着大洋彼岸“那头母牛”的圣光，我们与 CCF 与级部乐此不疲地“战斗”。当 Accepted 闪动，一切都释然。OI，是我们的命啊！

虽然我也开玩笑地说，只是一次吃多了、激动了就放弃奥赛了，但是事实上怎会那样简单！“OI 退役，网站关闭”8 个字怎会那样简单！可当妄想照进现实，我又不得不“沙茶”！浮云对我说“我要消失了”，夜说“我要投入火热的黎明”。“我要在充实中死去。”我的生命对我说。

我永远是 HZOI2009 的 Loong，永远是 410 的团支书，永远是 410 骄傲、不服输的一员。为了那天的掌声，我会用鲜血获取我要的一切！HZOI2009，等我；成功，等我。

PS：

1. 四调将至。

2. 基佬进，别放弃，哥相信你，因为有一个传说叫 Zj.cpp.（尤龙）

同每个值日班长一样，我要说今天是一个特别的日子。今天的前天是 410 的生日，今天的昨天是 410 生日的后一天，今天是 410 生日的后两天，今天是 410 生日前一天后的第三天……

今天没有化学课，很多人问作业是怎么回事。其实吧，我很无语。要知道，化学老师是很体谅大家的，我现在都没收大家的化学积累本……本来三调就考得不是很好，一直都是吧，所以就想出很多改革措施。看大家前几天学业水平测试挺忙的，作业就被我和刘通私压了下来，直到现在我才敢借着班级日志说咱以后要写自助、学案、课外书，没意见是吧？毕竟缺少了历史、地理、信息课对大家的精神支持，化学课自然要义无反顾、坚定不移、自断后路地跟上来。不学化学学什么？现在知识还是很难，手边放一本《赢在课堂》，短短的课间看不了令人头大的物理就多做几道化学小题，赏心悦目。所以我总结下这段内容，每周一、三、五收两组课外书，同学们记得写啊。

刚才说起物理，发现有好多物理学案自助作业，我有种物理自习和晚三好少的感觉，革命尚未成功，同志仍需玩命。

HZOI2009 的弟兄们，你们不仅拥有 OI，还有一个庞大的 410 后盾，你们不是 11 个人的孤军，410 永远是你们停靠的港湾。410 是每个人的荣誉，在这个教室里上过一天课就不能将我们再分开，即使有信息奥赛生、生物奥赛生、数学奥赛生这些不同的名字，我们走在外面也只会被统称为 410 人，而不是学奥赛的。

为了四调的荣誉努力吧，我们绝不认输，即使明天放假我们也会带上化学学案回家学习是不是？

大家洗洗睡吧，晚安。（徐哲）

12月11日—13日　星期六—下星期一

★值日班长：赵一苇　徐光耀　刘泽宇

前天，在小乌龟满满地期待“明天早到”的叮嘱中，我极其无辜地说：“抱歉，本人腿脚不便！”也真难为小乌龟了，不过他不负吾望，据说是第一个到位的（不愧是龟兔赛跑的冠军），在此想对他说声“谢谢”。

闲话少说，还是谈谈昨天特别的晚饭后的零食吧：于老师为我们所有不回家的同学准备了一大盆热腾腾的水饺！当于老师（不，是于妈妈）端着那一大盆捂得严严实实的饺子走进教室，笑着招呼我们快吃，我、傲哥、李洋半天没回过神来。“快吃，第一锅就给你们端来了。”我决定起表率作用，当揭开盖子的一瞬，我眼前的世界是模糊的，不知是流泪了，还是饺子太热……

留下来的同学都害羞地被于妈妈极力劝说，兆哥一进门看到大家有滋有味地进食也自觉加入，所有人都享受了于妈妈精湛的厨艺，准确地说是一种家的味道。当时有人提议把这个场景拍下来，真的，应该非常精彩：二十个用手抓饺子吃的孩子（兆哥非用叉子），一个被围在中间满脸幸福的妈妈，这样温馨的场面是不是很有杀伤力？难怪昨天没有人来班里查人数呢，肯定被震撼了！

很多年后，当我吃饺子的时候应该还会想起那个夜晚，想起一个妈妈和二十个孩子的故事……（赵一苇）

星期六我也没有回家，选择了留守，也不知道多少次没有回家，反正家对于我们来说就是一种渴求。

不过在学校里的生活也不是很单调，再次重申一遍昨天于妈妈给我们带来了热腾腾的饺子，真的好高兴、好幸福啊。

这个周末，老白的脚崴了，疼得很，在这里送上我的祝福。

至于这个周日晚三的班会，我们向404开战。班会上分析了我们的优缺点，让我们有了目标，有了对手。对手是压力，也成了我们的动力。在成功的路上，没有胜败，只有快慢。

那位跑400米的运动员，经过8年的等待，只是因为腿伤复发了，金牌梦就碎了。可他身体倒下了，意识却没有倒下，当他一瘸一拐地前行时，全场肃立为他欢呼，为他鼓掌，以此来鼓励这个失败的运动员。从运动的角度来说，他败了，败给了对手，但他战胜了自己。

成功对于每个人来说都不是遥不可及的，只是实现快慢不同，但我们必须要奔跑才能实现它，并享受在这奔跑过程中有70个同学和7个老师陪伴你的幸福，

你不孤独。（徐光耀）

今天是平凡而充实的一天，估计以后每一天都这么充实，历史、地理离我们远去了，现在绝大多数课都是高考课，因而一天下来很累，但很充实。

星期一的昨天是星期日，昨天在糊里糊涂中度过了，今天一上午原本在犯困，但老师的讲课使我清醒过来，下课更清醒了。化学刚从平衡中艰难爬出，又满怀憧憬地走入有机；物理刚与磁场拼完，交流电又在等待我们冲锋。数奥的兄弟姐妹们又回到数列，非数奥的同学也都在求导中求索，好一派忙碌景象。

如果我们每个人都能充实地度过每一天，成功也就不远了。

今天下雪了，气温也明显低了不少，导致接下来有两个早上没跑操，下午没有体育，估计距离我们扫雪的日子也不远了。

有一本书名字叫《天蓝色的彼岸》，写了一个很感人的童话。一个小男孩和家人吵了一架后离开家，结果出车祸去世了。死后的小男孩很想念家人，于是从天国跑出来和家人道别。我想如果我们过了今晚却无法再见到明天的朝阳，那么我们今天应该做什么？我们是否还会因为这样那样的小事而烦恼？是否还会与自己的朋友闹别扭？我们是不是应该珍惜每一分钟、善待每一个人、做好每一件事？如果我们真的这样做了，那么当我们回首往事时也不会有遗憾了。

那天的班会课上，老班让我们每个人讲一件事，后来简略到一句话。我觉得自己说的那句话挺没意思的，后来我发现了一句更合适的话今天补上：“410班，天下无敌！”（刘泽宇）

12月14日　星期二

★值日班长：李舒钰　武博阳

今天是会操比赛周的第一次跑操，看着站成一圈的小橙帽，心里还是很激动的。他们不知道我们是伟大的410奥赛班，我们就一定要让他们知道！410的口号就是最响亮的，410的队伍就是最整齐的，410的气势就是天下无敌的！

还想说的就是今天特别特别冷，跑完操都冻得不会喘了，说这个的目的在于引出最慈爱、最可爱的于妈妈。

今天在说培训的事情时，于老师描述了她以前给培训的学生买票的经历：

那是寒风萧瑟的北京西站，于老师排着长长的队伍，一小时过去了，一天过去了，于老师说“那时候冻得都不知道什么是冻了”。排一天队，结果是“没有票了”。于是于老师就在晚上 12 点起床，一个人坐出租车又去排队买票，终于买到了票，她再一个人打车回去，可是那些孤陋寡闻的司机不知道于老师住的那个宾馆……换了几辆车，经过了一大番周折，于老师才安全到达。

听完后，我们心里特别难受，就像亲妈冻着了、冷着了，一个人在北京西站迷了路一样难受。我们这次培训时间有年前有年后，我们选择的重要因素是哪个能少耽误寒假，于老师却说：“你们去哪儿我都陪着！”

所以说我们不管去哪里培训都一定要听话，好好学，少玩，少让于老师操心。我们一辈子可以过好多好多个春节，但是和奥赛和于妈妈过春节可能就这么一回，所以我们一定要珍惜再珍惜。

战普老师今天给奥赛生写了很多话，其中一句是他专门写给 410 的，就是那句：“有一种第一叫毫无悬念，有一种桂冠叫实至名归！”（李舒钰）

今天是一个伟大的日子，因为值日班长轮完一圈终于又到我和李舒钰了，而且终于可以在新本（虽然已用过很多天）写班级日志了。

听说生物的同学过年要去培训了，一个班是清北学堂，一个班是河北师大；一个是年前，一个是年后。还听说有人两个班都报了名——这也就意味着过年的时间仅剩下二十九、三十、初一、初二、初三，可见这些同学是多么勤奋，值得我们每个人学习。河北师大是一个“伟大”的地方，那里有温暖的地下室，有高大的田家炳楼，还有莫名其妙的塑像。清北学堂也不错，虽然培训地方不固定，但他们的服务质量还是不错的，据说培训时还会组织三人街头对抗赛。希望生物的同胞们能慎重考虑，做出选择。

不早了，大家都洗洗睡吧。

晚安！（武博阳）

12月15日 星期三

★值日班长：李艺超　孟令镯

生活如此美妙，又一小桶水爆掉。今天苏浩然将一桶水掉到地上，真是“新官上任一桶水”。那桶水经过我和乔石的脚流了一地，然后 Mary 就快哭了。虽然近来咱们班总是发大水，但温总理说得好：“多难兴邦。”洪水是冲不垮英雄的 410 人的。

今天我们还看了一场生动的模拟联合国大会，发言代表的口才、气质都是那般出色，那位美国代表飞扬跋扈，的确够美国的。由此我想到中国要想有发言权必须使自己变得更强大，毫无疑问，使中国强大的责任责无旁贷地落在了我们身上。

回到我们眼前的小事上，虽然四调延迟，可同学们也不能放松啊，410 在今年的最后一次考试一定要打一个大翻身仗。现在的事实是我们在成绩上还不如 404，我们尊重对手但绝不会向对手妥协，是我们的我们一定要夺回来。“有一种第一叫毫无悬念，有一种桂冠叫实至名归！”

我们要做的，就是要毫无悬念、实至名归。

今天是孟亦同和柴君卓的生日，让我们为他们祝福吧，410 的兄弟姐妹谁都是一颗耀眼的星。

温馨提示：大风降温，注意保暖。（李艺超）

转眼间 35 天过去了，又轮到我和艺超当值日班长了，记得上一次做值日班长时是我的生日，那一天收获了很多惊喜和感动。今天同样是一个特殊的日子，我们 410 班的两个幸运儿在十几年前的同一天诞生了，另外我们班的纪律委员李策今天也去参加“道德模范”的预选赛了。

会考考完了，我们的课程表进行了全盘大调整，调完之后，发现每天的课程几乎是一样的，语数外物化生每天准时到位，学科自习也是一个不落。平凡的每一天感受着点滴小事带给我们的欢乐，或许在学校里，我们体会不到人生的大喜大悲、大起大落，但只要将身边的快乐放大，快乐就会伴随永远。

四调考试的延迟意味着不仅是假期的推迟，更重要的是下次考试的内容会是这半个多月所学，与过去关系不大，所以同学们不需要过分担心，只要把握好现在，踏踏实实地学，一步一个脚印地走好，成功便会自动来到我们面前。

今天不知怎么，想说的话很少，最后只用我初中时听到的一句话作为结尾吧：“苦苦追悔过去的是傻子，时时期盼未来的是呆子，把握现在，这边风景独好。”

（孟令镯）

12月16日 星期四

★值日班长：范元瑞　李丹琳

这几天各科的难度一下子上来了，也许是我压力增大的原因，有点儿要被压垮了的感觉，不过我还得坚定地告诉自己别被打垮——西藏的隧道都被打通了，还有什么困难克服不了呢？

感觉410真的好伟大，将来衡中一定要开个2009级410班博物馆。咱值日班长的那红袖标不见了，不知道在谁手里“失传”了。

我们跑操没跑好，但还应看到希望，洪水没冲垮410，这点挫折又算什么，再说，我们仍然有机会去战斗，去捍卫我们的尊严——我们伟大的410的尊严。410，永远不倒！（范元瑞）

今天Mary说他最近心情不好，不过不好也是有理由的。现在的我们每天面临着所有的主科＋自习，做完了学案还有作业，仿佛任务永远不会停止。面对这样无可奈何的事，不如像段段或王卓那样笑呵呵的，不惦记那么多乱七八糟的，做好自己就足够了。今天男生宿舍貌似又扣了不少分，我们宿舍也光荣地上榜了。为了我们星级宿舍的目标，大家一定要努力啊！冯悦和董傲晚三又忙了很久。

跑操目前是系列第六，据说系列后两名的班级要在跑完后再加跑几圈，为了我们跑操理所应当的第一，在会操比赛的最后两天希望我们能够赶到最前头。

今天上午于老师为我们讲了她睡不够觉的经历，我今天上午就困得不得了，原因是昨晚没睡踏实。希望大家能充分利用我们现在充足的睡眠时间好好休息，养足精神，过好每一天。（李丹琳）

12月17日 星期五

★值日班长：张弛　冀浩

好久好久没摸班级日志了，上次摸它还是那个白色小本，现在变成大脸本了，沧海桑田啊！首先，祝杨晓鹤同学生日快乐！其实长久以来，我就对“鹤”这个字很有感觉。这个“鹤”字也蛮怪，英文crane居然还有“起重机”的意思，这是不是意味着叫“鹤”的人都会有重任担当啊！而且“鹤”字非常好用，起名时既可以为“晓鹤”，还可以为“鹤松”，而且各种姓氏皆可通用，男女皆通用，实在是起名之必备词汇。

说到生日，我的生日是非常有含义滴！第一，无论闰年、平年，我的生日都是过年附近的日子，不是腊月二十几就是正月初几，凑着喜庆劲儿一起过了。第二，我的生日永远都是立春。同学们，请简析一下这句话的含义——很显然嘛，我为中国带来了又一年的春天。当然，每当和初中同学提起这个话题时，他们总说：“你就是中国春天里的寒潮，破坏气氛。”我有个初中同学的生日是4月1日，我们常对他说：“你就是你爸妈爱情的副产品，上帝让你出现就是个玩笑。”

讲了这么多，说说班里的事。

鹤松同学为了带动队伍前面各位女同胞喊口号，毅然选择了倒着跑，勇气可嘉。更难能可贵的是，同学们终于在跑操时睡醒了。不错，值得表扬！

还有最近上课气氛太和谐了，大家注意保持。

下面交给冀浩吧！对了，冀浩的祖先一定是一个无比热爱家乡的河北人，以至于用“冀”作为姓氏来表达他对家乡炽热的爱。当然，这只是我的推测。（张弛）

刚才见王卓用粉笔改会操比赛成绩，心里有些激动，可是没想到改完成绩还是第六……看来我们每个人还要继续努力。昨天已经有两个人让我在班级日志上写今天是杨晓鹤的生日，虽然被张弛抢了先机，但我仍要再说一句：“祝杨晓鹤同学生日快乐！”

由于生物奥赛的同学星期日要到衡水学院培训，必然耽误星期日的测试，但于老师的确考虑得周到，提前通知董傲去找各科老师要周测卷子，让大家提前做。我们一定不要辜负了老师的良苦用心，努力地去做每一件事。

还有，昨天开了大家期待已久的哲学课。哲学的确是有很大作用的，据说牛顿、爱迪生小时候都很笨，都是经过了哲学厚重的熏陶之后才提升了思维能力，最终成为著名科学家的。所以，那些有志于从事科学研究的同学更要好好学哲学，提高思维能力。

最后，面临新的一天，让我们重新出发。（冀浩）

12月18日 星期六

★值日班长：樊婷婷 董傲

昨天听了老班的恳切之言，心里颇不宁静。平日里高呼奥赛、高考不冲突，到了这时方知两者的矛盾。人生啊。惊天地泣鬼神出人意料又在情理之中的everyone忍泪同意的结果是：奥赛暂时告一段落了。

记得昨天老班反复问运经纬一个问题："你不知道奥赛已经结束了吗？"同样，我不知道也不想知道这意味着什么，我不相信一年的OI就这样结束了，我不相信NOIP2010的失利让我们失去了一切，我不相信邯郸四中的那次合影，那张唯一一张11个人的合影会成为HZOI2009的最后一张合影。有人说我们应该放弃，不要再傻傻地追求一些对别人来说已经毫无意义的东西。也许是我们太幼稚，永远不知道放弃，只因为留住曾经的那一份感动。有人说我们感情用事。是啊，只是曾经的一次次，让我们无法尘封那些记忆；只是一起走过的日子，让人无法忘却。

如果有人要退出，我不会反对，即使我在成绩出来后哭着说过不准任何人退出，但现在我终于明白，即使以后的HZOI2009不再是11个人，即使我们无法一起面对以后的困难，即使在2012年的暑假之后我们天涯海角、各奔东西，我还永远是HZOI2009的那个小妹妹，有10个男生如同流星划过我的人生，即使不能一起走到最后，但那一次的璀璨足以照亮我的整个人生。（樊婷婷）

看了樊婷婷写下的文字，和大家一样心生了几分感动。虽然不是经历过社会磨炼的大人，但我们已经不再是幼稚懵懂的孩子，该走什么路我们自己也都有了几分判断。奥赛，我们视之为荣誉，更视之为责任。两条腿走路，而且两条腿都要硬——一句简单的话做起来又谈何容易，其中的艰辛大家心里也都明白。但不管怎样，我们都不可放弃、不可懈怠，因为我们不一样。

不记得上一次写班级日志是什么时候了，不是没写就是刚写两行就因为别的事情耽误了，实在是惭愧。星期一时算算自己是星期六当值日班长，可星期二就忘记了。每次拿到这个本子就会放下手头的卷子，从第一页慢慢地翻着看，感受着410的成长，心里十分温暖感动，想到N年之后我们聚在一起再去看日志时，肯定会唏嘘吧！

生物同学们，明天咱就要去实验了，你准备好了吗？尽管要忍受公共汽车的颠簸，尽管时间不长只有一天，但希望大家记住一句话并时刻反问自己：我是干什么去了。记得去河南之前我也曾问过自己这个问题，但现在回想起来 30 天的培训仍留下了不少遗憾，所以大家一定要重视。元旦、过年都会有培训，不管参不参加，不管去石家庄还是去北京，都没有关系，只要有信心就能走好脚下的路。

距离生物联赛还有 140 天，从挂上倒计时牌到现在已经过去了 65 天，留给我们的也仅仅有两个 65 天了。还记不记得贴在墙上的梦想？还记不记得教室后面 9 个鲜红的大字“坚其志，勤其力，成其事”？我们应该感到幸运，还有 140 天去让我们进步与提高。希望大家能珍惜每一天，不断充实自己。

会操成绩系列第五，对此不想多说，大家一起努力，在下一次比赛中拿出一个好成绩。

今天是杨晓鹤的生日，祝她生日快乐的同时又想起些别的。有同学和我说起过有些同学过生日时却没有人知道，也就少了同学们的祝福，这是班委的失误，向被不小心忽略的同学道个歉，并祝愿你们在不是生日的日子里都快乐。

每天写习字时我都会在第一行写下“Today will be a beautiful day”，就是为了告诉自己生活中有太多的美好值得我们去珍惜，希望大家能有所收获。

晚安。（董傲）

12月19日 星期日

★值日班长：蔡占锐　孙子腾

今天是周末，受信妈妈鼓励，大多数同学早上都来教室发奋学习了。我来时已经有十几人。本想问冀浩谁到得最早，可蓦然回首，那人却在衡水学院。索性就记所有发奋的同学早到吧！

今日周测，还好，题还不至于太恶心。可少了生物同学们的教室显得空荡荡，感觉很不一样。现在是上午的第 5 节，可能生物同学们饿得肚皮贴脊梁骨，looking for ward to 李洋家的饺子；可能生物同学们在荒凉萧索的实验室里冻得瑟瑟发抖，怀念温暖的410；更有可能正在专注地解剖一只只用福尔马林泡过的动物，脑子里旋转着什么纲目科属种……不瞎猜了，希望生物同学们好好珍惜宝贵的培训机会（好像现在说这话有点儿晚），多学点儿东西。

今天距四调考试还有10天。10天不算短，足以让你把丢掉的时间再抢回来。四调很重要啊，如果寒假时要培训，这就有可能是我们本学期最后一场考试了，可能直接决定着我们的期末成绩（模拟成绩）。再告诉大家一件小事：今年清华的保送考试名额给了衡中12个、北大只给了3个。具体什么原因不太清楚，可是名额是按高考科目的成绩分配的。如果你不想让为之辛苦一年半的奥赛白白浪费的话，还是好好学高考科目吧！竞争的路上绝不会是吕梦帆说的那样轻松的。好多人付出了汗水却什么都没得到。高三数奥的郭玉东本有进省队的能力，最终却只像我们的异凡大姐一样拿了个省二，悲兮，痛兮。

OK，砖头扔完了，下面子腾之玉要出场了！（蔡占锐）

既然蔡占锐给我扣了这么高的帽子，我就只好恭敬不如从命，硬着头皮用自己拙劣的文字写下近期的感受。

昨天樊婷婷和董傲也都写下了自己对信息、生物奥赛的纠结、困惑的地方。本以为我们没有那么多的困惑，但今天和蔡占锐聊了一下，又想想之前学哥学姐们说过的话、经历的事，不由感从心生。

刚刚过去的高三五调，可以说是所有省一获得者的“小高考”，因为它直接、唯一且确定地关系到衡中那少得可怜的12个清华、3个北大的直保名额的归属。一次考试，给所有省一得主排名，前15名的幸运儿自然得到了这可贵的机会。造化总是捉弄人的，我们美丽可爱的亚玲大姐（据李艺超、孟令镯等人的观点）辉煌了两年之后，在这次考试中因数学卡涂错与这宝贵的机会失之交臂，用艺超的话说，真是伤透无数少年心啊。我觉得每个人都该为此感到惋惜并引以为戒。自主招生，这名义上自由、开放的选拔方式却成了一考定乾坤的把戏，不知有多少高三奥赛生壮烈地成了牺牲品。今年只有15个清华、北大直保名额，虽然像吕梦帆说的“学奥赛笔试10个进8个、面试8个进7个”，但是也难以重现去年22个直保清华、北大的辉煌了。不知我们这届会怎样，是名额更少还是重新多了起来，我们不得而知，但到那个时候，化学、物理奥赛已结束两三个月，而我们刚刚结束奥赛的征程，能获得多少名额还是个问题。虽然听邓士川说有一个实验班的前六名全是学数学的，还是为自己捏了一把汗。

总之还是那句话，高考科目也是很重要的，希望大家在学奥赛的同时别把高考放下，否则真的会追悔莫及。在这种一考（对我们说可能是“几考”）定终身的体制下，我们只能直面以对。

不想说什么鼓励大家的话，只想让大家更多地思考，一切的语言都是苍白的，唯有留给大家一首诗：成功的花，人们只惊慕她现时的明艳！然而当初她的芽儿，浸透了奋斗的泪泉，洒遍了牺牲的血雨。最后祝早安，Today will be a beautiful day.（孙子腾）

12月20日 星期一

★值日班长：孙巍峰　韩笑

今天又是星期一。早晨跑操时我差点儿走错了位置，原因是会操比赛410只得了第五，甚至差点儿要加圈。这绝不是410的位置，但却真实地成为我们的跑操站队地点。尽管4天的比赛有些过于残酷，但结果已经无法改变，我们只能期待下一次会操比赛重振410的雄风。

今天尤龙见缝插针地选了“每周之星”，姜世磊的票数很高。提起姜世磊的伟大，我深有体会。轩然兄脚崴之后，他陪伴轩然，照顾轩然，背轩然走。最难能可贵的是，为了使轩然兄脚崴后不至于太孤独，他把自己的脚也崴了，这种伟大的精神实在值得表扬。以前我常早起，后来在姜世磊同志的极大镇压下，打铃之前再也起不来了。可上星期四他突然对我说：“打铃前5分钟叫我起床。”当然，没有落实，因为我打铃前没起来。但姜世磊想早起是为了想跑操早到，不让我早起是怕我影响别人，无论如何都可以看出其伟大的“每周之星”当之无愧，他正是用这种伟大的精神感染着我们全宿舍的每一个人。

戏言少说。星期一是一周的开始，也奠定着一周的基调。星期一的状态好为下周的状态好埋下伏笔，一周的状态好又为四调的胜利埋下伏笔。但星期一已过去，即使没有做好也没关系，接下来的日子一定要调整好状态，记着四调目标，记着东区的对手，为我们画上一个圆满的句号。（孙巍峰）

芙蓉城三月雨纷纷，四月绣花针……红烛枕五月花叶深，六月杏花村。

今天是一个平凡的日子，从昨天晚三老班的“一分钟价值”到今天高国华主任的“人格魅力论”，好像真的给大家注入了活力和热情，希望大家一直坚持下去，在四调时取得一个较为理想的成绩，为班争光。

昨天晚三虽然人不全，但老班还是坚持为我们开了一节班会，我想我会永远记得这一次的经历。几十个人一同盯着大屏幕，静静地等待，安静地等待一分钟，体会一分钟的价值，那么专注，像是感受着生命的流逝，尽管屏幕上什么都没有。这是一种奇妙的经历。这一次，一分钟真的好漫长。我偷偷地看了一遍大家的脸，我想也许有那么一天我们都会渴望410重新坐在一起，不说话的坐一分钟也好。

有一首歌叫《等一分钟》，一分钟真的很重要。

对于病危的人而言，他们真的很想和家人多待一分钟。一分钟谁错过了最后一班车，谁遗憾地没看到最爱的人最后一眼。

对于残疾的人而言，一分钟真的很重要。我还记得视听课上听到《假如给我三天光明》英文版配乐朗诵，那是我听过最完美的声音。一分钟，足以让失明的人看一眼春天。

其实，我们的生命中会有很多很多无比重要的一分钟。你可以用一分钟感动一个人、温暖一座城，也可以用一分钟伤了一颗心、毁了一个人的一生。把握平时的每一分钟，才不会在失去重要的一分钟时追悔一生。

我又想到了贫困地区的儿童。章子怡说选择公益是因为她想让一个人甚至更多人快乐，可以让别人的生命有了不一样的意义。这句话说得真好，我们以后工作生活也要为需要帮助的人多想一想，虔诚地相信你的一份爱心真的可以让一个大山里的孩子改变一生的命运，让他活出不一样的人生。

帮助别人，快乐自己。我知道大家将来都是人中龙凤，但请不要忘记在高贵的奢侈品中为别人节省出一份爱心，一点点就足够照亮一段人生。

与爱心相比，其实钻石和藏獒都是明码标价的空虚和寂寞。（韩笑）

12月21日 星期二

★值日班长：冯悦 王昭雨

首先问大家几个问题：在这个月黑风高的晚上，你还记得今天是晴天还是阴天吗？你还记得早餐吃的是什么吗？那么午餐呢？晚餐呢？

如果你都忘了的话，那你也“异凡”了。还有，刚才写在作业上的话你还记得吗？好了，切入正题，写上看似白痴的问题是想要提醒同学们在认真学习的同时也要认真生活。

昨晚查宿舍时，207很乱很乱，我很伤心很伤心。韩笑笑居然冒着被我痛打一顿的风险，冲过来对我说：“我把那个放你桌子上了！”我说：“哦哦哦，赶紧睡觉！”今早一来才明白“那个”的意思是班级日志！我很纠结地看到封面上的大娃娃冲我笑，当时特想把她的红鼻子一口咬下来——我没有记早到！还有上周宿舍值日没有早到，还有上上周没有、上上上周也没有。我想起了一个哥们教导我的话——介揍是人生！

今天不平凡，生物的同志们进行了考试——题很纠结，纠结到我气得一跺脚，一屁股坐断了我的饭勺——塑料的！绝不是铁的！当我们啃完近三百道题对答案时，那个感觉真叫纠结。康姐说错了三道，昭雨说错了四道，大家惊愕地问：一共就错了四道？昭雨和康姐异口同声地说“说的是前五道”。

今天不平凡，第一次亲密接触——与哲学。妈呀！如果说科学与迷信是对立事件，而哲学又不属于科学，那哲学与迷信是什么关系？

新闻时统计了某些内务不合格的顽固分子，在傲哥和我的磋商下，我们不准备让信妈妈介入此事，自己内部罚罚得了。可班长他老人家说，咱要不不管，要不就给老班她老人家管。班长还说这名单统计了，没人管也不行。班长又说了，咱就给老班这个名单，让老班她老人家背这“黑锅”吧。所以说，内务整不好的同志们，要努力啊~要努力啊~努力啊，否则老班儿就要当您的宿舍长了。当然这是将来时，对于本次，暂且放过——不过会被安排在星期日值日。（冯悦）

既然上文提及娃娃，我也插两嘴。看到封面上的大娃娃，我就想起了食堂卖的馅饼。

其实，生活就像食堂卖的馅饼，外表都一样，所以你永远也不知道你买的是什么馅的。我连续吃了一星期的馅饼，开始咬开的是绿里透黄的菜，有点儿咸，后来是绿油油的菜，是韭菜——有点儿过，又有些辣味。上星期六是褐色的，蘑菇有点儿涩；今天是黑色的什么东西，有点儿甜味。

历史往往重演，但绝不是重复。同样，生活可以有规律，但绝不是单调的重复。每天看着明明长得一样的馅饼，吃进嘴里却有不同的味道，有一丝彩票中奖的惊喜。

生活往往就是这样，看似平常的一天可能发生异常的事：无论是组长突然向你要习字还是要化学课外书，都可以看作对生活的点缀；无论它是好是坏，让你开心还是让你纠结，总归令生活不一样，与昨天不一样，与明天不一样。每天面对一个又一个的未知，又期盼着即将到来的未知，对未知充满恐惧又心存期盼，在矛盾中生活，在实践中验证一个真理——任何事物都有矛盾的对立面。

哦，今天我被哲学了。

希望同学们怀着对未来的期待，认真生活。最后说一句，买到什么馅的饼不重要，重要的是吃掉它。（王昭雨）

12月22日 星期三

★值日班长：夏美琨　吕鹤松

首先和大家描述一下我近期的一些生活片段。

1. 我中奖了！中头奖了！颁奖人是信妈妈！这份元旦大礼让我热泪盈眶——第一单元加《阿房宫赋》。其实我被罚和韩帽有关，具体原因真的让人哭笑不得。我被罚也害了建朋和冀浩同学，因为他们两个是按着我的答案来对自己的卷子的，在此本人表达一下自己的歉意。今天在这个本子上写得有些潦草，因为本人刚写完“此恨绵绵无绝期”的《长恨歌》，右手基本处于麻木状态。礼重情谊更重，但愿每一个中奖的同胞在四调诗词默写中都得满分。

2. 生物科代表的队伍中有新成员加入：李艺超，孟令镯。原先我以为他们只是候补，我和冀浩出去集训时才把大权交给他们。谁知我们回来时发现于老师已让他们上任了！以后我和冀浩发卷子，他们查积累本，希望大家支持他们的工作。

3. 我们在跳绳比赛中又完胜412了，因为我身手不太敏捷，所以就担任了计数员的工作。412女生跳了60多个，当时我觉得咱班女生赢是没问题的，不过让我意外的是咱们居然比她们多了那么多。数完412男生时，我有些忧虑，不过事实证明这完全多余，咱们班的人太棒了。

4. 我和二傻卓卓制定了互通有无的友好通商条约：“投之以桃，报之以李；投之以柿，报之以橘；投之以臭鸡蛋，报之以香蕉皮。”呵呵，208 就是我们温暖的小家，410 的每一个宿舍都是一个个温馨的小集体，有我们最亲的兄弟姐妹。

5. 其实我昨晚就在想今天要写什么，然后我一边想一边笑，比如和兔子在衡水师专的尴尬经历，比如于老师那可爱的“食堂都卖什么”问题，比如尤龙的“有一个容嬷嬷，她有一些……”理论。就这样，一直笑到了晚上 11 点半。我觉得自己很幸福，有这么多快乐的片段组成我乱七八糟的青春，大家也是一样吧！

对了，记得今晚回宿舍的路上抬头看看月亮，很美的。（夏美琨）

今天有喜有忧。上午我们同 412 进行对抗并大获全胜，也难免老卢发出感慨。这就是我们的尖刀班，剑锋所指，所向披靡。

跳绳前，老班看到了我们班的见习团，不由发出了感慨：“人有点儿多了”。真扫她老人家的兴，我的参加将会使见习团更庞大。

跳绳时一不小心崴了脚，当时一心在赢得比赛上，一点儿不觉得痛，现在已肿胀得很大了。纠结啊。

更纠结的是晚自习下课前肚子疼痛难忍，我把学案订在了一块放在桌子上，一下课就立刻冲向厕所。回来科代表在前面翻卷子，我扫了一眼，发现我桌子上已经没有卷子了，心想挨着科代表，应该拿走了吧！一念之间，铸成了大错。（吕鹤松）

12月23日 星期四

★值日班长：詹小雨　段文思

今日大事记，当然少不了上午普哥的数学课来的却是褚老师，这也有少许“物是人非”的感觉。课上一共讲了两道题，第一道很常规，第二道刚开始下面的同学还说“先别讲那个巧法”，可中间杀出个邢明超就炸开了……总体来说今天很棒，满天都是智慧的火花，不亚于奥运会的焰火。

再说说自己吧。唉，今日心里颇不宁静。近日，麻烦从那次考试失利就接二连三地到来：物理老师找我谈话，化学一天五道题，英语写反思、背单词，语文写基础知识，默写《长恨歌》《湘夫人》《阿房宫赋》（由此，我对古代统治者深恶痛绝，他们闲得没事搞排场，迫害百姓，引得迁客骚人满腹牢骚，害了我们广大青少年背得天昏地暗），数学写了两次学案（第一题就没对），连生物也被罚写积累。唉，夜晚失眠，左眼直跳，经初步诊断，口腔溃疡。虽然有那句“左眼皮跳跳，好事要来到”，我还是高兴不起来。我真的想摆脱这种困境，不知道大家有没有什么好方法可以帮帮我，你们是怎么“无厚人有间”，在这纠结中游刃有余的？

我的思想确实混乱了，昨天晚上失眠，我想今天写些什么好呢，结果想到了这些：我没有做到像章鱼哥那样看破尘世，淡定异常；也没有做到像海绵宝宝那样总看到生活中的阳光，永远乐天。做派大星也行啊，可我也不容易满足，我想知道蓝猫淘气三千问问完了吗？为什么那只猴子叫达尔文？鸭子侦探的那件毛衣什么时候织完？飞天小女警还喜欢花椰菜吗？柯南到底变没变回新一？图图还会动耳神功吗？我知道太心急暴龙兽也变不成机械暴龙兽，经历磨难的迪路兽才会变成天女兽……我嫉妒红太狼身在福中不知福，就连新的《三毛流浪记》都有一个场面酷似《爵迹》中的片段，这是个怎样的社会呀！乱了乱了，我确实乱了，在学校里至少有生物让我欣慰。

抬头看见前面有张纸写着《木兰情》的歌词：“记住这天地中的美，沧海世界，一眼成灰。我想喝家里的井水，却吞下生死的滋味，就让我敬往事一杯，对自己说，绝不后退。”

就让我敬往事一杯，对自己说，绝不后退！

就写到这里吧，病人梦话，权当呓语。（詹小雨）

詹小雨写得好多，我简单写几句吧！今天天气转凉，但是还算晴朗；今天任务很多，但是心情不错。

今天我吃够了苦：化学改错本偷了点儿懒，我暗念一声“好吧，我支持艳艳姐的工作”，结果被凶神恶煞的科代表穷追不舍；数学改错本上回没交，结果被战普老师抓住了尾巴，我长叹一声“豁出去了，我支持战普老师的工作”；英语上周发挥不好，结果连交一周改错本，我权衡利弊，失算了，权当支持卢老师的工作。结果“三支持”，我就不知该怎么办了，所以我想跟大家说，或许事情真的很多，但还要从自身找原因，至少这段时间我的被动就是因为一事慢事事慢，恶性循环，形成了“多米诺骨牌效应”。其实不用干这么多的事情，干能干的事，虽然事情会积得很多，但一步步走下来效果不见得差，即便现实不容投机，但真到紧急时临时抱抱佛脚也差不多掩饰过去，权当一小插曲了。

还有，这几天宿舍内务有些问题，我是漏洞百出，弄得丹琳一直嚷嚷回去就教我叠被子。我早上走得太匆忙，所以告诫大家一句，临离开宿舍时要用级部的眼光扫视一下自己的床铺，免得给本来够忙的生活添点儿不必要的烦恼。

哦，补充一点，天气变化可能让我们有些不适应，大家都要多喝些温水，晚安！（段文思）

12月24日 星期五

★值日班长：姜世磊　苏冰

今天是平凡的一天，科代表们的狂轰滥炸还有老师们或表扬或批评的声音如潮水袭来一样，但今天又是不平凡的一天，因为今天是71个兄弟姐妹还有老师们共同度过的一天。最令人惊讶的是化学老师上课时看似莫名其妙地发火，但仔细想想，还是我们做得不好，我们不该不做学案。因此，我希望大家抓紧时间做学案，做课外书，写积累本（虽然我也很少按时完成）。

回想上一次做值日班长还是微机会考之前，如今除伟大的政治外，其他文科及微机会考均已过去，我们的课表也发生了翻天覆地的改变。进入“准高三”时代，理化生均增加了课时，各科作业也铺天盖地而来。今天，要收数学改错本、化学改错本、课外书，明天还要收物理改错本。希望大家把握时间、提高效率，保质保量完成任务。

另外，作为政治科代表，真心希望大家关心学习的同时也关心一下时事，为过几天的大会打下一个基础。（姜世磊）

今天不是一个特殊的日子，但是一个值得我们高兴的日子，因为今天是我和世磊做值日班长，我加上他就是410文科的2月；虽然如今我已无人雇佣，昔日的老班也已弃我而去。真怀念做“表哥”的日子，真怀念在多得用不完的历史学案上打草稿的感觉。

衡中的生活让我们忘记了日历，而对自由的向往如同咱班窗台上的那盆已不再鲜艳的花，早已蔫在了内心的某个角落，不过请大家注意一下那些花在即将凋零之际还不忘告诉我们一个生物学真理——在重力的单一刺激下，花蔫也是朝下生长的植物的向地性。

如今的宿舍生活也许是一天中最舒服的了，没有了高一时宿舍外回收站彻夜不停地敲瓶子声，没有了以前龙龙雷霆乍惊的鼾声，现在只剩景昊看破红尘的叹息声了。

早晨没有记早到，不是因为我去得晚，而是我去得很早，导致一兴奋忘记了早到的有谁了。姜世磊没有跑早操，用他的话说，他的脚跑操会疼的，吃饭时便好了。学生物学出如此奇症，也真难为他了。不过，姜世磊同学为了班级的荣誉，为了不让见习人数超载，已回到我们的跑操队伍中了。

明天是圣诞节，今晚是月黑风高的平安夜，请同学们拿出自己已在褥子下压了很久的袜子挂在床头，期待着圣诞老人的到来，但请不要打开窗户迎接他（天气严寒，谨防感冒），也不要太张扬。磊哥提醒大家，不要把圣诞老人熏跑了。（苏冰）

12月25日 星期六

★值日班长：刘志广　白轩然

虽然电脑屏幕右下角的搜狗输入法皮肤换成了一个老爷爷的头像，但是今天对于中国人民来说只是毛诞的前一天而已。

作为中国青年，我们有责任弘扬中国文化，对于这一点，我有一点不解，当初中华人民共和国成立时选历法为什么不承袭农历历法，不然今年应该是锦涛八年。不过，现在改历法已经不可能了，我们更应该珍惜现存的民族文化。（刘志广）

首先，今天是圣诞节，就算不过节也是。从见习地点回来，没到班门口就听见了老班的政治思想文化教育“不过圣诞过毛诞”。

除了这件算不上事的事，再就是阿腾说的“悲剧”：三节奥赛一节体活课没了，两节周测一节自习没了。另外，明天能不能睡懒觉还不知道。或许很悲剧，但不要忘记了数奥教室里糖果依旧藏匿，我依旧，不，变成倒数第二走进教室——倒数第一的鹤松不幸悲剧了，我对此深表怜悯。此外，十分高兴而又激动地告诉大家："我的脚十分争气，已经好了很多。"用高雪迪的话说："你变得越来越矫健了。"虽然我跛脚的姿势需要时间来纠正也就意味着我要学走路了！在此我真的感谢410，感谢所有帮助和关心我的人！

最后，预祝大家毛诞快乐，在毛爷爷的保佑下顺利度过周测。（白轩然）

12月26日—27日　星期日—下星期一

★值日班长：张肖荻　董宇喆

昨天晚上，李肇星来到了学校，他口才真的很好，连续不断地说了两个多小时。老人家也怪累的。今天，小王老师说："咱们用10分钟的时间说一下昨天晚上的感受。"冀浩说："我看到了差距。"的确，高级领导和基层干部的差距真是很大。李部长给了大家很大的触动——为了祖国，每个人都应该奋斗一生。

好了，不偏离主题了，今天真的失落了一会儿，寂寞了一会儿。体育课上常老师说："410没来还是411没来？"我大呼："410来了！"他说："哦，410在这个篮筐练。"我又大呼："410只来了我一个。"他很无语地看着我这个冒天下之大不韪的410的篮球组女生。"你跟着412练吧。"本来打算借这个机会忽悠几个姐妹下次去上体育课，但看到大家匆忙的样子，不忍心啊。哎，我下节体育课继续孤单地三步上篮吧。

导数让大家学得不知所措，不过别担心，我们做不出来其他人更做不出。心态放平，一切OK。加油410，四调亮剑，所向披靡！（张肖荻）

昨天的演讲太精彩了，李肇星部长这么多年的外交工作不是白干的，一讲就是两个多小时，面不改色心不跳，佩服，佩服。

演讲的确很精彩，精彩到我前面的摄像大叔心有所触，于是做起了周期不定、振幅不定的简谐运动。他就像个地球，横亘在我和李部长之间，还不断地改变姿势。一晚上下来，我收获的知识很多，比知识更多的是分泌出来的乳酸。

另外，告诉数奥同学一个lastest news，去清华参加保送生考试的数奥学哥学姐们全部通过了，现在就定了自己的大学归属。不过，对我们来说那还是很遥远的事情，当前最重要的就是面对导数。你准备好了吗？

最后，送给大家一个关于李部长的故事。有一次李部长和当时的外交部发言人一起在街上走，突然听到旁边两个人在议论什么，仔细一听，那两个人说的竟然是："这个外交部发言人没事吧，怎么雇了这么个老头当保镖？"

祝大家睡个好觉。（董宇喆）

12月28日 星期二

★值日班长：李喆　艾冰清

四调就在眼前，或许你还有N张自助没有做，或许你还有N道有价值的错题没有看，但是请不要慌，考试不仅考我们的基础知识，同时也考我们的心理素质，我们需要郭晶晶的沉稳、张怡宁的淡定，我们要以平常心踏踏实实地做好当下的事，当然孔令辉的坚韧、小马修的不放弃也必不可少。胜败乃兵家常事，一科考砸了也不成定局，迅速调整好心态，才能像杜丽一样首金失利后用一枚沉甸甸的金牌证明自己，才能避免程菲引发的"连锁反应"。在下一科的考试中仍需要专注，像肖钦流畅的鞍马动作般干净利落地将自己会做的题丝毫不差地写下来，不丢一分冤枉分。机会只会给有准备的人。同学们都要像栾菊杰爱自己的祖国一样爱着410，都要像刘诗雯一样因为个人而导致集体的失败惭愧万分。就让我们今晚好好休息，明天及以后上演一场又一场让他人说OK的全明星赛。（李喆）

今天是充满巧合的一天，既是我领誓，又是我当值日班长，虽然没做什么特殊的事，但是十足地自豪了一把。

现在是考前的最后一个晚三，同学们都在努力拼搏吧。今天卢老师难得地表扬了我们，让我们继续好好地背单词吧，当然对于没有受到表扬的学科更要加倍努力。如果前一阶段的学习存在遗憾，那就让考前的十几个小时完美无缺。不知道DNA之间为什么要分分合合的就去看看生物课本，对数学一次求导二次求导感到糊涂的就翻翻积累本。当然，对于语文，相信在信老师的魅力下大家都会积极准备的。

大家要记住，410必胜，我必成功。

温馨提示：空气干燥，要多喝水，舒舒服服睡觉，以防感冒。（艾冰清）

12月29日—30日 星期三—星期四

★值日班长：乔方舟　赵宁

作为今年最后一组值日班长的其中之一怎么也兴奋不起来。刚刚经历完考试，心里真的很冲动——语文默写只有7分。环顾四周，大鹏9分，常宇9分，阿腾8分。估计默写除了苏冰6分之外没有人比我再低了吧。生物悲剧，那个DNA切来切去问我切成几段，我纠结了半天写上了4、3。我想怎么也得对一个吧，可是听浩然和安磊一对答案，我的幻想瞬间破灭了。刚刚发了生物二卷，我最后两道题的分数是6+1，这两道题可是14分啊，真的伤透了我这颗少男的心。如今英语答案在手，我没有勇气去面对它，我无法面对纠结的阅读，我无法面对打了三个对钩的短文改错，我无法面对前面字大后面字小的作文。但一切都已经过去了，明天就要回家了，不管你考得有多烂，别管它，神马都是浮云。

我们现在要做的不是感叹现状，而是规划自己，规划如何去改变现状。今天，我这颗少男心已经被彻彻底底地伤透了，用刘通的话说就是："你听到了吗？我的心都碎了。"不过正如普哥所说，"努力不一定会有结果，既然还没有收获，那就继续努力吧。"（乔方舟）

不记得有多久没念班级日志了，每次当我踌躇满志地写完班级日志，然后又踌躇满志地准备念时，总会有事让我念不了，无一例外。我记得上一次捧着班级日志在讲台上念时还是在格物楼。

前两天舟舟拿到了这个本，感慨说这个本上竟然还没有留下他俊俏的笔迹，所以应他的要求，我们当了两天的值日班长，跨过了有人欢喜有人愁的四调考试。昨天早上是我领誓，正好也要考试了，于是我在誓词的最后自作主张地加上了以前的誓词："我将全力以赴，共铸一零辉煌！"所有喊出这句话的同学问一下自己，为了410的四调辉煌，你全力以赴了吗？记得有一句话是"尽力而为还不够，要竭尽全力"，虽然现在考试已经过去了，成绩也即将揭晓，但说这些还是希望同学们以后做每件事的时候都尽自己的全力，去创造自己的辉煌。

PS：2011马上就要到来，有知识点没有弄清的一定要在31日24点前搞明白，不要让这个问题跨越一年来困扰你。总之要把今年的事情都搞清楚、理清楚，以崭新的面貌迎接新的一年。（赵宁）

1月3日 星期一

★值日班长：王雅桐　运经纬

新年的第一天哦。

突然觉得所有的言语都是苍白的，每个人都以自己的方式说了最后一句话，都以自己的方式迈进了新一年。

祝410所有的同学都能找到可让自己飞翔的方式。（王雅桐）

王雅桐的画至今我都没有看明白画的是哪里，但是不管怎么着，这幅画一定象征着快乐和幸福。在家中度过一天多的幸福时光，我们还是恋恋不舍地回到了学校。想到还有不到4周的时间就是寒假了，还是蛮幸福的。

今天，我俩是新一年的第一任值日班长，个人感觉在这个本上留下笔迹的人是光荣的。

昨天，我们410PK404的结果揭晓了，挺令人失望的，大片大片的领土都是白色的。不过别紧张，还有期末考试，3周多的时间不算少，加把劲儿，争当410星级标兵，力争把自己负责的那片领土染上红色！（运经纬）

1月4日 星期二

★值日班长：苏浩然　朱玉璇

今天是繁忙的一天，数理化加上语政英，在数学定理的一轮轰炸后，文言文、英文字母又将我们淹没。我有种很特别的感受——越是繁忙时间过得越快，之所以会这样，是因为我们都有一个期待，期待明天的课程，期待3周后的寒假，抑或是期待整个人生。奋斗的一生需要繁忙，而成功的人生又需要奋斗。我们无法改变自己，但我们可以蓄势待发，聪慧地等待（愚拙的人只知道等待）。我们无法预知未来，亦不可改变过去，唯一可以做的就是把握现在。

3周后，我们将迎接期末考试与寒假。我们应该报以什么态度，是对寒假的期待，还是对考试的畏惧？我想我们必须坚定一个信念——有面对考砸了的勇气。

我们都需要有考砸了的准备，当然也要有必胜的信念。我在考试前一直都是这样想的，“我要考前100名”虽然有很大可能不会实现，但这种伴随着激励的压力或多或少会给人力量备考。

正所谓“事不过三”，我们输了三回，如果连期末都考砸了，等待我们的代价更大。最后我想送给大家一句话：“410人想做到的一定可以做到！410想要的东西谁都抢不走！”（苏浩然）

今天真的太晕了，我悲剧地被选入了明天交语文积累本的行列中，在一节政治课加一个晚三的时间里我也没写完……今天语文积累本的经历给了我一个启示：只要抓紧时间就可以做好多事情。只要我们抓紧每一分钟，那么一切都不再困难。（朱玉璇）

1月5日 星期三

★值日班长：孟亦同　张异凡

我非常荣幸地和张异凡一起做值日班长，但也是最后一次了。某种意义上，只有过了春节我们才能真切地感受到又长了一岁。今天老班谈到了过年与考试的矛盾，能不能稳住心态是考验一个人心理素质的时候，希望大家能经受住这个考验。快过年了，给大家拜个早年！（孟亦同）

当朱玉璇把记录本给我的时候，我真的大吃一惊，怎么这么快呀！感觉刚当完值日班长，又轮到了。

今天王奶奶破天荒地开了一次奥赛班会。当我欢天喜地地跑上楼，以为是不是可以去培训而躲过一次考试，结果失望而归。

一年了，这么快。从当初的心怀怨恨来到衡中开始，到现在学会了去适应它，适应一切我不适应的东西；从当初看考试成绩时的伤心哭泣，到现在的从容淡定，不知道到底是自己长大了还是已经麻木了。还记得初中时，一年分一次班，每次人还没认全就分开了，面对的永远是一张张陌生的面孔——写下这句话的时候我悄悄地望了望四周，还好全能叫上名。

其实已经很满意现在的自己了，虽然我失去了很多别人看来很宝贵的东西，但我也收获了很多。一开始非常想改变自己，真的非常想，而我也确实改变了很多，学会了隐藏。我承认，没法像以前那样对喜欢的人真诚以待，对不喜欢的人敷衍了事，但这也未尝不是一件好事，我起码还有几个真心的朋友，还有几个知道我什么时候在笑、什么时候在哭的人。

其实，学会在伤心时笑也是一种成长。

好喜欢 2011，一个崭新的开始，开始就有希望。对于那些高三被保送的人来说，2011 意味着可以免去半年被题海狂轰滥炸的生活。说实话，很羡慕他们。也许有人会说高三那些一起并肩奋斗的日子才是最美好的回忆，但我还是想保送，想用空余的时间去做一些自己一直想做的事，就像许嵩说的那样，想闭上眼睛，不去看一些事情，安静地做一些音乐，记录一些事。（张异凡）

1月6日 星期四

★值日班长：柴君卓　徐希浩

今天早早地起床，才发现宿舍的姐妹们（偏义副词）起床都很迅速，也许是因为昨天老班开会激励大家了吧！无论如何，只要有争先的激情，每个人都可以在与时间的比赛中胜出。写到这儿，又想起了小学某个年级学过的一篇课文里那个和时间赛跑的孩子，什么时候都可以在阳光温暖的午后躺在草坪上眯着眼睛看着阳光透过指缝洒下来。不知道那样的日子究竟算单纯美好还是算虚度光阴，但起码我还是可以在去吃饭的路上顺着伙伴手指的方向用我散光的视力凝视天边的月牙那么不露声色地翘在莘元馆的屋顶上。

每天都沐浴着奋斗的阳光，依旧平凡却依旧充实。今天早上又体会了上阅览课的欣喜。翻开札记本，发现最后一个句号画在 18 周的末尾，恍惚中日子就都溜掉了，也难怪札记本可怜地处于所有本子的最底层。我想不少人也会有和我一样的感慨吧。多少天没碰过札记本了，但还好，一翻开就又回到了自己那个小世界，有些充斥着激情与梦想，有些流露着幸福与满足，也有些像美好的童话。每个人眼中的世界，应该是不一样的吧。

现在新闻里增加了“感动中国”栏目，每天都讲述着做出了伟大事迹的平凡人。请大家记住身边有大爱，请记住珍惜你所拥有的，学会感恩。（柴君卓）

今天真的很特殊，因为今天有三节英语课加一个英语早读，晚三后还有两个英语科代表读班级日志。今天确实是“英语日”，不知道大家是否因为有这么多时间与英语接触感到非常棒。不过还是给大家换个口味吧。

正题：化学老师换了 4 天了，不知大家是否适应了他那川味十足的口音。

离考试时间不多了，希望我们能尽快适应。艳艳姐很多时候很和蔼，有时也很严厉，但都是为我们好。让我们记住她的话吧："做题要细心才行——噢！"

今天在阅览课上看到一篇文章《自由在高处》，文章从一道智力题开始：将"101−102=1"移动一个数字，使之成立。作者问了很多人都做不出来。其实只要打破横向思维，往高处着眼，将2移动到10的右上方即可。生活也是如此，我们习惯了左右的横向生活，习惯了惯性的生活，我们需要的是一种高处的自由。

只有当我们在惯性中从高处着眼，在高处看得更远，看到光明与自由，看到我们心中的目标，才不会在生活中失去方向——人生需要一个大的方向。

不多说了，希望同学们最近注意好身体，别感冒，保证睡眠，好好休息。（徐希浩）

1月7日 星期五

★值日班长：高雪迪　王翠薇

本来昨天说好今天一定要早到跑操地点，可是谁知道还全神贯注地做着梦时铃就响了，结果被吓得梦都忘了，脑子蒙了，直接结果是起不来了，然后拽着5点40分的尾巴有惊无险地到了跑操地点，好险，好险……

今天是一周中很平凡的一天，除了早操时王卓摔了一个大跟头（丹琳姐也遇难了）、今天换得有些乱的课表和难得一次的阅读课外，今天真的挺平凡的。

在一个很平凡的日子，我们做着本质是一样的事：写学案，做自助，补积累本，再闲情雅致地写写辅导书。其实我认为，如果每天都能让自己不闲着，一天结束时，想想这一天还是很愉快的。

在这儿我想说一下自己的一点儿小心得，就是当考试没考好时不要把太多的期望放在下一次考试上，这样你就会特别患得患失，在考试前几天你就会纠结得不知道该干什么，特别想打一场翻身仗，结果就会越发让你失望。面对不理想的成绩，我们应该认真地分析到底是哪里丢分了，然后在下一阶段认真弥补自己的弱项。普哥说得好："勤奋是坦然的基础。"当在某个阶段，你真的付出了比平时更多的精力，即使考试前还是会出现像我老爸说的"哆嗦"，但基础有了，即使哆嗦也哆嗦不到哪儿去，成绩往往就是水到渠成的事。

最后送大家一段话：“同为 410 人，我们彼此亲近，在寒冷的冬天里我们可以互相感受到彼此内心的温度，在苍白的呐喊中能够听到彼此灵魂的共鸣。我们，加油！410，加油！”

Fighting！（高雪迪）

今天对奋斗着的我们来说是不平凡的，因为我们在奋斗着。

说件新鲜事吧。下午第八节信妈妈的课后，我们顶着还有 3 分钟上课的压力向上冲锋。我气喘吁吁地爬到六楼，见宝英姐在那儿正看着我，我忙来了句“老师好”，没想到她不关心这个，而是不无失望地说“第三个又是数学的”，不过随后就到的姜世磊给宝英姐带来了曙光——“嗯，第四个是生物的”，这使她全身都兴奋了起来。哈哈，小小的上课到位也让她横着、纵着、侧着、歪着比较半天，就差给我们做个切片放在显微镜下观察再写个实验报告了。

董傲同志光荣而又伤感地走下了生委的岗位，摇身一变，成了410纪委，这“一纪一生”之间的华丽转身是迫不得已的。就冲你在北京培训期间与我们朝夕相伴，我们永远挺你。傲哥，振作起来，你是好样的。无论是学习还是工作，希望你永远闪烁着大眼睛，机警而有活力。傲哥，加油！

好了，闲话不提了。睡眠是一天的开始，一天之计在于睡前，大家睡个好觉。（王翠薇）

1月8日 星期六

★值日班长：金幼晗　王卓

感觉已经好久没在这个本子上写字了，一不小心光阴又过了一年。抽时间翻翻以前的班级日志，觉得心里满满的——可以填补肚中空空的痛苦呦！雅桐的画真的很美很美，注意我用的是美，而不是漂亮。美在它的温暖，美在它特殊的含义，美在雅桐的用心。我想雅桐一定是微笑地画下来的，即使脸上没笑，心里也是笑着的。大家一定要看看啊。（金幼晗）

信妈妈让买的新年日历真的很有用，它告诉我昨天是小寒，下星期二是腊八，依此类推，下下星期二是腊月十五，也就是本人的生日了。英国诗人雪莱说过，冬天来了，春天还会远吗？几千年后一个悲剧的我说："生日到了，考试还会远吗？"说说我对生日的看法吧。我觉得生日的价值是提醒这个人的存在，提醒我们这个人一直与我们在一起，一起呼吸教室的空气，一起脚踩坚实的土地，一起不断加油和努力，一起接受老班的教育。这一天无论是对这个人还是其他人都是温暖而幸福的。不过还是要说，中国有句话叫"儿的生日，娘的苦日"，想想多少年前的这一天一个小生命诞生了是很奇妙的事情，想想母亲给了我们生命是真的很感激，想想这么多年的风风雨雨是很充实的。别忘了给母亲打电话，你的生日也是她的生日，是她的节日。有些平时难以启齿的甚至肉麻兮兮的话就趁这个机会跟妈妈说说吧，妈妈会很高兴的。

下面记一下今天的大事，首先是中午的歌，范玮琪的《最初的梦想》很不错，不过温馨提示，班歌没有换，不过课前的歌换一下而已。还有就是生物失踪的三节课，无限纠结的奥赛题啊。再有就是一件小事，因为我们要讲题，詹小雨特地两次去叫张肖荻，真的好感动。生活中有很多温暖的小事，希望大家多发现。

说到换歌，刚开始以为换了班歌有一点儿伤心，因为《倔强》这首歌承载了我们太多的记忆，不过既然班歌没有换，还是蛮不错的。

下面是一直想送给410的话："我只是希望自己付出的努力得到应有的收获，在那样的回报里，我们的骄傲与欣慰才不会显得卑微，我才会忘掉曾经有的无情、恐慌与急于摆脱现实的梦魇。只有自己打拼得来的天空，我才会看见身上一道清晰的脉络与这一方天空是如此的和谐。如果我不能违背世界公约而必须在书山里跋涉，那么至少我希望我攀登的姿势是简单而可贵的。我从来不是一个拿得起放得下的人，我不想去过仰视别人的生活，我不想用眼泪淋湿未来。我要尊重我内心的选择，我会对自己的选择负责。"

这段文字取自一篇激励我走过初三的文章的大意，我希望每个410的兄弟姐妹都可以像文章中所说的那样，做快乐的所向披靡的孩子，脸上带着无牵无挂的微笑，义无反顾地向前走，纵使肩上背负着巨大的仙人球。

看看窗外明亮的日光，在这个明媚的星期日的早晨，410，我默默为你祝福。（王卓）

1月9日 星期日

★值日班长：王迪　董雪

今天是星期天，没有跑操，也就没有记早到，但是今天下午所有人都来得很早，对，是所有人。说到周末，早晨可以多睡一会儿，起来可以洗洗头，洗洗衣服，与以往有时连脸都顾不得洗的日子相比是蛮幸福的啦——谁让咱内务整理得慢了呢！有时从宿舍冲出来，路过水房，想跑过去洗把脸，但是一个声音在我脑海中响起："要脸还是要命？"这一下就把我惊醒了，大丈夫能屈能伸，还是保命要紧，因此一路狂奔出宿舍，脸都顾不上了。呜呼，岂不悲壮哉！星期日还有一个好事就是自习颇多，平时积累下来的卷子可以痛剪一番了，也有时间多看会儿奥赛了，不知大家把握好时间了没有。

到目前为止（下午第二节自习），各科周测都已测完，被测得糊里糊涂，"一片苍茫"啊！但从现在开始到今天结束就稍微好一点儿了。但今天过去，明天还会远吗？明天又是快节奏的生活，愿大家把握好每一天，为期末做好铺垫。（王迪）

直到今天下午王迪把这个本子给我，我才知道今天是我当值日班长。刚刚开完班会，听到"旭日阳刚"组合的歌曲，真的给人一种震撼，感觉他们不仅仅是在唱歌，而是发自内心深处的一种对生活的企盼和对生命的渴求。让我们跟他们一样执着，做一个追梦人吧！

昨天班会上老班让班委会和班里的前 20 号签了承诺书，虽然气氛有些压抑，大有一种赴刑场的悲怆之感，但还是能体会到老班的苦心。为了自己和家人，更为了 410 的东山再起，只有 12 天了，是该发奋的时候了！

今天早晨去吃饭的时候，李舒钰同学郑重地对我宣布了她的"非常政策"——从起床到中午到位再到晚饭，总之就是尽最大的可能压缩与学习无关的时间。据我对她的了解，能做出这样的决定一定是下了很大很大的决心，对于她来说也是一次很大很大的挑战。

被奋斗与汗水充实着的日子一定是快乐的，把剩下的 12 天当作虎年给自己的最后一份礼物，精心过好每一分钟、每一天吧。

还有，最近班里感冒的同学好像有点儿多，大家一定要学会照顾自己，多喝板蓝根，把病毒扼杀在摇篮里。

新的一天开始了，同学们，加油吧！（董雪）

1月10日　星期一

★值日班长：高岩　刘士琦

昨天班会课上，听了几首“旭日阳刚”的歌曲，深深地被他们的激情和梦想感染了，我想我们410也应该学会像他们那样勇敢地追逐自己的梦想。

作为一个学期的结束，这次的期末考试对410来说意义非凡。连续两次的失利让我们不免有些尴尬，超过东区，成为衡中的霸主，期末就是我们实现这个目标的平台。为了410，为了你的家人，请静下心来学习吧！我坚信两周的时间可以创造奇迹！

我特别喜欢无臂钢琴家刘伟，他的执着和顽强给了我很大的鼓舞。刘伟因触电而失去了双臂，这样的打击并没有使他就此沉沦下去，康复后，他开始学游泳。凭借他的不懈努力，两年后拿到全国第一，当时他说了这样一句话：“刚开始困难简直是一座山，但是后来通过努力拿到全国第一时再回头看那些困难只是一个小小的台阶。”病情使他不得不放弃了游泳，于是他重拾儿时的梦想——弹钢琴。

他用毅力完成了不可想象的事情——用脚弹琴。“我从来没有把我当成特殊群体的一员，就是你们用手做的东西，我用脚，只是换了一种方式而已，没有什么不一样。”这就是坚强的刘伟。

最后我改一下刘伟的话送给410：“我觉得在410面前只有两条路，要么长久地被东区压制，要么超越东区称霸衡中，让东区望尘莫及、望而生畏！”（高岩）

今天又是一个新的星期一，新的开始，但我想说说昨天的班会。“旭日阳刚”走红完全不同于传统意义上的网络红人，他们是中国劳动人民的一个缩影，在他们身上也反映出了“北漂”等群体在社会上拼搏的小人物的可贵精神——坚强、不屈、乐观，这也是他们成功的一个原因。虽然随着中国的发展出现了许多不和谐和令人痛心的现象，但总有一些人用他们的自强让我们感动，让我们知道社会上不仅有无知和颓废，还有阳光和自强。

说起班级日志，让我想起了不久前的一件事。元旦开学那天我和414的一个同学聊天，我问他们有没有班级日志，他说原来有，但是没什么人写，也没什么意思，就渐渐不写了。听到这话后，我立刻想起了普哥的话：“这个东西以后复印，大家分别之后都是很珍贵的记忆。”我想，每个进入 410 的人都是幸运且幸福的，因为这是一个创造了很多别的班还没做到的奇迹班级，在这个如此团结的班级，每个人学得到了以前从未学到的知识，同时，每个人也为 410 添上了自己的一笔，让 410 更加熠熠生辉！（刘士琦）

1月11日　星期二

★值日班长：杨晓鹤　袁景昊

今天心中颇不宁静，上午普哥的谆谆教诲仍在耳畔。不知怎的，自从上次普哥“耳提面命”地面批之后，每一次他的班会我都会觉得矛头在教室徘徊之后最后还是指向了我，让我除了惭愧之外还是惭愧。记得李舒铄念过的一本杂志上的一句话：“学好数学的女孩不是好女孩！”我想说的是，即使不当好女孩也要把数学学好。

前些日子我作为语文科代表总是占用大家的公共时间，在此深深地忏悔：以后绝不在公共自习前说任何事，特此道歉，希望大家原谅。

今天作文是乌龟赛跑的寓言，我将班会主题修改后写了上去，题目是《追梦的路上要执着》，结果又一次偏题。自从写材料作文以来，我没有一次不偏题的，实在惭愧。

今天有关“感动中国”的“最美洗脚妹”刘丽的介绍又一次让我感受到了平凡的美丽。平凡的她有一份爱心，有一份魄力，有一股进取的力量。她曾被家人误解，内心十分痛苦，这也引起了我的共鸣。一个人可以不被外人理解，却不能不被家人理解，不能不被最爱的人理解。理解与支持将伴你走好人生的每一段时光。

今天傻二卓问我一个脑筋急转弯，是一个极其幼稚的问题，她说：“什么是每个国家和地区都有，无论是社会主义、资本主义，无论是大的、小的？”然后极其极其猥琐地笑着说：“厕所。”

祝大家睡个好觉，晚安。（杨晓鹤）

这几天心里的确不太宁静，因为这几天太棒了。早晨跑操，我们宿舍的 6 个人都在平常还躺在被窝里睡觉的时间跑到了跑操地点。我本来还自信满满地要记早到，可没记成，因为大家到得都太早了。

今天仔细看了一下，发现大家的动作都快了不少，连人生大事——上厕所的时间都从几分钟缩短到了一分钟——当初老师让交“一分钟的价值”作业时真该把这一条添上。其实，我今天想说有一种生活叫奋斗。在衡中，在 410，我们习惯了日复一日看似单调的生活，同时得到了一日比一日更加充实的知识；我们习惯了快节奏的生活，同时也得到了因它而节省下来的宝贵时间。我们将自己无尽的爱献给 410。如果说我们的激情是一簇火苗，那么祝愿 410 的每一个人都以奋斗为烈火，用鲜红跳动的火焰洗去前两次的耻辱。无论东区，无论 411，无论任何困难，我们都要将它们战胜！

最后，还要说一说今天上午普哥的话，希望大家记住老师的每一句话，认认真真完成每一张学案和每一份作业，不要让不该出现的情况再次发生。

祝愿大家健健康康，不得感冒。

晚安。（袁景昊）

1月12日 星期三

★值日班长：张默　常宇

今天是什么日子？今天是李策的节日，也是我们 410 的节日。

当我看见李策站在舞台上，嘶哑着喉咙喊出那一句句抑扬顿挫的誓言，两只手颤抖地举着演讲稿，那种撕心裂肺地吼出来的承诺似乎想用一种力量把世界融化掉。这时候，我觉得李策像一个王，他像卡索站在雪城的屋顶上一样站在衡中莘元馆的舞台上，虽然没有卡索席地的长发，但我分明感受到一种王者般威严的气质。

我听见他说“现在我和我的家站在一起”，然后我们 410 的声音马上回响在莘元馆。李策，你是 410 的骄傲！

此刻，我正坐在医务室里，感受到冰凉的药液流入我的身体。同学们，板蓝根是我们生活中很重要的东西，要多喝水，不要生病。（张默）

今天是一个伟大的日子，我们的纪律委员兼伟大的 103 宿舍宿舍长兼原 602

老大哥李策当选“十大道德模范”，这实在是410之喜事、原602成员之喜事、现103之喜事。虽说策哥的嗓子哑了，但火红的喉咙不正预示着未来兔年的红火吗？所以，今天真是策哥、410、103大喜之日。听着策哥在台上演讲时声嘶力竭的声音，心中不禁敬佩起了这位大哥，看着他在台上帅气的身影，心中未免有些难过，为什么自己是个男生呢？废话不说，一切赞美送给策哥。

还有14天就期末考试了，在这紧张备考之际迎来策哥之乐事，难道不预示着410的成功吗？同学们，再干14天，为自己有一个好的收尾努力吧，借着策哥大喜之日让理想实现。（常宇）

1月13日 星期四

★值日班长：赵进 李策

平凡的一天，特殊的一天，我又能和老弟兄李策做值日班长了。我并不想对这一天做过多的评论，只想谈谈刚刚当选为道德模范的李策。

记得初中时刚学完《论语十则》，老师叫住我说：“要见贤思齐焉，多学李策的正直为人，身正不怕影子斜。”我惭愧，立志要努力向他学习。众所周知，现在的策哥在同学老师心中仍是那样正直，尽管有时……不说了，正直是一个人为人的最基本的道德，做堂堂正正的中国人，必须要做一名堂堂正正的中国人。

他的凛然正气需要亲身体会，下面的时间交给他吧。（赵进）

是啊，和赵进是真正的老弟兄，初一同班，初三同桌一年，而现在一起为410奋战。说实话，初三我的成绩能提高80%是因为和赵进互帮互比，所以今天我要对赵进说：“谢谢你，很高兴和你一起建设我们的家。”不仅仅是赵进，还有410全体兄弟姐妹，既然选择奥赛这条路，跪着也要走完，“放弃”不可以出现在410的字典里。数奥的兄弟姐妹们，有那么多的人支持着我们，我们没有任何理由懈怠。生奥的兄妹们，或许现在你们算是压力最大的了，我不说应该努力，而是必须努力，我坚信你们绝不是26人在战斗。记住，无论有多大的风浪，410永远是咱们全体人的避风港湾。

410真的是一个家，感谢信妈妈的那句“想坚持自己的就坚持吧”，感谢博阳放弃五节课一直陪着我，感谢克嘉东奔西跑为我准备服装、音乐，感谢张弛为我改稿、剪裁音乐，感谢鹤松帮我设计互动，感谢尤龙帮我配合音乐，感谢子悦帮我收拾书桌，感谢徐哲、艺超、乔石在我上场前的鼓励，感谢师傅给我润嗓子的药，更要感谢站在我背后的410班亲爱的兄弟姐妹们。

昨天我对张弛说谢谢，他却说："如果这点事都要感谢我的话，那咱俩这一年多的兄弟不就白当了！"对的，兄弟姐妹之间就应该互相帮助，我不否认自己的付出，但对我来说更不能忘记的是你们的付出，所以，谢谢410班，我70名兄弟姐妹!

其实不是我放弃了话筒，而是话筒放弃了我。我不知话筒为什么不出声音了，或许这是天意吧，连老天也认为只有那种撕心裂肺的"咆哮"响彻革元馆才算得上对410的赞礼！那份稿子的背面，不是一张白纸，而是我们曾经的誓言。记得我有一次带着稿子去教育处，被高一的同学一下子夺过去，吃惊地说："这上面真写着你们班的承诺啊，我还以为……"我骄傲地说是。413班的王晓磊向他们宣传410是多么强大，而我说"我们还打不过东区"时，其他人说："打败东区那是早晚的事。"我想我们应该让所有的人都知道410才是王者。

感谢410。当我们安享晚年，抱着孙子或者孙女，用手抚摸着他们的头的时候，仍能会心地对他们说："我啊，还有一个美丽的家，它的名字叫410。"（李策）

1月14日 星期五

★值日班长：安磊　赵鹤宁

我正在纠结以何种方式"拖"出今天的班级日志，无意间又一次回看了以前的足迹，于是用微薄的统计学知识找到了一个有趣的规律。

总有人说衡中的生活是单调而重复的，其实不然。根据我的不完全统计，同学们班级日志的第一句话有如下特点："今天是特殊的一天"，出现了12次；"今天是平凡的一天"，出现了9次；"今天是冰火两重天"，出现了2次；"今天是高兴的一天"，出现了1次；"今天是淡定的一天"，出现了1次；其他"今天是××的一天"，出现若干次。由此可见，我们的生活还算是很丰富多彩的。

好吧，我承认我扯得有些远了。今天是平凡又特殊而又不忙碌抑或很淡定的一天。不过值得一提的是，今天下午我们认识了一下 HZOI2009 的小朋友们。他们充满了好奇与渴望，玩一玩这个，试一试那个，像要找到自己钟爱的玩具一般。这使我不由想起我们 410 刚组班的那段时间，每一个同学都在自己选择的领域贪婪地探索着，“奥赛”二字对于我们来说就像是一个尚未开发的快乐星球，每个人都争先恐后地想要在它上面留下自己的脚印，开辟属于自己的一片土地。回头想想，那段时光真的很幸福。不过舟舟，嗯，舟舟的一句极其无语的话打断了我美好的回忆，他当着老师和所有男同学的面，极力抑制住自己内心的冲动，以极其淡定的口吻说：“欢迎拜我为师，来者不限，女生优先考虑。”无语……

假期对于 410 来说总是充实而忙碌的。为了自己的梦想，我们要奔赴祖国各地，放弃在家中舒适的生活，去继续学习的艰辛。但是请记住，无论身在何地，不管能否直接地为我们的 410 奉献自己的力量，我们的肩上都有一份责任，那就是为我们的班级而奋斗。请记住，无论我们的距离有多么远，我们的心永远在一起。在心灵疲惫的时候，回忆一下站在你身后的 70 个兄弟姐妹吧。或许有的人就在你身边，而有的人在千里之外，但是他们都在心中默默地支持着你，都在心中伴随你一路前行，就像 Michael Jackson 在他的那首《*You Are Not Alone*》中唱的，*you are not alone，for i am here with you，though you're far away，i am here to stay.* 加油！为了我们的 410，为了 70 双注视着你给你力量的眼睛。期末，等我。（安磊）

好吧，既然小安同学做了统计，那为他再增添一项，“今天是寒冷的一天”——引自鹤松同学的一句话：“今天是不是降温了，我好像觉得变凉快了。”

至于那些 448 的同学，我只有一点感到欣慰，他们至少没有一个人说我是“被骗进”奥赛班的。遥想当初，我们班有多少同学都幸运地“被骗进”了这个不会让人后悔的 410。

说实话，最近真的很累，每天都有一次背不过的英语单词，有着已经没有复习时间的物理，有着已进入复习的生物，有着每天检查不断的语文，还有迫在眉睫的期末。即便是这样，我们每一个人都在默默地努力着，因为我们坚信 410 必胜。

晚安，410。（赵鹤宁）

1月16日—17日 星期日—下星期一

★值日班长：张博群 任康

好久没下雪了，快要忘记雪花的样子了。今天的风非常棒，可以睁着眼做着飞翔在天空的梦。

貌似气温一天比一天低了，今天终于突破了 −10℃。不是太确定自己为什么喜欢寒冷，也许越是在寒冷中越能感受到那颗怦怦跳动的心所带来的温暖吧。李策的事在班级日志上被感动了 3 天，也将继续被记忆下去。在 410，每一天都不会被遗忘在历史的角落，每一天所拼搏过的、洒下的泪水与汗水、融化着的微笑与欢乐永远不会被冰尘覆盖。

可怜的日历又被撕去了一页，今夜最后一次凝望那本日历时，离考试也仅剩下一个星期了。期待着获取那开在岩壁上的美丽的花，因为这一次我们努力了很多——早起时即使是实验班队伍里站队的人都很零星，而我们早已站好的队伍代表着新的开始。

也该站起来了，至少要对得起那些伤了三个月的心。

作为一本班级日志，或许有些非学习的事也该记下来。卢老师好像这几天心情一直不是很好，他的那句“我对这节课很不满意”好像招来了一些人的不满。不想写太多关于谁对谁错的东西，只是觉得，既然我们常说 410 是个大家庭，那么家人之间产生摩擦而不愉快时应该做的是退让一步。本人相信一个人所做的感动别人终会知晓。有一种幸福叫吃亏，因为这里是 410。

算了，不说太多不愉快的事了，明天是星期一，又将是新的一周，新的开始。

还是习惯性地送给大家一小段话：“我们之所以觉得岩壁上的花很美，那是因为我们就站在岩壁上的缘故。不必害怕，因为我们像花那样，脚步并没有向外踩出去。”

暂且把这里的景色全部留下，送给明天的我们。（张博群）

为了不让张博群同志的文笔再次淹没在他含混不清的嗓音中，今天的班级日志由我来宣读。

还有整整一个星期，410 的三批人将再次从揽月楼四楼出发各奔东西。在这喜庆的新年即将到来之际，71 个人心照不宣地努力，畅想一些，悔恨一些，忘记一些，窃喜一些。

化学老师手里的浓溴水“香”飘满屋，而苯酚依旧，如同当年衡水学院里三四滴深蓝色的2,6-二氯酚靛酚下去，锥形瓶里的VC仍然是面不改色，结果是旁边做实验的一群人差点儿心不跳了，于是乎悟得一结论：“永远不要低估一只猕猴桃。”维生素C含量那个高啊，高到咋中和都不出现象。

所以，伟大的下下个星期一到来的时候，谁、在哪里、在干什么都不重要，重要的是我们心里有什么。

道之所在，虽千万人，吾往矣。（任康）

1月18日—19日　星期二—星期三

★值日班长：刘通

“今天是 ×× 的一天”似乎成了班级日志的固定句式，而大朋也破天荒地从“悲剧”这个词开始，那我也应该延续这传统——今天是好高兴的一天。

期末一天天临近，而班主任却发了愁，因为大家状态不好：看量化，很差；看内务，也很差。我不是班委，不能妄下定论，但班委们看量化时，我总是忐忑地伸过头去看——数字依旧不变，但我们的跑操是第一！所以希望大家以此为契机，把心沉下来。

话说回来，没想到在学期最后还能轮上当值日班长，甚是荣幸。上次是晚新闻看到本子安详地躺在课桌上才知道自己是值日班长，这次比上次好，是中午知道的，但愿下次能让我亲自记一下早操早到位的同学。

看前边的日志上同学们五颜六色的笔把本子画得五彩缤纷，而我和大朋的字迹就像老旧的黑白电视一样，但生活就是应该这样，简简单单的，毕竟单纯是属于花开时节的我们的。

所以大家要拿单纯的眼光看待单纯的生活才能天天快乐，就像尤龙在我写日志时不亦乐乎地吹纸片，吹到地上再捡起来放到桌上然后再吹下去一样，被简单的快乐萦绕着。

最后插一句：别忘了写化学学案哦！

最后最后再插一句：还有自助！

最后最后最后再插一句：晚安！

1月20日 星期四

★值日班长：李洋 刘子悦

接着重复每天的经典开头——今天是平常的一天。今天像衡中平常的生活一样，没有什么大喜大悲，也没有什么大事发生，唯一和平常不大一样的是政治作业，政治老师不再打分数，而是换了一种方式——盖戳，每个人的作业上都有一个戳，或是“已阅”，或是“奖”，或是“请订正”。

临近期末了，无论我们是为了理想奔赴清北，还是坚守岗位留在学校，我们都要努力学习，创造一个良好的学习氛围，让我们的老师能够以比较舒畅的心情讲课。今天上午于奶奶说我们最近几天的表现不佳——老师都不太满意，大家还要继续努力啊！

好了，下面时间就交给刘子悦了。（李洋）

正如上面所说，老师们似乎都为我们着了急，也许真的是我们表现欠佳或是老师们的心情太急切。不管怎样，我们都不应该嫌老师麻烦，毕竟是为我们好。认认真真地活好每一天吧，多向太阳公公学习——它可一天也没歇过假。

好了，下面来谈一个有意思的话题——“梦”。大家都做过梦吧，现在我就和大家分享一下我的梦吧。

这个梦大约是上星期的某天做的：我来到一个美丽的大楼，大楼从外表看十分美丽壮观，有三四十层吧，四周有绿树草坪，意境真好。我和几个伙伴（好像是同学）进入大楼，经电梯到了 ×× 层。大楼内部十分现代化。我们走啊走，来到一扇门前，门上的牌子写着“细胞生物学研究所”。走进去以后，一个教授带我们进入一个房间。令人惊异的是，这个研究所竟和我家的房式结构一模一样，家具位置也丝毫不差，就像到了家里。橙黄色沙发上坐着一条白色小狗，向我们叫，特别可爱。教授给我们讲课，讲酶联受体介导的信号转导，讲得滔滔不绝。神奇的是他说的每一个字都从嘴里冒出来贴在墙上，争先恐后地你追我赶，从盲道的斜陡坡上当滑梯滑下，像过山车一样，真刺激。突然信老师面带愠色地站在我们面前，说：“课间乱糟糟，乱糟糟，怎么回事？”我们吓得赶快上楼，可走到一扇门前，迎面而来的却是战普老师。他要给我们讲导数，还叫我抄学案上的答案。我找啊找，还是找不到学案幻灯片。接着是课间，大家都到楼下走一走。

我们不知何时脚上踏上了踏板，只好把战普老师的学案答案写在黑板上（什么时候出来的黑板？）……

你有没有梦到过睡觉？有没有梦到过看到自己睡觉的样子？有没有梦到过自己见过的场景？有没有梦到过自己梦到过的场景？有没有梦到过自己长着仙子的翅膀？有没有梦到过自己在空气中飞？有没有梦到过自己从打印机里出来钻进电脑？有没有梦到过孙悟空给你听写单词？有没有梦到过自己在荷枪实弹的战争中牺牲？闭上眼睛就是另外一个世界，你可以有欢笑和歌声，也可以有痛苦和悲伤，就像我妈妈看电视剧总期待下一集会发生什么一样。期待今晚的梦，又会是怎样奇妙的故事呢？410的故事就是这样，平凡而又奇特；410的孩子们就是这样，面对漫天飞舞的卷子仍然懂得“苦中作乐”！在410，你不会明白什么是寂寞，正如朱自清先生伟大的预言，寂寞是他们的，而你们只有欢乐。这里如梦一般的每一天都值得期待，不是吗？

最后提醒大家，注意午晚休纪律、内务，还有明天降温12℃，注意添加衣服。

睡个好觉吧，引用于老师的一句话：“做好自己的事情。”

Good Night！晚安，做个好梦。（刘子悦）

1月21日 星期五

★值日班长：刘克嘉 乔石

又当值日班长啊，记得上一次还是在建班一周年的时候，有的同学说很难轮着当一次值日班长，其实不然，我觉得还是挺快的，一转眼日志本便会传到自己的手中。

先表示诚恳的歉意，要不是某石童鞋“提醒”我，我差点儿就忘了写他，总是忙这忙那，感觉巨烦躁。

先是我悲剧的计算经历，话说那是个月黑风高的晚上，我以迅雷不及掩耳之势拿出一张纸，踌躇满志地写下了一个让我无比纠结的式子。

我算啊算，算啊算……无解……Δ 竟然小于0……于是鼓起勇气又算了三遍，令我倍感吃惊的是每次的结果都不一样……而且都是根号下一个极大质数……于是我怒气冲冲地说：“再算不出来我就把你吃掉！”终于，伴随着5分钟的铃声，我无奈地离开了教室。人生啊，悲剧啊……

还有那个纠结的银行卡账号，程序好复杂。不管怎么说，终于结束了，因为自己巨烦躁，如果有对大家的疑问态度不好的地方，请多多包涵；如果不包涵的话，就用你们的银行卡砸我吧。对了，特别感谢武博阳和雷文清同学的帮助。

说正题，希望大家能克制自己的情绪，不管你面对什么，不管你对将要到来的寒假多么期待，抑或是对考试如何焦虑，都请放平心态，将目光看向远处，给自己一个目标，找点儿事做，不要让自己闲下来胡思乱想，真正的智者都是深藏不露、宠辱不惊。不要再让我们的课间“乱糟糟”，告诉自己，要淡定！

大家都知道，我作文水平有限，以上如有不通顺之处，请怪出物理题的老师，出的题那个纠结……

提醒一句，多添衣服，谨防感冒；板蓝根一定要喝，没有的同学找我要。

好了，下面让某石同学说几句吧。（刘克嘉）

首先解释一下，我不是想故意在班级日志上随意贴东西的，只是今天情况特殊，当晚三班长还在为班级日志忙碌时，我有一丝小小的怒火。不过，班长挺辛苦的，一整天都在为班里跑前跑后，挺不容易的，所以班级日志在他那儿放了一天还没什么动静，直到晚三才抽出时间，去关照一下被冷落了一天的班级日志，这就是班长啊！为了不推迟到明天读日志，我决定小小创新一下，像开凿那条什么嘎隆拉隧道，两边同时开工，会快一些。

今天早晨，我诈尸般地起床，第一个冲到了跑操地点，边跑边犯困，到了跑操地点一阵凉风吹过才清醒，我发现了一个问题：咱们班到得早的同学到得真是早！我到时，咱们班 1 人，411 也是 1 人；过了一会儿，咱班 4 人，411 班 2 人；又过一会儿，411 班 20 多人，咱班就四五个人……心里特别不是滋味，今天早上的跑操不是很好，或者说是很不好，让我想起了一个词，“为山九仞”，但我想下半句不应该属于我们，在这里也提醒大家一下：明天早上到位后先站齐，不要再散乱地站队了。

今天卢老师又发火了。不知最近怎么回事，可能由于北方天气原因吧，人容易上火——开句玩笑，可能是我们做得不好，可能是由于处于特殊时期，还是希望大家尽量少让老师们生点儿气，让他们也过个好年。

其实大家都不希望老师生气，因为最终受伤的是双方，所以让我们一起努力，建设一个社会主义和谐班级。

还有，由于特殊原因，可能班里有点儿浮躁，送给大家一段话："人心多从动处失真。若一念不生，澄然静坐，云兴而悠然共逝，雨滴而冷然俱清，鸟啼而欣然有会，花落而潇然自得。何地无真境，何物无真机。"（乔石）

1月22日 星期六

★值日班长：居春雷　雷文清

我在格外厚实的一页上开始了我的班级日志。早晨我早早地赶到跑操地点，非常吃惊地发现夏美琨已经在那里背书了。夏美琨在受伤的情况下依然能这么早到位，精神可嘉，值得我们学习。

一阵桌椅碰撞的声音，我还没回过神来，几个身影已经消失在门口……大家的集体主义感很高，都想为410做些事情，即使是牺牲一些自习时间也不在乎。生活在这样的一个班级里，真的很幸运也很幸福，相信多年之后，回忆起高中生活，回忆起410，我们都会从心底生出一份感动——或许独自微笑，或许热泪盈眶。

近几天比较颓废，孙巍峰让我证西姆松三点共线，我却一点儿都打不起精神来，懒得想，懒得算，而且对小熊同学的态度有些不好，在这里道个歉。可能也有其他同学像我一样，心比较浮躁，但我们只要还有一天坐在教室里，就要踏实地做该做的事，这样才对得起生活、对得起自己。

下面的时间交给小雷。（居春雷）

内心还在激动着激动着，突然想写的东西有很多很多却又不知该从何下笔，踌躇着，于是乎，从昨晚入睡开始说起吧。半睡眠状态的我隐约回想起昨天晚上的值日班长日讲评，突然头脑一热——若是明天是我当值日班长该多好，能体验一次随意、不受约束的写作，体验一次把心里话都吐给410的兄弟姐妹们的感觉，在这学年的最后，在这班中仍旧还坐着71个同学的时候，郑重地、愉悦地念出我的心声。

其实应该先向磊哥道个歉，say个sory.磊哥的意图和想法一直没有被我传达到，我一直想寻求一个机会，就如昨天晚上极度希望今天是我当值日班长一样。

今天早上一起床，当春雷告诉我这一惊天地泣鬼神的消息的时候，我惊呆了。Oh，my god！惊讶的不是我真的是值日班长，而是昨晚的直觉和今天早上的貌似奇迹。

高兴是必然的，昨晚误打误撞的稿虽没用上，但是把今天这个晚三奉献出来的觉悟我还是有的。

那么现在，我再来传达一下磊哥和宁宁的心声吧，在他们离开的那一天，我收到了他们俩写给我的字条：“我们先撤了。永远忘不了我们20个人一起奋斗的那一段日子。没有想到这种情况会再次发生，可惜，这一次不能与你们并肩作战。但是请记住，就像我在班级日志中写的‘我们的心永远在一起’。即使在千里之外，我们也会默默地支持你们。加油，期待你们的好消息。或许，有些晚，不，应该不晚，这一席话不仅是对留下的信奥同学说的，同样也是对在座的各位说的：‘不论身处天涯海角，我们410人的心永远在一起。’”

不要以为完了，我还没说够呢。

说起直觉，今天早上有件事也挺让我哭笑不得，就是“小瓜”同学那一摔，事情是这样的。

当跑操临近结束时，一个意外发生了（大家都知道，我也不详细描述了）。我从人群旁跑过，犹豫了一下（平时女生摔跤，我大多只是毫不犹豫跑过去，毕竟有那么多女生，轮不到一个男生去管），但不知为什么今天却犹豫了一下，当然，不是说我偏爱某同学（嘿，开个小玩笑），但我还是回来了。是的，我跑了过去，当我发现前面少了某同学时，心突然就慌了。当我和康姐确认时，确实是她，除了担心，就惊异于自己的直觉，这就是男人的第七感啊，嘿。不过大家还是要多注意，不要再发生类似的事件，其实我也在愤慨，不知哪一天，那里突然就凸起一块，上回我也差点儿绊倒在那儿，所以大家一定要注意……

说到摔跤，今天中午也差点儿发生一起。我和超哥正小跑着奔向食堂，刚出教学楼，因为太阳光实在太过微弱，是日可正视矣，于是乎，小花雷叹曰：“这太阳咋打扮得和月亮一样？”正说着话时，还没等我说出“再怎么打扮也没有月亮美”的“月”字时，他一个趔趄，身体前倾180度，左臂上扬90度，右臂回切一周半，差一点儿来了个狗啃泥。我正纳闷地上没有什么凸起，小雷何以至此

乎，超哥一句“让你说，遭天遣了吧”激起我对太阳的无限愤慨，我破口大骂。哎，无奈。（雷文清）

1月23日 星期日

★值日班长：尤龙

数学和生物的战友们果断转移了战场。

考试前两天，班里只剩下20个人不到，而上次是20人整。这19个人都在全力以赴地备战，就像苏冰，明明刚摇着头说完“不想考，不想考”却又马上抬起头凝望漆黑的夜空：“收回心来，全力备考。”

从23日到27日，5天的时间可以改变很多。

从20日到24日，5天的时间可以为410赢得一份小小的新年礼物，即使定语是“小小的”，但因为有19个人的汗水凝于其中也会与众不同。

不能逃避，不能松懈，不能给自己留任何余地。

只要拼搏，只要付出，谁都可以了不起！

设想除夕之夜，你将带着怎样的成绩和心情吃下家人做的年夜饭，承受亲人热切的目光？

设想考试结束，你将微笑——是会心一笑，抑或苦笑，还是烦恼满腹？但愿每个人都可以smile.

另外，针对此时极可能滋生的浮躁，我要说忍耐是意志力的磨炼、爆发力的积蓄，是用无声的奋斗冲破罗网、用无形的烈焰融化坚冰，是在忍耐中发奋，在忍耐中拼搏。

学会忍耐，学会在忍耐中锲而不舍地追求，在忍耐中深深呼吸。

战普哥说：“拼搏比一切都重要。”

为了所有爱你的、你爱的人，为了410，为了你自己，Fight for honor——Loong.

1月24日 星期一

★值日班长：徐哲　尤龙

这次着实拉风了一回，我估计我是第一个这样记日志的：“昨天是××的一天。”

昨天一上午忙得很厉害，到下午差点儿忘了值日班长的事，直到昨天晚上才想起来。

所以……就是赶着写班级日志。千载难逢的这么一次，绝对别轻言放弃。

如尤龙所说，数奥同学和生奥同学转移阵地了，他们并不是逃避考试，而是又进了一个新的战场。其实我一直都在期盼着考试，却陷入了“考试——考砸——想考试——又考砸”的怪圈。

还有，除了对尤龙表面的那种印象不好外，我还是认为他很棒的。他的学号暂时和我排在了一起，但我相信他有能力改变这一切，因为他付出了努力。那么我呢？我是不是真的做到了全力以赴？我们每个人是不是都做到了？

我从来都相信付出和回报的正比例关系，即使概率小得几乎为零，我们也应为那零点几的勇敢前行。（徐哲）

这个值日班长我要当到初八他们回来，大概也可以创造纪录了吧——当值日班长时间最长的人。哈哈！

昨天就正式开始考试了，考前见缝插针地写两句。

考试神马的都是浮云，但水平和心态一定要保证、保持，所以同学们不要失掉不必要的分数。

考试要机器扫描，所以大家一定要写清楚。特别提醒李洋同学、苏浩然同学，不要失掉不必要的分数。

考中的状态也很重要，不到最后一刻绝不松懈、绝不放弃！

好了，去看动物细胞工程了……大家洗洗，睡个好觉！（尤龙）

1月25日 星期二

★值日班长：尤龙

简要说两句今天的考试。

出乎意料的是语文。我一看是海哥出题顿时慌了神，整张试卷做得战战兢兢，不是难，而是简单得不像海哥以往的风格，怪哉。最后的作文也全非往日多次训练的类型，说是寓言故事多少牵强了，说不是又显得更不合适。

生物惊现生物奥赛题（据李洋童鞋报告），化学几经改题，顺峰哥和德谋哥浓重的地方口音让在场的同学一头雾水。笑。

数学是褚老师出题，好不容易题做完了，检查了一下，就在铃响前的最后一刹那，发现把第 20 题的 XO_2 当成 XO 了，改也不是，留也不是，纠结。

愿物理和英语之神与我们同在！

1月26日 星期三

★值日班长：尤龙　苏冰　刘克嘉

考完了，终于考完了。

悲摧了，终于悲摧了。

纠结了，还是纠结了。

服务器的崩溃使化学阅卷进度减慢，于是便可以抽出时间来写下这些。

数学课上战普哥展示了网上阅卷的风采。十分惊异于学校的先进，竟开了一个 IP 来供老师们登录。另外网上阅卷的一大好处——看不了答案分布。

各科成绩接连跳出来，虽不是总分，但也差不多了，希望考好的同学别骄傲，假期别疯玩；考得不好的也别气馁，不是还有下一次的机会吗，加油就是了。

苏冰说还想“插一嘴”，那么就交给他好了。（尤龙）

今天是期末考试落下帷幕的神圣而又悲剧的一天，明天是悲喜交加——家长会与放假重叠的一天，后天是作业堆积、放松心情到自然醒的一天，好久都没有体会到自然醒那种飞一般的感觉了。

送给大家笑话一则：

个人对于银行楼前 ATM（自动取款机）做出了经典解释——那是中国人民银行全权形象代言人“奥特曼”的首拼音缩写。

别了虎年，来吧新年！让我们“大展鸿兔”！

The end！（苏冰）

今天好多值日班长，刚把本转到我这里：“班长，你保管好吧。”于是，在高二上学期的最后，也让我来插一嘴………也是最后一嘴，希望能为 410 这个难忘的学期画上一个圆满的句号！

说点什么呢？

嗯，简单做个高二上学期 410 大事记吧。

No.1 运动会

记得那是个难忘的上午，运动员的泪水和大家的加油声混杂在一起，快乐充斥每个人的心中。尽管成绩不尽如人意，尽管因为些不明不白的原因失去了“文明观众”奖，我们还是有所收获，不，是收获了很多。

No.2 72 个人的中秋

中秋佳节是全家人围在一起共同庆祝的节日，难忘与信妈妈共度的那个中秋，我们这个家庭显得格外热闹，71 个孩子加上一个妈妈，在衡中操场诉说着那属于我们的快乐。月饼虽小，但却是那样的香甜，饱含家的温暖。

No.3 “十佳班长”竞选

对于当事人的我来说，自是十分难忘的。难忘的不在于梁辉老师无数次的谆谆教诲，不在于王校长多次的言传身教，而在于那饱含深情的演讲稿——

就在 3 天前，我收到了一份特别的礼物，全班 70 位同学，在一张张纸上写满了他们的班长最让他们难忘的事，他们还在信中鼓励我说：“班长，加油！我们挺你！”“班长，就算你不是十佳，也是我们 410 的最佳！

于是就有了我今天的演讲稿，于是就有了我刚才告诉你们那一件件难忘的事。我手里拿着的岂止是一张演讲稿，它分明是 70 颗心啊！这 70 份真心的话语，是对于我，一个班长，最大的肯定！

——不知为何，这些词，隔了这么久还能记得如此清晰。

9 月 12 日，也许在莘元馆谁都不曾发现我脸颊上悄悄滑落的泪水。

亲爱的同学们，谢谢你们！

No.4 “十佳文明道德模范”竞选

李策，没得说，就俩字——给力！

说实话，道德模范这个东西很难讲，总感觉那些选手都是那么……只有策哥，吼出了自己的情怀，一颗赤子之心。敢问当今社会，像这样的爱国青年还有几个？

李策，好样的！

马上下课了，就写到这里吧，《花开的声音》高二上学期版到此结束。当然，

未完待续……（刘克嘉）

附　录

远足记录

今天是个特殊的日子，因为今天我们迎来的不再是漫天的学案而是一次难得的与大自然亲密接触的机会。今天，我们就要与阳光一起出发，我们就要踏上衡水湖畔！

暖暖的春风从操场方向吹来，像绸缎一样滑过我们的面庞。绿茵场上，我们的班旗舒展着身子，因为远征就要到来。同学们早已列好了队，兴奋地谈天说地。昭雨的爸爸今天也来了，听说他要陪我们一起远足呢！为了能在照相机前留下自己最飒爽的一面，小雷早晨特意洗漱了一番，专门擦了擦眼镜，其实这也是为了保护照相机的安全，万一照到小雷，照相机坏掉了怎么办？嘻嘻。

在我们像圣徒一样虔诚地期盼了半个月之后，最激动人心的一刻终于一步步向我们走来……校长宣布远足开始的那一刻，操场沸腾了，每一个同学眼中都闪动着坚定，像一个个整装待发"不远足不好汉"的战士。震耳欲聋的誓言在耳边回荡，我们迈开脚步，在校旗的指引下踏上了远足的征途。

或许是我们的宣誓把太阳也吓跑了吧，急脾气的太阳公公也没有为难我们。一路上云彩亲吻着天空，我们亲吻着空气，牵着清风，在欢乐的歌声中行进。真是天公作美，我们比预期时间更早就抵达了营地。先到达的文科班同学站在两边欢迎我们，这真让人有一种"箪食壶浆"的感觉啊！

到了营地，410 party 开始！

终于到了，Give me five！庆祝胜利！

俗话说民以食为天，到了营地，吃饭是头等大事。

鹤松拿着背了一路的稿子给大家激情朗诵英文诗。

A friend in need is a friend inded！关键时刻才见患难真情，一个宿舍睡觉的就是感情深啊！

常宇的歌声陪伴我们永远向前！

当PARTY结束，我们不舍地踏上了返校的路途，都说“上山容易下山难”，我们偏偏不信，听听我们的歌声吧，让你们看看什么是倔强！

班旗下的我们是绽放得最美的花朵，我们光荣地在远足队旗上签下我们的名字，返程路上我们微笑走过！谁说410走不动了？我以沉默谴责这种观点！

当我们再一次看见学校的大门，我们知道王者归来了！“咔嚓”一声，我们的回忆和笑脸定格在这里，永不褪色……

班会“路在脚下”

今天白天放假，晚上班会的主题是“路在脚下”。我们胜利返程后，信妈妈又一次踏上了出差的火车，但是她深知这次远足对于我们的意义，临行前满怀深情地为我们写下了这封信——《写给远足后的410》。

410的孩子们：

当你们开班会的时候我早已坐上了开往杭州的火车，非常遗憾这个远足后的特殊班会不能和你们一起度过，所幸苏兰老师和昭雨的爸爸能够和你们共同分享远足的收获！我相信每位同学本次远足的收获将终生难忘、受益终生，我很为拥有你们这一批孩子而感到骄傲！

翠薇，你的脚磨出了两个大大的血泡，回来后你满含泪水的眼睛告诉我你很难过！但老师告诉你，在老师的眼里你是最坚强的！

尤龙，说实话，去的时候，看着白白胖胖的你，老师甚至怀疑你能否坚持下来，但是回来的路上你让整个410斗志昂扬、充满力量！

建朋，回来的时候你已经很累了，但你跑回去捡拾垃圾的那一刻让老师为你动容，只可惜老师没能用相机抓住那精彩的瞬间。

小雷，你的嗓子真够雷人的，一直雷到最后，一点儿不比常宇差！

子悦、博阳，回来时你们都吐了，但你们不喊苦、不叫累，勇敢地坚持了下来，你们是410全体同学的优秀代表！

克嘉，一直在闹肚子的你去的时候就在坚持，回来的时候却在不停地照顾着大家。还有乔石、王卓、鹤松、冯悦，你们是410的班干部，也是410挺起的脊梁！

还有很多很多发生在410远足中的动人故事，说也说不完。但是，老师最想告诉你们的是，远足不仅仅是一项活动，它是彰显了410这支王者之师灵魂的一次战斗。我希望你们不要随着远足的远去、时光的流逝而忘记，而要在以后学习生活中让410灵魂的旗帜高高飘扬在衡中的上空！

最后，感谢昭雨的爸爸，还有文思的妈妈、异凡的爸爸，因为你们这些家长的支持，410这个大家庭才能如此强大！

老班

4月18日

“十大学星”竞选

经过长时间的准备，终于等来了这一天，我们班的两位战士——武博阳和李艺超今天站在莘元馆的聚光灯下展示他们的风采。今天410班69位同学与他们并肩战斗，今天410的71颗心紧紧地连在了一起。虽然我们亲爱的班长因病不能全程在现场，但他去输液之前一直在询问我们的准备情况，直到实在坚持不住了才不舍地离开。

我们是“唯一必争，唯冠必夺”的410，当然不会让“十大学星”的荣誉从我们手中溜走。今天，每个人都憋足了劲，要让410的誓言震撼衡中！

至于结果，我想你应该知道的……附上两位同学的感言。

武博阳感言

真的没想到我能拿到这个奖。

一开始连字都没吐清的我完全没想到自己能站在莘元馆的舞台上，其实站在上面对我来说已是莫大的荣耀，而这次演讲也出乎意料地成功。回想在空旷操场上的练习，我从不曾说放弃。无数次我在梦中梦到了莘元馆的舞台，为410争得荣誉成了我坚持下去的动力。

这次胜利不仅仅是我个人的胜利，忘不了当我接过证书时坐在观众席的410兄弟姐妹们的齐声欢呼，那一刻同学们喊出的410的口号显得格外嘹亮，那一天410的辉煌定格在莘元馆。

这次竞选让我明白了许多，让我更加感激可爱的410和可敬的信妈妈，没有他们的支持与鼓励我不可能取得这样的辉煌成绩。410 是我的家，这里存储了太多太多的欢笑、温暖与感动，我真心地感谢那些支持我的兄弟姐妹，感谢在演讲时为我鼓掌、为我欢呼的亲人们。如果说我是一只小鸟，410 就是为我提供庇护的巢穴；如果说我是一条鱼，410 便是任我自由游荡的小溪；如果说我是一条船，410 便是永远向我开放的港湾。

苦难，不怕，有一零跟我一起扛；风雨，更不怕，我与一零一起挡。我们共同迎接灿烂的朝阳。

410 是狼，仰天长啸，驰骋衡中；410 是鹰，直冲苍天，傲视群雄。“狼鹰家族”，这便是我深爱的一零称号；“狼一样的团队，鹰一样的个人”，这是对 410 最好的注解。

请允许我用真挚的感情喊出：“I love you，410！”

李艺超感言

未曾想过我也能站在莘元馆的舞台上带领大家喊出我们 410 的誓言，但是最终我做到了。从“20 进 10”的初选到“10 选 6”的复选，再到莘元馆中的决战，我经历了很多的困难，但这些困难并未让我放弃，因为我不是一个人在战斗，410 的兄弟姐妹们一直都陪伴着我，如果只有我一个人，我很难想象如何以一个良好的心态走向演讲台。可以说，我的胜利是全体 410 人共同努力的结果。真心地感谢所有帮助我的 410 的战友。

我的稿子是张弛、白轩然等同学帮着认真修改的；在练习的过程中，小雷、尤龙、武博阳给了我很大的帮助；在我没有信心时，宿舍内的兄弟、班里的兄弟姐妹都会及时地鼓励我……还有很多很多，虽然都是小事，但就是这些小事让我体会到了巨大的凝聚力，让我感受到了 71 个人拧成一股劲儿、71 条龙向着一个方向腾飞的力量。这次，我作为龙头肩负起大家对我的期望，勇往直前、永不退缩。

410 的每个同学都怀着一颗乐观、积极的心，当我走进班级，总会被一种强大的感染力所触动。5 月的桃花开放，就像 410 每个同学脸上绽放的笑容。

我在演讲中讲道：“我很平凡，但不平庸。410 也是一个平凡的集体，但绝不平庸。我们坚信，平凡中创造奇迹，才是最大的辉煌。”

最后，让我不带任何矫情地喊出——

我为成功而生，不为失败而活；

我为胜利而来，不向失败低头。

珍惜分分秒秒，摒除一切杂想；

我将全力以赴，共筑一零辉煌！

我将全力以赴，共铸衡中辉煌！

我将全力以赴，共铸中华辉煌！

410，我爱你！

感谢信妈妈，感谢同学们，感谢我最深深热爱的 410！

附：李艺超演讲稿

一颗卑微的种子，即使它很渺小，也会突破重重艰难险阻生根发芽，最后长成一棵参天大树。

从年级 181 名到 153 名，再到 89 名、71 名、53 名，最后到年级第 3 名——六次考试，六次进步。当初有谁想到，这个个子矮小其貌不扬的同学也会登上高峰。但是不错，我就是这个小子，而我的下一步就是顶峰。

天行健，君子以自强不息。一堵墙，可以轰然倒塌，但一座山，会重新崛地而起。

我的相貌可以很平凡，我的发型可以很凌乱，我的衣着可以很朴素，但我仍会用沙哑的声音喊出我们的誓言——

我为成功而生，不为失败而活；

我为胜利而来，不向失败低头。

珍惜分分秒秒，摒除一切杂想；

我将全力以赴，共筑一零辉煌！

我将全力以赴，共铸衡中辉煌！

我将全力以赴，共铸中华辉煌！

今天，我不需要气球、不需要展牌、不需要欢呼，需要的，就是请你看到那平凡中的美丽！

“十佳班长”竞选

今天是个热闹的日子，因为在衡中召开了全国德育研讨会，校园里的人又多了起来，我们像往常一样在跑操时被强势围观……当然，对于410的每个人来说今天都有着特殊的意义，因为今天我们的班长刘克嘉要参加第六届“十佳班长”竞选，每个人都期待着他今天的发挥。当然，班长不是一个人在战斗，单拿他的演讲稿来说，就凝聚了全班人的心血。

班长果然不负众望，他的演讲震撼全场，好多同学都感动得流下了眼泪。那经久不息的掌声早已宣告了410的又一次胜利，至于那500块奖金，嘿嘿……

附：刘克嘉演讲稿

想当年，刚刚组班不久，班主任就因公出差，长达半月之久。都说“距离产生美”，但班主任的离开对于一个新生的班级来说，距离有了，但美，消失了。随着同学们一天天熟悉，浮躁充斥在班里的每一个角落，我知道是我扛起大梁的时候了！于是，我站了出来，走上讲台，为大家开了我的第一次班会。如今班会内容有些模糊了，但不模糊的是那节班会上同学们投来的信任的目光和我重重地用粉笔在黑板上写下的“班心不能乱”。渐渐地，我总揽了班务，为这个班保驾护航！量化表时时握在我的手中，卫生区常常见证我的脚印，科代表会是例行常规，协调同学关系尽在掌握之中。

然而谁都没有想到，失败来得那么突然。

组班后的第一次考试，许多同学不适应奥赛和文化科目的双重压力和紧张节奏，成绩大幅度下滑，伤心、失落、迷茫、颓丧笼罩了我心爱的410。而我呢，一不小心就跳到了成绩单的第二页。但是，面对个人成绩的滑坡，我没有消沉，也没有哭哭啼啼向父母哭诉，因为，我知道，我是班长，410强我才强！我强忍失败的泪水和耻辱又一次站了出来，鼓励同学们，重新让我的410找到了信心与力量。期末考试我们班10名同学进入年级前30、20名同学进入年级前100，优秀班集体、品牌班级尽收囊中！

410是一个英雄的班集体，学习、量化稳居年级前列。然而，有一次，当班级量化形势一片大好，马上又一次将年级第一收入囊中时，我，一班之长，违纪了！那个晚上，我很纠结，矛盾在内心交织，但我还是选择又一次艰难地站了出来，这一次，不是给大家开班会力挽狂澜，不是给大家鼓励重拾信心，而是以一个违纪生的身份站到讲台上。面对着同学们，我说不出一句话。同学们的沉默像是一个个耳光扇在我的脸上，此时任何语言都苍白无力，都说男儿有泪不轻弹，但我落泪了，因为我是班长！我深深地埋下头，向着我们的班牌——这个410荣誉的象征深深地鞠了一躬！当时教室里一片寂静，然后久久不息的掌声把我淹没！我知道，可爱的同学们不仅原谅了我，410也会因为我的担当和勇气变得更强！

下面的时间，我要站在台下，和我亲爱的410站在一起。你们知道我为什么要拿着这张演讲稿吗？现在我想告诉你们，它究竟不同在哪里。就在3天前，我收到了一份特别的礼物，全班70位同学，在一张张纸上写满了他们的班长最让他们难忘的事，他们还在信中鼓励我说："班长，加油！我们挺你！""班长，就算你不是十佳，也是我们410的最佳！"

于是就有了我今天的演讲稿，于是就有了我刚才告诉你们那一件件难忘的事。我手里拿着的岂止是一张演讲稿，它分明是70颗心啊！这70份真心的话语，是对于我，一个班长，最大的肯定！也许我不是十佳班长，但是我早已拥有一个班长最大的幸福！

最后，我不奢求你们能记住我的名字，也不奢求你们能投给我多少票，我只希望你们能记住曾经有一个班长——410的班长，曾经有一个班级——410，站在这里让衡中为之震撼！

我为成功而生，不为失败而活；

我为胜利而来，不向失败低头。

珍惜分分秒秒，摒除一切杂想；

我将全力以赴，共筑一零辉煌！

信妈妈的中秋随笔

从中秋节年级要求给学生买月饼开始，我就考虑如何和学生过好这个中秋节。

当天语文"课前两分钟"，王雅桐同学更是启发了我。她说："今天是中秋节，是我国的传统节日。近日来大家非常气愤日本、美国等国家对我国的侵犯，但作为中学生，我们除了好好学习，好像没有能为国家做的。语文《窗口》上的《天下兴亡，我的责任》提醒了我，从现在的点滴做起就是爱国。就像今天，我们要过好我们的节日，保护、传承我们的传统文化，而不能让一些厚颜无耻的人把我们的传统节日注册为他们的传统节日。”随后，她讲了中秋节的来历。课前两分钟已远远不是两分钟，平时说话细声细语的雅桐每一句话都是那样掷地有声，结束时同学们报以热烈的掌声，那节语文课也因此而精彩了很多。

晚上，我对学生们说：“我们出去赏月，如何？”大家非常兴奋。我特别提醒同学们一定要保持安静，不要干扰月宫的嫦娥和其他班级的同学。

那晚的月亮非常明亮（虽然后来知道今年十五的月亮是18年以来最小的月亮，但我们全然未觉），整个操场撒满柔和的光辉。同学们围坐成一个圈，一个宿舍挨着一个宿舍，然后以宿舍为单位吟诵有关月亮的古典诗歌、吟唱有关月亮的歌曲。哪个宿舍的同学先出节目就可以先分到月饼。同学们很踊跃，后来干脆宿舍全体成员上阵，集体朗诵。《静夜思》《春江花月夜》《水调歌头·明月几时有》《一剪梅》等精彩不断，最后，我们班的才子白轩然当场赋诗一首（宝塔诗）。

月光融融，情意融融，师生情、同学情、爱国情，祥和欢乐的气氛感染着在场的每一个人。虽然很快乐，但同学们并不喧闹，除了有时爆发出阵阵掌声，一切都和天空的月亮那样和谐美好。很快我们就结束这次活动，同学们带着满足和感动静静地回到教室。

老班

9月22日晚

秋季运动会

衡中的每一天都让人无比期待，从早上睁开眼的一刻开始，我们便踏上了追梦的旅程。我希望同学们从明天早上睁开眼开始，过好属于自己的一天。二调已逝兮，运动之来。抛却一切的颓废，用阳光的smile迎接这迟到的盛典。高一的运动会被甲流“扼杀”了，于是，盼望着，盼望着，秋叶飘啊飘啊……飘来了运动会。

大好时节，千人盛典，场面蔚为壮观：彩旗飘飘，欢声阵阵，绿茵场上人人生龙活虎，碧云天下一派欢腾景象。舞惊榆钱自落，秋千外，英姿飒爽。东风里，鸢影轻掠，飞扬青春意气！

下面让我们用特写镜头留住这青春的记忆！

镜头一：甬路上突然出现了陌生又熟悉的身影。“哇塞！”人群顿时沸腾，“喜羊羊与灰太狼！”经典卡通人物的到来让快乐的指数又一次飙升，青春总是与童真相伴，天真的想象让人快乐！许多同学簇拥而上，问好、拥抱，还有人想偷看里面究竟是谁，看来这种扮作卡通人物的方法的确得到了大家的青睐。

镜头二：在巨大的会旗的带领下，隆重的方阵游行开始了！瞧！在狼鹰图腾的指引下，昂首走在高二年级最前面的方阵就是410。那昂扬的风貌，那整齐的步伐，加上洪亮的口号，410人用自信与激情演绎着自己的青春。“学习一零奥赛，誓创一零辉煌；我等尖刀出鞘，定将再造高峰。”奥赛人自有奥赛风采，一零人当让一零自强。

镜头三：弯道大漂移；冲刺；一脚飞出；起跳；侧身对抗；后空翻360°，下落……没有水花，但进了看台。你们猜，在哪一项比赛中这一组动作连续出现呢?

下面谜底揭晓！当当，当当！200米短跑！对，就是200米短跑。特别强调：是ZC的200米短跑！

在接近终点的最后时刻，ZC开足马力，但可惜“马失前蹄”，一不小心失去了向心力，沿切线垂直飞出，在划出优美的弧线之后，以帅气的pose着陆，让看台上的人们在惊诧之余不由得赞美这奇观的发生！

事后，光荣退场的ZC肩披紫色勋章（紫药水）回归班级，且不失帅气地在胳膊上写上“ZC”。这就是我们的张驰，酷酷的阳光大男孩儿。

镜头四：在希浩带着他的小熊（不是孙小熊）和奖牌回来时，全班沸腾了。他像明星一样把小熊扔给了观众，段文思幸运地接到了。当被问及获奖感言时，他说：“是410给了我力量。”不错，每一项荣誉都是410团结奋斗得来的，团结的410将每个人的才能发挥到了极致。

每一场盛事都是410记忆星空里的一颗星。410的团结与奋斗，布满星空，永远璀璨。在夜里，我们深深入睡，静待明天的辉煌。

附：运动员颁奖词

翩若惊鸿，矫若游龙，荣耀秋菊，华茂春松。铿锵玫瑰，巾帼不让须眉；翔天之鹰，折翼亦可凌云！云中鹤舞，雄姿英发；狼行天下，胸胆开张。秋阳暖，青花开，奔跑不息。巨龙腾，星光绽，逆鳞犹在。龙拳无敌，逍遥任我行；红英散风，超人在飞翔。

给老师们的评说词

410 的孩子们给任课老师的评说词透着智慧、透着深情、让人感动。

评班主任并语文信老师

抑扬顿挫，掷地有声；三峡星河，四海兄弟。当 71 双眼睛从数字的海洋中抬起，在你的课堂里，我们忘记符号，我们否定公式，我们不再感叹自然规律的可逆性，我们认识自己，那是你一笔一画写在黑板上的方块字里的建安风骨，那是我们一字一句叫在心中的信妈妈的花间柔情。小舟从此逝，江海寄余生；明朝挂帆去，枫叶落纷纷。您给一群追求理性的年轻人以深厚的文化底蕴——我为成功而生，不为失败而活；向善，向上，向心——您给一群刚刚踏上征途的年轻人以明确的方向。语文老师，是一个理科班灵魂的塑造者；班主任，是一个班级前进的引路人。当这二者完美融合，在三尺讲台上的书卷之内，在跑操队伍旁的脚步之中，您打造了 410 的刀锋！

评数学王老师

弹指黑板上，粉尘飞扬。黑框眼镜下，尽显睿智光芒。您为我们构建着三维的立体几何，勾画着平滑的圆锥曲线；书写着 XYZ，合唱出高亢的导数之歌。加减乘除，算不尽您做出的奉献；指数对数三角函数，数数含辛茹苦。犹记得班级状态不好时的提醒，犹记得考后讲评您的人生感悟。我们铭记一道题：若 $f(x)=$ 爱，那么自变量就是战普。我们还记得，$f(x)$ 的值域中有个正无穷。

评英语卢老师

左手英文右手诗，一身飞虹通双语。三尺讲台，讲师风范，流利英文脱口秀。听说读写，四马并驱起龙头。眼耳口手脑，五大感官齐上阵。英语文学，笔下斜行，浩繁词汇纷纭语法，看他轻松 K。年近不惑反风趣，幽默课堂人人夸。大刀阔斧后，更兼精雕细琢。揉碎后，磨化了，春风化雨入人间。他的关怀如此long，how爱410，teacher他最棒，请相信“跟着涛哥走，英语不犯愁”。

评物理尹老师

一方讲台，载不下她渊博的学识；自助学案，蕴含着她无穷的智慧。她也会生我们的气，那是对我们的关注，每一次温柔的批评都是一份关怀与体谅；她却不会对我们失望，那是她对我们的信任，每一句谆谆的教诲都让我们更有力量。站在讲台上，她细心解析物理的奥秘，电场磁场不那么难懂，能量动量不那么难做。她回眸一笑，一切都很明朗！

评化学胡老师

她平和，即便当同学们为死理和她较真时也不生气，即便生气也让人觉得可亲；她可亲，身为年轻的老师却有着渊博的知识，一时的成绩落后难改她一向的执着；她执着，一张讲评试卷每道题目分门别类细剖析，就是重病时也坚守岗位不松懈。她孕育着一个新的生命，还滋养着71个同学的心灵。让我们响起热烈的掌声，献给一个伟大的母亲、一个辛勤的园丁、一个可敬的人！

评生物于老师

大风泱泱，大潮滂滂。高考奥赛并举者，唯其无双。和天地并存，与日月同光。

植物繁茫，生理拮抗；遗传定律，进化方向，尽在指掌。分子细胞，生态图像微生生物，系统分纲，何人可挡。

奥赛长路，金牌高峰。路在脚下，又有何妨？险峭千丈，万里汪洋，山海重任，一人担当。

奉献无尽，慈爱至上。生奥学生，为之顽强。会有时，横扫八荒，威震四方。指日待，衡中夜空，璀璨星光！

班会“410最让你难忘的一件事”

12月8日是410建班一周年纪念日，我们专门召开班会，共庆我们的生日。我们把410一年以来成长的足迹制作成精美的课件，制作成生日卡片，还让每位同学说了“410最让你难忘的一件事”。因为时间有限，特别提出只说一件，同学们真情流露，满含对410的热爱。最后时间不够，由一件事缩减为一句话时，刘通说："这辈子不娶媳妇，有 410 就够了！"常宇说："信妈妈，我爱你！"乔方舟说："410，我爱你！"张弛说："今天的结束也是 410 最美好的开始！"

关键词：远足、运动会、"十佳班长"竞选、"学星"竞选、"最受欢迎教师"评选、家长会、班会、过生日、每日讲评、"每周之星"竞选、学生为老师写颁奖词、中秋之夜。

记录下同学们温情、难忘的记忆，留待日后回味。

乔方舟：那天午休前摔破头，不知道班主任拥有怎样的力量才能用自行车驮着一个比她高很多的学生飞奔去医院。

徐光耀：难忘那天晚上的三遍班歌。第一遍只是在唱，在品味歌曲；第二遍在想，自己经历了那么多的失败是否还能坚强；第三遍再唱，心中充满了坚强。

安磊：远足时的歌声，远足时的搀扶，远足时一句鼓励的话。

孟令镯：我被评为"每周之星"，白轩然宣讲时，真挚的话语、饱含深情的讲述让我泪流满面。

董傲：还记得上周班会，当熄灭了全部的灯光，71 个孩子和一位妈妈用心去唱出我们的班歌《倔强》时，一切困难都变得那么渺小，一切事情都变得那么简单，从那时起，410 每个成员的心更加紧密，任何困难都打不败 410！

张异凡：还记得那天晚上，我站在讲台上说："当所有的人都在关心你飞得高不高时，只有少数人关心你飞得累不累。"

李喆：钓鱼岛事件那段时间，我能感觉到大家对祖国那份发自内心的热爱，特别是李策在台上发自肺腑的演讲。

李艺超：410 是一个财富，当几十年后，我的头发花白、拄起拐杖时，回忆 410 也会那样幸福。感谢上苍，让我来到 410。我失去一个母亲，又得到另一个母亲；我失去一个完整的家，又得到另一个无比温暖的家。今天泪光在我的眼中闪烁，今天我要大声喊出"410，我爱你"。

乔石：我永远忘不了在我想放弃时，班主任对我说的那句话："乔石，你身上有股劲儿！"一句话，不管以后怎样，坎坷也好，荆棘也罢，我绝不放弃。因为，我有股劲儿！

刘泽宇：在来到 410 以前，我真的很难相信一个班级能如此团结，每个人都深爱着这个班集体。

杨晓鹤：最难忘那次远足，信妈妈把手放在疼痛的腿上，艰难地陪我们走完全程。

张默：还记得远足嘹亮的口号，4 月 17 日，8 个月了，似乎昨天才发生。还记得尤龙的话："同学们，现在我们来到的是大赵常村。"疲惫被他的幽默驱散。还记得竞选"十大学星"时超哥铿锵有力的话，每一个字都是咬出来的；还记得评选"最受欢迎教师"时，我们一起喊："信妈妈，我们爱您！"

常宇：考倒数第一时，有信妈妈那关切的巧克力糖豆。

夏美琨：忘不了那次一个人去医务室，寒风刁刁，悲伤的泪水快要溢出双眼时，小路上传来信妈妈高跟鞋的声音，那声音最温暖、最美。

吕鹤松：那次是我第一次全身心融进班会。班歌，这首仿佛注定是我真实写照的歌让我在那节课失态。第一遍我声嘶力竭，第二遍我泪眼模糊，第三遍我泪流满面、声音哽咽、难以继续。我从来没有因一首歌而如此热泪纵横，但它确实触动了我心灵深处。

"当我和世界不一样，那就让我不一样"——我真是与他人不一样。不尽如人意的胃口，浑身的伤痛，注定了我要与他人有一个截然不同的高中。别人只是单纯体会考试后失败的伤痛，而我却忍受着别人无法想象的肉体上的痛。

"你说被火烧过才能出现凤凰"——我正在火中，挨过去，我就是凤凰。

"我如果对自己不行，如果对自己说谎，即使你不原谅我也不能原谅"——痛到不说痛，没错，这就是我，那又怎样？掉肉不掉队、流血流汗不流泪，我绝不妥协，即使不能成功，也要追逐梦想！

一首歌，让我忘却了伤痛，让我坚定了信念，更让我与 410 融为一体。周围的同学们也一样地声音嘶哑、一样地流泪，也许，他们也在想自己的历程吧。那一刻，我真切地体会到了与 410 同呼吸、共命运的感觉。我处于有生以来最艰难的一个阶段，410 也处于低谷，凭借着倔强，那最后的倔强，我们一定会同 410 奋起！

刘子悦：那个中秋的夜晚，全班的同学和我们的信妈妈在皎洁的月光下唱歌、吟诗、吃月饼，欢乐充满了每个心灵！多么团结幸福的一个大家庭啊！

赵宁：元旦长跑 8 个人跑 8 圈，看似很困难，但我们做到了。每一次到看台时都会传来震耳欲聋的“410 加油”，虽然跑到最后几乎麻木了，但我知道所有的人都在支持我们，给我们力量，那是我第一次真真切切感受到 410 的力量。说实话，刚进 410 的时候，我不喜欢 410，我怀念我的 408。在信老师竞选“最受欢迎教师”时，我是和 408 的同学们在一起的，而那次长跑是我对 410 态度的转折点，我是从那次长跑才开始喜欢上 410 的。如果今年还有元旦长跑，我也一定参加！

高雪迪：在 410，我第一次因为班级而兴奋得晚上睡不着觉，第一次因为班级而奋力一搏，第一次因为班级而泪流满面，第一次觉得班级就是一个家。

冯悦：当有些事情随着时间的流逝而渐渐褪色，在心中留下的最感动定格在一幅画面上。犹记得那一晚，已经是 10 点多了，那个熟悉的身影又出现在女生宿舍的楼道里，那是信妈妈的身影。已经记不得这是多少次她在早该回家休息的时候来看看她心爱的孩子们，楼道里的光线昏黄中带着温馨，摇曳的暗影是信妈妈疲惫了一天的凌乱发丝，那样美丽的一幅画面深深地烙在我的心里。

以下还有 410 人这些共同的心声。

“十大学星”和“十佳班长”竞选时，我们放开一切，为了一个目标，为了 410 的成功，我们一起呐喊、一起欢呼。

记得那次特别的班会——唱了三遍班歌，410 人为之泪流满面！第一遍，唱出了忧伤；第二遍，唱出了泪水；第三遍，唱出了血性！410 人打不倒！经过这次班会，我明白了，追梦路上，有家人陪伴，我不孤单！我对自己、对 410 许诺：宁愿笑着流血，绝不含泪后悔！

跋

《花开的声音》整理成稿后，我第一时间去衡中拿到了书稿！当看到倾注着自己心血的衡水中学410班班级日志《花开的声音》时，喜悦的心情溢于言表！如同自己最喜爱的宝贝，捧在手里，翻来覆去地看着，真的是爱不释手！

我上高中时读过肖复兴的日记体小说《青春梦幻曲》，当时那种积极向上、不懈追求的精神鼓励了我，后来风靡校园的职烨的《花开不败》让我深刻地了解了永不言败的拼搏精神，而拼搏激励了代代衡中人追求卓越，抒写辉煌！410班的孩子们正是用自己的青春续写了《花开不败》，于是便有了这本《花开的声音》！

《花开的声音》是410班的班级日志，是孩子们用他们的酸甜苦辣亲手制作的精美佳肴，记录了他们的成长轨迹！日志有失败后的挫折，有无奈无助时的迷茫，有认真深邃的思索，有永争第一的豪迈，有取得辉煌时的激情，有永不服输的狼鹰家族的坚毅，有我们是相亲相爱一家人的温馨……欢笑、感动、鼓励、坚强、温馨，代表着410班每朵花儿的声音。

这本书是我们家长了解衡中学生生活的窗口，也是家长洞悉孩子心态的钥匙。对于家有子女正在读高中的家长来说，这本书可以帮助你了解孩子的内心世界，更好地和孩子沟通；对于家有子女正在读初中的家长来说，这本书永不放弃、追求卓越的精神可以激励孩子，激励他们为实现理想目标去奋斗拼搏！

410班王昭雨家长　王庆忠

编后记

如果在衡中图书当中选代表作，无疑“衡中奥赛班手记”系列可视为其一。本书内容出版于10年前，未更名前叫《花开的声音》，本次修订再版特意在书名上强调了“奥赛班”，点出了410班这一特殊的群体和这个声名远播的衡中明星班级。

图书讲究时效性，在信息量如此巨大、同质化选题十分严重的当下，10年前的内容为何值得关注、再版 、推荐上市？足见本书价值。书中的410班由生物、数学、信息奥赛生共71名同学组成，这些“别人家的孩子”创造了衡中史上一个又一个传奇，这本书激励、影响了一届又一届衡中校园内外学子。

没有人18岁，但总有人18岁。这本班级日志带我们走进国际奥赛金牌获得者、北大清华保送生等410群体的学习生活，再现了奋斗昂扬的18岁。18岁，一生只此一次的滚烫的青春。本书以奥赛生的独特视角来攻奥赛、战高考，是学生学习成长的工具书，18岁成人礼最好的礼物。以此书助力18岁、致敬18岁。

对相当一部分人来说，高考与奥赛的关系是“高考是途径，奥赛是捷径”，这种视角未免偏颇、狭隘。学奥赛，为了中考进重点、高考上名校？学习奥赛生，是为了学习其能力素质超群、意志品质卓越。奥赛生，有缜密的思维、超强的意志、独特的视角，而这些卓越优良的品质定会受益终身。

衡中主张，教师不只为学生的高中三年的学习负责，更要为学生一辈子的发展负责。这本书以其常盛不衰的传播力和生命力为这句话作了生动注解。

责编　郭晓飞

图书在版编目（CIP）数据

衡中奥赛班手记：花开的声音 / 信金焕主编 .-- 北京：人民日报出版社，2021.4

ISBN 978-7-5115-6820-5

Ⅰ . ①衡⋯ Ⅱ . ①信⋯ Ⅲ . ①高中生一学习方法 Ⅳ . ① G632.46

中国版本图书馆 CIP 数据核字（2020）第 252087 号

书　　名：衡中奥赛班手记：花开的声音
　　　　　HENGZHONG AOSAIBAN SHOUJI：HUA KAI DE SHENGYIN
作　　者：信金焕

出 版 人：刘华新
责任编辑：郭晓飞
封面设计：金　刚

出版发行：人民日报出版社
社　　址：北京金台西路2号
邮政编码：100733
发行热线：（010）65369527　65369846　65369509　65369510
邮购热线：（010）65369530　65363527
编辑热线：（010）65363486
网　　址：www.peopledailypress.com
经　　销：新华书店
印　　刷：大厂回族自治县彩虹印刷有限公司

开　　本：710mm×1000mm　1/16
字　　数：300 千字
印　　张：16
版　　次：2021年4月第 1 版
印　　次：2021年4月第 1 次印刷

书　　号：ISBN 978-7-5115-6820-5
定　　价：50.00元